本书由上海大学基础教育"攀登"计划专项基金资助

创意写作视野下的大单元写作教学

葛红兵　许道军　主编

CHUANGYI XIEZUO SHIYEXIA DE
DADANYUAN XIEZUO JIAOXUE

上海大学出版社

图书在版编目(CIP)数据

创意写作视野下的大单元写作教学 / 葛红兵，许道军主编. —上海：上海大学出版社，2024.2
ISBN 978-7-5671-4929-8

Ⅰ. ①创⋯ Ⅱ. ①葛⋯ ②许⋯ Ⅲ. ①作文课-教学研究-中小学 Ⅳ. ① G633.342

中国国家版本馆CIP数据核字（2024）第007861号

责任编辑　傅玉芳
封面设计　倪天辰
技术编辑　金　鑫　钱宇坤

创意写作视野下的大单元写作教学
葛红兵　许道军　主编
上海大学出版社出版发行
（上海市上大路99号　邮政编码200444）
（https://www.shupress.cn　发行热线021-66135112）
出版人　戴骏豪

*

南京展望文化发展有限公司排版
上海东亚彩印有限公司印刷　各地新华书店经销
开本710mm×1000mm　1/16　印张23　字数388千
2024年2月第1版　2024年2月第1次印刷
ISBN 978-7-5671-4929-8/G·3602　定价 78.00元

版权所有　侵权必究
如发现本书有印装质量问题请与印刷厂质量科联系
联系电话：021-34536788

本书编委会

主　　编　葛红兵　许道军
副主编　肖青峰　孔　屏　邹文荟
顾　　问　李志芳
编　　委（排列不分先后）
专　家　组　谭旭东　颜　敏　吴潔雅　李艳葳　荣维东　荣天竞
　　　　　　王宏图　叶　炜　张海涛　张永禄　高珂冬　冯现冬
课例实践组　赵志宏　陈　清　王明意　陈晓勤　骆卡娜　曹　玥
　　　　　　来怡敏　顾灯燕　王　丹　许黎颖　杜晓雨　叶婉芸
　　　　　　徐翔鸲　张育萍　张　玲　徐　琳　孟　盛　陈　园
　　　　　　李　珍　付　会　施宇妹

前言 FOREWORD

创意写作兴起于美国,以敢于和善于培养作家著称,在一百多年的发展过程中,形成了完整的学科体系,积累了专业而科学的文学教育和写作教学经验。有意思的是,它虽然兴起于高校,但很快就"下沉"至基础教育,并取得意料不到的效果,而它最初的声誉也来自中小学。当它带着基础教育经验再次"返回"高校并与高校创意写作教育融会贯通后,迅速成为全国性的潮流,以创意写作的理念与方法培养创意作家、改革中小学作文教学蔚然成风。

2007年前后,创意写作被引进中国,并开始了本土化实践。2009年,上海大学与复旦大学在本科生和研究生层面展开探索(这一年也被称为中国创意写作"元年")。2017年左右,许多语文教育专家、中小学教师意识到,将创意写作的理论、理念与教学法引进基础教育,应该是未来中国中小学语文教育的改革方向,而许多高校创意写作研究者也认识到,中国创意写作的发展离不开基础教育的根基,也开始探索创意写作与语文教育和作文教学的关联。2023年末,创意写作正式入列汉语言文学专业二级学科目录,中国创意写作进入加速发展时期。

现在的问题不是中小学要不要引入创意写作,而是创意写作如何与中小学语文教育和作文教学改革对接,给如火如荼的单元教学实践插上"创意写作"的翅膀。

大单元教学并非新生事物,在高中阶段早已有先行者进行了实践研究。然而在初中与小学阶段,广大一线教师对大单元教学展开较为广泛的、深入的研究则是在《义务教育语文课程标准(2022年版)》颁布以后。与过往一波又一波的改革浪潮不同的是,大单元教学赶上了创意写作大发展的"好时光"。虽然目前市场上关于大单元教学研究的书籍日益增多,但是指向写作大单元教学

设计的则相对较少，对于写作教学有深入探索与思考的更是少之又少。而结合创意写作理念、教学方法的大单元教学实践的探索，几乎是刚刚起步。从这个意义上说，本书的探索既占风气之先，又是一次"吃螃蟹"的"壮举"。但这也不能说这是"蛮干"与"跟风"，毕竟我们的编写团队有着自身的优势：

一是上海大学是中国创意写作的创始单位，是世界华文创意写作协会主席单位，聚集了中国最前沿的创意写作学者、教师，如葛红兵、谭旭东、许道军、张永禄等，而王宏图、荣维东、叶炜、颜敏、冯现冬等著名学者也带着自己的成果与理念，加入本书的编写，极大地保证了本书的理论深度和前沿性。

二是上海大学基础教育集团在2020年初建立了"上海大学创意写作教学研究与师资培训基地"。上海大学附属学校成立了"心亭工作坊"，以培训为引领，教研主导、聚焦课堂。在项目负责人孔屏的引领下，程萍、黄桂莹两位中小学教研组组长持续不断地开展三年的教研训一体的课堂实践。这个过程是教师一次次从传统习作教学中不断突破创新的过程；是教师在真实教学中不断内化与提升创意写作的理论与实践相互融合深入实践的过程；也是集团联盟学校共同参与其中，不断丰富与辐射创意写作在基础教育教育教学影响力的过程。本次征集到的鲜活案例，都是撰写者：曹玥、来怡敏、叶婉芸、徐琳、张玲、杜晓雨、赵志宏、骆卡娜、徐翔鹄、张育萍……在创意写作视角下的习作课堂实践成果。

三是在征集案例的时候，我们的视野又放眼全国，所征集案例不限于上海大学附属学校，更团结全国中小学创意写作教育教学最优秀的成员加盟，比如邹文荟、孟盛等青年学者教师。

本书尝试以如下理念和思路进行探索并期望达成相关愿景：

1. 以创意写作理念与方法为大单元写作教学设计提供科学的指引

（1）指向写作。在进行单元整体教学设计的过程中，我们对教材的选择不局限于写作教学单元，还广泛涉及阅读教学单元。以小学为例，我们都知道即便是阅读教学单元，其最终指向的学生素养中依然包含着对"写"的能力的培养。因此在本书的整体教学设计上，我们都以学生"写"的练习为落脚点，然后以"终"为"始"，采用逆向思维进行教学设计，在教学逐步推进的过程当中，依次落实单元语文要素。

（2）创意优先。创意写作的这一基本特征决定了它对创意的重视，因此读者可以看到本书在进行单元统整教学设计时，尤其对单元大任务的选择、对任务群的设计与组合上都是精益求精、凸显创意，力求以创意为本。如骆卡娜老师在对四年级上册第五单元进行教学设计的过程中，选取了"彩笔绘生活　童心展美好"这个主题，并在这个主题的统领下设计了"记录和展现童年美好生活"这个学习任务。围绕这个单元大任务，骆老师分别设计了"走近名家日常生活""描绘童年多彩生活""分享童年美好时光"这三个子任务群。如此一来，整个单元的教学内容就被巧妙地、创造性地统整到了一起。

（3）合作共享。创意写作往往是以"工坊制"的形式来进行写作训练的。在写作工坊内部，成员之间可以就某一个话题展开激烈的讨论，这种方式可以有效打开成员的思路、激发灵感，从而在短时间内产生更多好的点子、更优的方案。这些好的点子和方案是可以共享的，别人好的做法都可以为我所用，这种"拿来主义"真正实现了智慧的共享。因此，我们在进行单元教学设计的过程中就格外重视小组的合作学习，在彼此的智慧共享中提升学生的学科素养。几乎在每一篇教学设计中，我们都可以看到具体学习活动中会有"头脑风暴"，从而实现小组的合作与智慧的共享。

2. 以过程写作法为大单元写作教学设计提供专业的过程指导

（1）注重过程。过程写作法认为任何写作学习都是一个循序渐进的过程，其教学侧重点由传统的篇章结构、语法、词汇，转向对于写作内容及写作过程的关注。在本书的教学设计中，我们格外重视教学的过程性。读者会发现，我们的每一个单元大任务的完成都不是一蹴而就的，而是被划分为若干个子任务。这些子任务被按照一定的梯度，有步骤、有顺序地组合在一起，其中每一个子任务也都被分解为多个细小的学习活动。子任务在一个个学习活动达成的过程中得以解决，同时，子任务群的有序解决也促进了单元大任务的顺利、高效完成。

（2）强化实践。过程写作法认为，写作学习应当与学生的人生经验发生联系，成为一种有意图、有意义的学习活动。这就与《义务教育语文课程标准（2022年版）》中所提出的"强化课程综合性和实践性，推动育人方式变革，着力发展学生核心素养"。课程的修订原则有异曲同工之妙——围绕真实的问题展开有意义的教学活动。本书力图通过创设真实的生活情境让学生在任务的驱动下走进学习内容，让学生能够在解决实际问题的过程中学到本领、提升能力，切实提升核心素养。比如王明意老师在"欣赏自然秀丽景　夸夸自然好风光"为主题的单元教学设计中，就创设围绕"推荐一个好地方"这个单元大任

务,巧妙设置了"我是横沥河小主播""争当环保小卫士"等子任务,这些子任务都与学生的生活实际密切相关。这些任务的巧妙设计,强化了学生的实践能力,让学习本身成为有趣、有意义的事情。

3. 从中小学教学实践到高校理论指引,形成一个较为科学的研究闭环

中小学的一线语文教师在教学上有丰富的实践经验,但在理论与视野方面略显不足;而高校教师、学者对于中小学写作教学也缺乏"实战""下水"机会,其成果与理念需要得到实践的检验,因此本书的编撰就给两者提供了一个"合体"的机会。具体表现在:一是邀约我国的前沿学者加入本书的撰写,收录他们的理论成果,同时在实践上他们也作为专家指导中小学一线教师的课堂教学、案例撰写,以线上开设讲座、论坛,线下听课、评课等不同形式展开交流;二是中小学一线教师在撰写案例的同时,也需要先行学习、消化这些理论成果,并使用相关教学法,改善自己的课堂与案例,避免"穿新鞋走老路"。

本书在体例上包括"创意写作学理论"和中小学大单元"实践课例"两个部分。上编"创意写作学理论"精选9篇学术文章,既包括中小学语文教育和作文教学的"顶层设计",也包括国外中小学创意写作教育教学的"他山之石";既有这些实施创意写作教育教学的具体方法,也有评估创意写作教育教学的教学达成效果的体系;既有指导学生个体自学的途径,也有关于创意写作学科标志性教学法"创意写工作坊"的深度阐释。理论文章的选择标准一是科学、二是专业、三是实用,绝不泛泛而谈,也避免"掉书袋"。下编"实践课例"又细分小学、初中和高中三个阶段,共收录21篇案例。设计案例均来自一线真实的课堂,其既探索带有创意写作理念与方法的"自选动作",也完成了具体课标的"规定动作"。

当然,本书作为当前写作教学的一种开拓性实验和探索,难免存在不成熟的地方,因此也格外期待引发广大教师、专家学者进行更深入、更广泛的讨论和思考,以期在交流和碰撞中能够对当前及以后的写作教育产生更深刻的认识、更多的好点子。后期,也期待更多的同仁不吝赐稿,大家齐心协力,为中国的写作教育事业贡献力量。

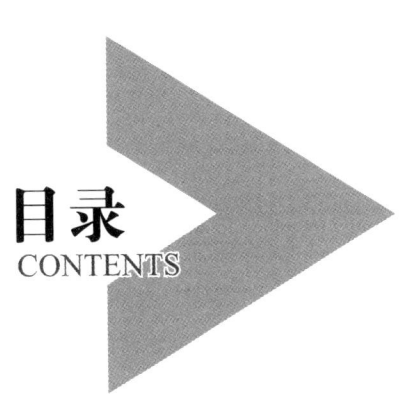

目录 CONTENTS

上编　创意写作学理论

从描述、表述到创作
　　——创意写作学视角下小学写作教学进阶新论 ………………… 葛红兵 3
初中作文评价中的文体因素研究：基于创意写作的视野
　　………………………………………………………… 颜　敏　吴洁雅 / 11
中小学创意写作课程定位和教学目标 ……………………… 谭旭东　李艳葳 / 23
创意写作与中小学写作课程变革 …………………………… 荣维东　荣天竞 / 31
从摹仿到创造
　　——创意写作教学训练的一种途径 ……………………………… 王宏图 / 43
乡村中学创意写作课程建设研究 …………………………… 叶　炜　张海涛 / 54
创意写作视角下的日本中小学的作文教学 ………………… 张永禄　高珂冬 / 68
创意写作：课程模式与训练方法 …………………………………… 许道军 / 82
"三阶六维"：创意写作工坊课堂教学过程研究 …………………… 冯现冬 / 94

下编　实践课例

· 小学部分 ·

漫游奇幻世界　点燃想象能力
　　——部编版语文教材三年级下册第五单元整体教学设计 ……… 赵志宏 / 111
有趣的故事集

  ——部编版语文教材三年级下册第八单元整体教学设计 ········ 陈　清 / 124

欣赏自然秀丽景　夸夸自然好风光

  ——部编版语文教材四年级上册第一单元整体教学设计 ········ 王明意 / 135

彩笔绘生活　童心展美好

  ——部编版语文教材四年级上册第五单元整体教学设计 ········ 骆卡娜 / 148

寻情感密码，写"萌宠"朋友

  ——部编版语文教材四年级下册第四单元整体教学设计 ········ 陈晓勤 / 159

基于工坊合作　集体合作修改

  ——部编版语文教材五四学制五年级上册第三单元教学设计

  ·· 曹　玥 / 174

领略世界优美风光　推广中国文化遗产

  ——部编版语文教材五年级下册第七单元整体教学设计 ········ 邹文荟 / 190

感受幽默智慧　提升思辨表达

  ——部编版语文教材五年级下册第八单元整体教学设计 ········ 来怡敏 / 201

围绕中心意思写

  ——部编版语文教材六年级上册第五单元整体教学设计

  ·· 王　丹　许黎颖 / 210

巧设任务情境，表达真情实感

  ——部编版语文教材六年级下册习作单元整体教学设计 ········ 顾灯燕 / 222

· 初中部分 ·

吟四季美景　品生活情怀

  ——部编版语文教材七年级上册第一单元整体教学设计 ········ 杜晓雨 / 230

叙平凡人物睹风采　学细节描写显生动

  ——部编版语文教材七年级下册第三单元整体教学设计 ········ 叶婉芸 / 238

山川灵秀，于阅读中感受　情思寄托，于纸笔间相逢

  ——部编版语文教材八年级上册第三单元整体教学设计 ········ 徐翔鹄 / 249

知对象　明顺序　会读会写说明文

——部编版语文教材八年级下册第二单元整体教学设计 ········ 张育萍 / 265
游山水，知人文，学写游记
　　——部编版语文教材八年级下册第五单元写作教学设计 ········ 张　玲 / 276
融通古今　学会有创意地表达
　　——部编版语文教材九年级下册第六单元整体教学设计 ········ 徐　琳 / 289

· 高中部分 ·

自然山水　涤荡情怀
　　——部编版高中语文必修上册第七单元整体教学设计 ·········· 李　珍 / 299
以读促写　以写促学
　　——部编版高中语文必修下册第一单元整体教学设计 ·········· 孟　盛 / 310
以我入书　以书渡我
　　——部编版高中语文教材选择性必修上册第三单元整体教学设计
　　·· 付　会 / 322
以社会视野品读外国诗歌与戏剧
　　——部编版高中语文教材选择性必修中册第四单元整体教学设计
　　·· 施宇妹 / 332
说真话　抒真情
　　——部编版高中语文选择性必修下册第三单元整体教学设计
　　·· 陈　园 / 342

后　记 ·· 352

上　编
创意写作学理论

从描述、表述到创作*

——创意写作学视角下小学写作教学进阶新论

葛红兵

教育部《义务教育语文课程标准（2019年版）》（以下简称"新课标"）对小学阶段作文学段的划分是以"写话"（一、二年级）、"习作"（三、四、五、六年级）来概括。本文以创意写作学观念为指导，试图以"创作观"代替"作文观"，以创意写作能力要素分析和阶段进阶分析为基础，以学生写作能力成长的心理曲线为基准，在"作者意识""读者意识""视角意识""创意创作意识"等现代创意写作学观念指引下，对上述学段划分提出新的意见和建议，以期使其更加符合创作教学和小学生写作能力进阶的规律，使其更具有完整性。

一、写话：新课标小学作文初阶的阐释及其问题

从习得心理学角度讲，少儿作文能力的习得，依赖于外部语言的输入和对周围事物的观察两个要素，两者缺一不可。

外部语言的输入同时表现在成人口语和书面语阅读输入两个方面，对于少儿来说，成人口语输入更加重要（在小学第一学段，少儿刚刚学会识字，尚未形成独立的阅读能力），因而"新课标"把第一学段"作文"定名为"写话"，要求学生"对写话有兴趣，留心周围事物，写自己想说的话，写想象中的事物。在写话中乐于运用阅读和生活中学到的词语"，"学习使用逗号、句号、问号、感叹号"[①]。

---

* 本文作者简介：葛红兵（1968— ），江苏南通人，上海大学中国创意写作中心执行主任、教授、博士生导师，研究方向为中国现当代文化研究及创意写作。

[①] 中华人民共和国教育部. 义务教育语文课程标准（2019年版）[M]. 北京：北京师范大学出版社，2019.

创意写作视野下的大单元写作教学

但"写话"是一个动词,作为一个作文概念,其内涵和外延都比较模糊。"话"的内涵是非常复杂的,有描述、叙述、表述,有虚构、非虚构,有真话、假话,有祈使的话、疑问的话、陈述的话、感叹的话等等,"写话"实际上表述的是"习作"的方式和方法,没有表述清楚"习作的内容和目标",写什么话?怎么写话?这些都是"写话"概念无法蕴含的,实际运用当中,"写自己想说的话"这样的表述,意指比较模糊,执行当中,教师较难把握。

第一学段,少儿作文能力的习得大部分是从模仿开始的[①](在开始学段主要是模仿口语),"写话"作为初阶写作训练方式和方法,是可行的,有利于孩子形成"话""文"同源的作文意识,但是,"写话"作为概念的确太模糊了,所以,新课标在这个方向上又加上了"词汇"要求,要求孩子能"乐于"运用"词汇",这就给写话加入了"内容"。新课标为什么要强调"乐于运用词汇"这一条呢?难道世上存在不用词汇的写话?难道有"不乐于"用词汇的写话?新课标的初衷可能是要求教师在训练孩子写作时帮助孩子积累词汇。可是,这样的强调和写作的实际逻辑是相反的:写作的逻辑是出于描述、表述、创作的需要,寻找、运用词汇,而不是先积累词汇再在写作时进行词汇的堆砌。

新课标第一学段的相关要求中,关于标点符号等的规定过细。例如,在第一学段要求学生使用感叹号,显得非常突兀,在小学一、二年级,孩子尚不能完全把"主体自我"和"客体他者"区分开,从认知心理学角度讲,还无法把主观感情建立在纯粹的客观描述之上,对于一个不具备这种能力的孩子来说,要求他学会使用感叹句/感叹号,肯定是一项超龄要求。实际教学中我们会发现中国孩子常常出现滥用感叹号的夸张的伪抒情的情况,孩子还没有形成完整的"主客体二分思维",很多时候,孩子的思维还是主客体混融的,这个时候要求孩子在写话时加上强烈的感情,不利于孩子形成克服主观情绪和偏见,客观观察外部世界的思维习惯,容易让孩子夸大主观世界的作用,过分强化主观情感的价值。

如果由笔者来建议,实在要规定孩子在小学初阶学段学会使用某个标点符号(作为对感叹号的替代),"分号"似乎更有价值。让学生学会描述所观察的

---

① Ye Yanyan, Yan Mengge, Ruan Yijun, McBride Catherine, Yeung Chu Fung. Literacy learning in early Chinese-English bilinguals: the role of pure copying skill[J]. Early Childhood Research Quarterly, 2021, 55.

事物，重点是学会描述并列关系的多方面和多角度，这时分号实际更加有用，对孩子理解和体会逻辑上的并列（多角度、多方面）关系，学会"分类"描述，具有很大的意义。

二、习作：新课标小学作文进阶的阐释及其问题

"习作"在新课标中，是针对小学作文第二、第三学段训练提出的概念，跟"写话"一样，"习作"也是动词性的词汇，意味"练习写作"。整体上，新课标把小学学段的作文当作是"练习写作"也即"写作"前状态，一种"前写作"，一种准备状态的写作，换而言之，在新课标看来，小学生的作文还不是真正的写作。"习作"作为一个动词，可以是指一种"训练"，"训练""学习"是习作概念的核心，例如针对描述、表述、议论、抒情等写作要素的单项或者多项融合训练；作为"训练和学习"的结果，"习作"具有"未完成性""不成熟性"的特点，作为名词意指"训练成果"的时候，它的意指大概可以这样定义：以训练写作能力为目的的练习稿/草稿、半成品稿、实验性稿、仿作/临摹稿。

这样分析下来，在新课标中小学学段的作文训练是"非写作"的训练，也就是说，新课标实际上没有对小学生中、高年级作文进阶提出"写作"的要求。但是，按照小学生日常作文的经验和小学的教学现状，这其实并不符合实际，教师和家长，包括孩子自己，在考查作文时，"成品率"反而是第一位的，"作文"是否已经是完成（有头有尾的完整）状态，也就是说作文是否已经脱离了"习作"状态，这是许多教师给作文判分的重要的，即使不是显意识，也是潜意识依据。反过来说，以"习作"的未完成性、实验性、草稿状态等属性来给小学作文评分，肯定是评不了的：用"习作"作为依据，等于没有依据。

"习作"作为小学作文第二、第三学段进阶的统一表述，使得第二、第三学段小学作文训练的"进阶性"变得不是更加清晰，反而是更加模糊了，笔者认为，第二、第三学段具有明显的进阶性，小学生作文的进步是伴随着思维的进步很快进展的，应该有不同的概念来概括这种进展，分别对应第二、第三学段的特点进行有分别的具体表述，目前的表述有很大的修订空间。

新课标对小学生作文以"习作"来要求，这使得很多教师在教学中直接把"模仿""仿作"合法化，写作能力的习得过程中模仿是很重要的途径和手

段,初阶是模仿口语,进阶渐渐更多地模仿书面作品,这是符合小学生认知规律的,但模仿是训练方法,是"作文"教学中的过程性的概念,而不应用于"结果"考查——模仿是作文训练的方法,但不是作文写作的方法,部分教师在"习作"训练的旗号下把模仿泛化,不仅仅是在训练中让学生根据范文模仿和改写,而且还在具体的作文结果中要求学生把范文当作"格式"进而写"格式文"(把仿作当作作文法),这是错误的。这种现象如果发生在个别学校、个别老师身上,是可以理解和容易克服的,但是,这在当下的小学作文教学中并不是个别现象,而是相当普遍的现象。

这就值得我们警惕了:是否"习作"作为一种表述在方向引导性上出了问题(毕竟在"习作"概念的统摄下"仿作"是合法的)?

犹如语言能力的习得,写作能力的习得是学生从模仿上升到主动的自我表现、交流,这个过程非常快,甚至是同步的。新课标对"习作"第二学段进阶的表述中有"乐于表达""愿意交流"等关涉"表达""交流"的内容,第三学段进阶的表述中有懂得"自我表达"、懂得"与人交流"等表述,这些表述都进阶性地强化了写作的个体性、感受性和交互性,这是非常符合现代创意写作学理念的,但是,当新课标提出"能不拘形式地写下自己的见闻、感受和想象"时,这里"写下自己的""见闻""感受"其实主要关涉的写作手法是"描述"和"表述",两者合起来,在现代创意写作学视角下属于"非虚构写作"范畴,应该使用非虚构写作规律来训练,而这里"写下自己的""想象"在现代创意写作学视角下,属于"虚构"写作范畴,应该运用虚构创作的规律来训练。虚构写作实际上在写作中处于学生"自我表达""展现""交流"的更复杂更进阶的层面,指导学生个体如何运用比非虚构阶段的"描述""表述"更为进阶的手法"创作",更加充分地体现自己的感情、思想,展示观点逻辑性和个体独创性等,需要尊崇更高进阶的创作规律。

三、从描述、表述到创作:小学作文进阶的一个创意写作学表述

在小学写作教学中,要不要区分"虚构"和"非虚构"?要不要让孩子知道这两个概念?如果说,在创意写作学引进中国之前,我们不提,还情有可原,那么,在创意写作学已经引进中国十余年,已经在中国打开了学科的理论视野和实践视野,我们再不提,就有点说不过去。应该利用创意写作学视角,

让孩子们知道：什么是记录"见闻、感受"（非虚构），什么是"写下""想象"（虚构）。写作可以用想象，也就是创意写作学视野下的虚构，也可以纪实、记录真实（也就是创意写作学视野下的非虚构），在创意写作学视角下，虚构是合法的，但是虚构绝对不是"说假话""说大话"，虚构（写想象）需要遵从虚构的规律（用想象来虚构）也要"说真话"（艺术虚构的真），虚构是为了让"非虚构的真"更加真实（艺术的真实），而不是相反。让孩子学会并合法合理地使用虚构（想象），同时旗帜鲜明地反对"说假话""说大话"的假大空的假虚构，这是未来小学作文教学的方向。没有创意写作学视野下的"虚构"和"非虚构"的概念的引入和区分，小学生作文是做不到这一点的，教师不知道虚构和非虚构的区别，如何让学生掌握虚构技巧而能更加真切地反对假话作文？

新课标在第二学段的要求里提到"表达"，在第三学段的要求里除了"表达"之外，还提到了"交流"，这是很好的基础。但是，在创意写作学视野下写作的表达和交流，要聚焦于"读者"意识，没有读者意识的所谓"表达"是没有指向的表达，没有"读者"意识的"交流"其实是伪交流。目前的问题是：多数孩子只知道作文是给老师看的，作文的目的就是为了作文，因为没有创意写作学视野下的真切的"读者"意识的介入，多数孩子作文没有真正的"读者意识"，而是不由自主地把老师当成了唯一读者，这就强烈地抑制了孩子写作的"表达"欲。一个没有受到"读者"意识训练的孩子，他写作文的拟想读者只能是老师，他还有多少表达欲呢？一个孩子，他对老师到底有多少话可以说、愿意说、特别想说甚至不得不说（强烈的表达欲、交流欲进而转换为创作的欲望）呢？一个孩子，他能试图说服老师吗？他敢试图从情感上打动老师吗？他在现实中跟老师的地位有多不对等，他作文的所谓"表达""交流"（以老师为唯一读者对象）就有多不对等和不可能。

创意写作视野下的学校写作教学多采取"工作坊"制度，"工作坊"制度有这样几个特点：一是教师和学生平等参与，教师只是提供组织和协调。打破师生的等级界限是工作坊教学的一大特色；二是多采取集体讨论、互相激发、共同创作等方式，提供交互激励，共同提高；三是采用过程教学法，选题、构思、开篇、完成、修改、出版等过程工作坊全程介入，并照顾每一个环节，让学生的作品在每一个环节都得到集体讨论，获得激励的支撑。

创意写作学科秉持"人人能写作"的理念，现代创意写作学把"写作"看

作是人的本体性实践,一种创意实践①。故写作不仅仅是作家的事儿,而是每个人都"能"且都必须做的事儿,是"内在于人的生命实践"的。这个观念,要不要带到小学写作教学中去?当然要。现在,我们的孩子把"作文"当作为了学习和交老师作业——"习作"的称谓给学生的暗示是"自己写的东西是低等级的","是交给老师的作业",这就在实际上抹杀和违背"人人能写作,能创作"的现代创意写作学理念,是和现代创意写作学理念相悖的——"最起码我们可以先让孩子们知道有创作这回事,而不是老师布置了作业才去创作","有不少的孩子有自己写日记啊,或者自己写小童话书的爱好,他们就是我们创作的一个榜样。不指望每个孩子都能够做到这一点,但是我想我们可以让更多的孩子习惯于这种写作的方法"②。"在大多数老师和家长眼中,都是'作文'。即使是低年级'写话',也仅仅被理解为'看图写话'。另外,孩子都认为作文是写给老师看的,缺少读者意识,更奢谈创作意识。不少孩子认为字数够了,就匆匆收尾。我们经常遇到"③。

以上这些问题,我们还可以列举很多。让我们停止列举,回到本文的重点上来,本文的重点是反思我们现有的小学作文的各个学段要求,让学段设计得到现代创意写作学的学理支撑,体现现代创意写作学的学科进展和教学研究成果。换言之,以更新学段设计为抓手,来实现小学作文教学的观念更新——让作文思维(学生每每会问老师"需要写多少字",其实,这是学生受限于作文思维的表征,他不是基于"表达"欲、"交流"欲在写作,而仅仅是在完成老师的"作文"作业)转变为写作思维(真正基于多样性拟想读者的虚构和非虚构的"写作")。

基于上文相关内容的讨论,笔者建议:用"描述""表述""创作"的三段论学段要求表述来代替现有的"写话""习作""习作"的学段进阶表述。

学段的划分应该体现学生的认知规律,少儿认知进阶的规律是逐步地形

---

① 葛红兵.创意写作学理论[M].北京:高等教育出版社,2020.
② 引自张立勇先生2021年2月19日跟笔者讨论的微信。张立勇先生在跟笔者的讨论中还提道:"如果学段划分,可以引导孩子们把这种作业意识变成一种自己的创作意识,或者说让他想到一种读者意识就很有意义。"
③ 引自尹维鸿先生2021年2月19日跟笔者讨论的微信。尹维鸿先生在跟笔者的讨论中还提道:"女儿在小学二三年级时,我鼓励她去创作长一点的童话,一章一章地写下去,孩子的想象力被打开,表达能力也进步很大,比写作文更感兴趣。可见,孩子只是对'作文'不感兴趣,而不是对'写作'不感兴趣。"

成"主体"意识，进而把自己从对象中区别开来，可以客观地观察外部世界，知道外部世界不以自己的存在为转移，学会克服主观性，这个时候，他第一步发展出来的是描述能力（例如向妈妈描述他一天在学校的见闻），在孩子完成第一步通过主体对客体的"客观"观察进而形成"描述"的基础上，第二步应该发展的能力是"表述"，这时，他基于客观的描述而对所描述的对象发表主观的看法、给予价值判断等等，这就要求孩子发展出"表述"主观感受、情感倾向（爱/恨）、价值判断（好/坏）等的能力，描述和表述的能力，在这两个学段大致对应的都是非虚构对象，但是，有了描述和表述的非虚构写作能力作为基础之后，我们应该让孩子知道他还有"虚构的权能"，这就进入了"创作"阶段，他可以通过虚构来表达，综合运用描述、表述，但他的内容是虚构的。如果说，之前在描述和表述学段阶段，孩子的写作还是针对具体的身边可触可感的"拟想读者"来进行的，那么，在第三学段，孩子就要建立更广阔的"无名"的大众读者意识。

学段的划分应该体现学生写作能力获得的进阶性，写作的能力在创意写作学视角下，是可以进行量化分析，也可以进行质性分析的；而进阶性的要素训练是创意写作学得以发展的核心理念之一，它在写作教学中的确也是行之有效的；学段的划分其实可以借鉴这种学生写作能力获得的要素进阶性，"描述"是相对基本的写作能力要素，学生可以依据客观对象的时空序列用陈述的形式进行"写作"而完成"描述"，在描述能力发展到一定阶段，就进入"夹叙夹议"的表述层面，表述要求把"描述"训练中被克服和忽略了的主观性、个体性在一个否定之否定的螺旋上升层面重新找回，把个体的主观性重新施加于"描述"的对象，表述主体自身对对象的情感倾向和理性判断，这是一种比描述更加进阶的写作能力。如果说，描述是相对被动和简单的，那么表述则相对主动（表达和沟通），在客观性上加上了主观性，主体意识在这里重新复活，让表述带上了个体主观印记，因而它已经是更加复杂化了的基于个体"感受的独特性""观念的独特性"的，而不仅仅是基于观察的客观性、"写下"的准确性的写作能力，进而，它也是进一步向"创作"过渡的一种写作能力，这时的主体已经感到他的主体性已经重新成长起来，已经需要突破"非虚构"的限制，主体的感受性和观念性胜过了"非虚构"的对象，那时，他就自然地进入"创作"阶段，这个时候，"非虚构"已经不再是他必然的领域，他已经可以走向"虚构"，这就自然而然地进入"创作"学段。

学段的划分应该体现现代创意写作学对写作的本质及进阶的认识,写作的本质是"人的创意实践",是个体生命的自我实现,这要求我们突破既有的"作文"意识,把"写作"的意识渗透给学生,其实,按照现代创意写作学视野来看,写作本在于人的生命活动,是由人的生命的创意本质决定的,我们的写作教学,不过是把人的本质还给了人,把孩子本有的东西还给孩子。我们要反思,我们现有的"作文"多大程度上做到了这一点,而又在多大的层面上,是走在它相反的路上——用"作文"剥夺了学生的"写作"。

关于小学写作教学,彻底地否定既有的学段构想,详细地描述一种新的学段构想,并非本文宗旨,这样的目标,其实也不是本文能做到的,本文的目的不在于否定当下的作文学和既有的学段设计思路,而在于提出一个新的视角——"创意写作学"视角,并在这个视角下提出一种反思既有进而畅想未来新有的可能性。

本文原载《江西师范大学学报(哲学社会科学版)》2022年第1期

初中作文评价中的文体因素研究：
基于创意写作的视野*

颜 敏 吴潔雅

《义务教育语文课程标准（2019年版）》对初中学生的写作要求覆盖了记叙文、议论文、说明文和应用文四种文体，并对各文体写作有明确要求[①]。但一些教师持"成绩至上"的观念，紧扣所谓的中考作文重点，可能会忽视对学生文体意识和文体写作能力的培养。然而，若爬梳历年中考作文命题可以发现，虽然多对文体不作明确要求，提倡"文体不限""自选文体"等开放式形式，但淡化文体的命题要求本非取消文体要求，而是让学生可以更自由地选择文体进行写作。"然而，不少学校和教师不顾其提出的特定背景，曲解了这一要求，将'淡化文体'变成了'不要文体'，并将这一错误认识运用到教学中去了"[②]。语文教学界出现的"模糊文体""不要文体"等倾向，导致了初中学生失去了掌握多种文体规范、在文体比较的视野中进行写作的可能性。

显然，体是文的基础，我国古代的文章学十分发达，特别重视诗、歌、赋、铭、训诂和赞颂等不同文体形式的表达特点与写作规则；而当下正引领国内外写作教学革命的创意写作，也特别重视不同文体与文类写作规律的总结与实践，将写作创意落实在文章表达的层面。从鉴赏批评的角度来看，任何的写作总会归入一种文体，或者被认作某种文体。学者代顺丽、连志荣提出"写作在任何时候都要有文体意识，绝不能离体而行"[③]；针对中学作文，唐修亮指出，写作应强调先识"体"而后作"文"，"作文教学要培养学生的写作基本

---

* 本文作者简介：颜敏（1977— ），女，湖南涟源人，教授，博士，研究方向为华文文学与写作。吴潔雅（1998— ）女，广东惠州人，学士，本科，研究方向为语文教学论。

① 中华人民共和国教育部.义务教育语文课程标准（2019年版）[M].北京：北京师范大学出版社，2019.

② 邹永钦.初中议论文写作教学研究[D].漳州：闽南师范大学，2017：7.

③ 代顺丽，连志荣.新课改以来作文文体知识的歧见及启示[J].现代中小学教育，2010（3）.

能力，让学生掌握基本文体的写作，让尽可能多的学生能写出平平常常的好文章"①。的确，初中阶段的学生，需在掌握一定文体规范的基础上才能有所突破，要想掌握基本文体的写作能力，势必要树立起一定的文体意识。

学生文体意识的形成与文体写作能力的提升，涉及多方面的动力，但作文评价是十分重要的环节，评价的效果直接影响着作文教学的成果。在一般的理论中，作为写作的后续环节，"作文评价对学生而言是一种指导与参考"②。但在创意写作教学模式中，写作评价是至关重要的系统元素，通过多方位立体化的创意评价与展示设计，将不断催生写作者的内在动力，形成对自身写作的深度理解与反思意识，最终使得写作变成自己的事情，成为终身的追求。同样，在初中学生文体写作能力的培养过程中，如果教师能重视文体评价，及时关注学生在文体写作中出现的主要问题及重难点，对不同的文体作文采取针对性的、有重点的评价，不但可以让学生明晰文体写作的要求和特点，也能拓展学生的写作视野，提高学生的综合写作能力。

因此，本文试图在梳理初中作文文体评价的现状及存在问题的基础上，借鉴创意写作的某些理念和视野，重新探索文体评价标准和实施策略的问题，为一线写作教学改革提供参考。

一、初中作文文体评价的现状与问题

从实践的角度而言，作文评价建立在教师写作观念和文学素养的基础上，贯穿于阅读教学、写作指导和作文批改等与写作有关的一切环节，是检验教师综合素养的试金石。语文教师的写作教学能力，在作文评价环节可以得到集中体现。通过对一些中学作文教学个案的梳理，发现缺乏对于作文评价的系统认知与深度探索，在文体评价方面会出现诸多问题，最为常见的是以下两种现象。

（一）忽视文体评价的复杂性

初中作文的文体评价并非易事，主要原因有三：一是不同文体的界限和界定本身就存在一些争议和含糊之处，语文教师未必能有清晰深入的理解；

---

① 唐修亮.当前中学作文文体教学的困局与突围［J］.应用写作，2011（5）.
② 刘文令.语文教师对作文创造性的评价：现状及影响因素［D］.上海：华东师范大学，2018：8.

二是文体形式落实到文字表达层面的规律与机制缺少系统研究，语文教师难以直接借鉴；三是初中生在文体表达上遇到的问题与困难并未有太多专深研究，需要语文教师的个性化探索。由于文体评价的实效依赖教师自身对文体的精准理解和深度把握，也需要教师的高度责任感与长时间的投入，如果教师并没有能力也没有时间深入钻研不同文体的写作规则和审美范式，必然无法发现和解决学生在文体写作上的问题，只能在简单化思维基础上进行简化评价。

一些语文教师会在阅读教学或者写作指导课上简单介绍记叙文、说明文等文体的基本特点，但如何落实在文字表达、段落篇章的层面用力不深。具体到作文批改环节时，依然习惯性地从主题、结构、修辞和语言等维度对学生作文进行描述性定位，很少指出不同文体在主题表达、结构模式和语言运用等方面有什么不同，也难以深入写作过程，从标题、开头、中间段与结尾等细节进行文体写作的过程评价。此外，在提出个性化的修改意见，引导特定学生形成清晰的文体意识的个性化指导策略方面的探索也微乎其微。即使在作为教学重点的记叙文写作中，教师也很少进一步引导学生关注叙事类、记人类和写景类文章的差异性和规律性，而将重心放在主题正不正确、结构完不完整、表达顺不顺畅等共性问题上。文体评价的简单化思维，使得教师缺乏对文体评价复杂性的理解。而简单处置的结果是，学生难以掌握具体文体的写作要求，写作能力的提升也就遇到了难以逾越的瓶颈。很多初中学生文体概念模糊，习作不伦不类，作文水平总体不高。

（二）评价标准僵化

作文评价是需要标准的，也是存在标准的。我国主流的作文评价标准依据语文课程标准和中高考实践延伸而来，但由于语文课标对于初中学段的写作要求表述较为简略，遵循中考高考的严格量化标准延伸而来的主流作文评价标准又不涉及具体文体的评价标准，美国、加拿大等西方国家基于创意写作形成的文体评价标准也难以在中学实践中落地生根，我国高校文学理论教材和文学研究实践中的文体评价标准又无法直接运用在初中作文评价中。因此，对于初中语文教师来说，具体到文体评价标准，并无太多可以直接借鉴的资源，加之个人素养和综合环境的影响，可以发现，在作文评价实践中，无论是显性的文体批改标准还是隐性的文体认知标准，都趋向简单、僵化。这点在收集到的部分初中生作文评价资料中可以得到验证。一些教师无论对哪种文体的评价都是

从主题、内容、结构、语言和手法等方面去评价，评判语言也多为"重点不突出""中心不明确""思路混乱""语言不流畅"等共性措辞，评价目标也只是简单区分优劣等级。可以想象，长此以往，在程序化、固定化的评价过程中，将逐渐抽离出"离开作文的具体目的，妄图凌驾于一切具体的写作行为之上，基于一个抽象的写作概念，抽取放诸四海而皆准的评价标准"①。甚至这一评价标准的具体内涵是什么，很多语文教师也不自知，只是沿着惯性思维和惯性轨道在处理学生的作文。当教师沿着固化自身的评价标准进行作文评价时，发现的往往是学生作文水平低下的表象，难以提出针对性的解决措施。当他们发现学生写作不成功、进步不快时，也习惯性地将原因总结为学生素材积累不够多、想象力不够丰富、写作次数较少等与自身教学无关的外在原因。更重要的是，基于内在僵化标准的作文评价，有时不但不能促进学生写作能力的提升，反而加重了学生的心理负担，造成了学生写作心理障碍。一些学生在完成初中阶段学习后，不但文体意识非常模糊，严重缺乏区分文体进行写作的能力，同时也失去了小学阶段常有的率性、随心而发的写作激情和写作意识，开始害怕写作本身。

为了脱离僵化和惯性轨道的制约，初中语文教学需要接受新的写作理念的冲击和熏陶。近几年来，中国世界华文创意写作协会开始组织针对中小学语文教师进行专门培训，意在培养具有不断探索、勇于改革和超越自我精神的新一代写作老师。但是在这类培训中，笔者认为最重要的不是教给语文教师具体的写作教学技巧，或者为他们提供丰富优质的教学资源，而是应将创意写作灵活多变、注重学生自我成长的评价理念和评价模式传递到每一位语文教师的灵魂深处，通过评价标准的重建扫除写作教学改革的深层阻力。

二、重设文体评价标准的若干原则

重设文体评价标准并非易事，需要建立多个参照系统，并在现实、理论的层面进行多重探索，只有在理论与实践融合的基础上，才能重新设置出一套可行的、具体的评价标准。总体来说，鉴于评价标准本身的多层性和系统性，在具体的作文教学实践中，文体评价标准必须根据实际情况不断加以调整优化。

---

① 叶黎明，陶本一. 作文评价的问题与对策 [J]. 课程·教材·教法，2006（8）.

因此，紧扣初中作文教学实践，主要思考"我们到底该以怎样的框架来建构作文评价标准"[①]的问题。通过探索重新设计文体评价标准时需遵循的主要原则，让未来的作文教学实践者能有所凭据地合理设计具体评价标准。

（一）从学生中心出发

"以学生为中心"的观念源自美国儿童心理学家与教育家杜威的"以儿童为中心"的观念，强调教师的主导作用并突出和重视学生的主体地位，即一切教学活动应为学生的发展服务。同样，在作文写作中，教师只是引导和指导的作用，学生才是写作的主体，因此，设置文体因素评价标准应以学生为中心、从学生写作的角度出发，考虑学生写作时会出现的重点及难点，才能使评价更好地服务于作文写作的目的及学生写作水平的提高。

从学生中心出发去重设文体因素的评价标准，应该通过分析学生写作时易出现的错误及较难把握的写作要求，基于学生实际的写作问题及难点去设计评价的重点。如在设计记叙文的评价标准时，应考虑学生不同学段的学情，了解学生在记叙文写作方面存在的主要问题。七年级是学生学习记叙文的关键阶段，他们在小学阶段虽然学会了写人记事的基本表达技巧，但仍普遍存在"不懂得如何筛选叙事材料为文章主题服务而常常出现内容不贴文题的现象；难以抓住人物的精神特点而着重描写人物琐碎的外貌、语言、心理描写的现象"等。所以，为了提升学生选材感知的能力，设置具体评价标准可以侧重这一方面。如当学生写《那一次，我真的_____》时，评价标准可以设置为：文章所记叙的事件于主题来说是否具有意义，是否能体现那一次事件对自己的情感冲击，或经历了那一次事件后自己是否有所感悟及成长。还有，大部分学生在写记人记叙文时容易把写作重心错放在叙事上，忽略了对人物的描写与刻画，文章仅是泛泛的叙述而没有塑造鲜明的人物形象。这时具体评价标准可以设定为"文章是否运用外貌描写、语言描写、动作描写和神态描写等手法表现人物的外在与精神风貌，是否把人物写活，能否让读者根据文字想象出这是一个怎么样的人，是否是一个具体、生动的人"这样的标准。

同样，议论文评价标准的设置，也要充分考虑学生（主要是九年级学生）

[①] 叶黎明，陶本一. 作文评价的问题与对策 [J]. 课程·教材·教法，2006（8）.

的思维和表达特点。由于多数学生存在"缺乏论述思维、观点表达不明确不清晰,事例引用和分析论述的比重把握不好、或未认真思考便开始写作而导致文章的论点思路的模糊不清"等情况,评价标准就要围绕这些方面去设定。如让学生写一篇关于"青少年应如何对待电子游戏"的议论文时,评价标准可设为"文章对此话题的看法、立场是否明确,是否能用简明语句清晰地表达观点","文章是否处理好了描述、叙述和论证的关系;是否做到简述事例而突出论证分析"等。

在初中作文教学中,坚持以学生为中心、从学生的写作视野出发、从学生实际写作的困难点去提炼评价重点和评价方式,是设置文体评价标准时首先应考虑的问题。

(二)遵循课程标准的内在要求

课程标准是面向全体学生的学习基本要求,规定了某一学科的课程性质、课程目标、内容目标及实施建议。课程标准是国家基础教育改革课程质量的主要标志,它统领课程的管理、评价、督导与指导,具有一定的严肃性与正统性[1]。所以作文文体评价标准应符合课程标准的内在要求,要与国家、社会对初中生的写作要求与期待保持一致。

依据《义务教育语文课程标准(2019年版)》(以下简称为《课程标准》)中对第四学段(7~9年级)学生的写作目标要求,学生在初中阶段应掌握四种基本文体的写作,且应达到"写记叙性文章,表达意图明确,内容具体充实;写简单的说明文,做到明白清楚;写简单的议论性文章,做到观点明确,有理有据;根据生活需要,写常见应用文"[2]的基本要求。这一表述可以理解为是初中学生文体写作的合格要求,也是设置文体评价标准的纲领和主旨。

此外,《课程标准》中关于写作过程的具体阐述,也为设置文体评价标准提供了具体依据及评价重点。比如:"写作时考虑不同的目的和对象。根据表达的需要,围绕表达中心,选择恰当的表达方式。合理安排内容的先后和详略,条理清楚地表达自己的意思。运用联想和想象,丰富表达的内容"[3]等。

---

[1] 钟启泉,崔允漷.新课程的理念与创新——师范生读本[M].北京:高等教育出版社,2003:70.
[2] 中华人民共和国教育部.义务教育语文课程标准[M].北京:北京师范大学出版社,2019.
[3] 中华人民共和国教育部.义务教育语文课程标准[M].北京:北京师范大学出版社,2019.

上述第一点涉及写作的"目的和对象",转化为文体评价标准的内涵则为:学生是否根据写作目的和写作对象选择恰当的文体——若为了讲述一个印象深刻的事件或抒发自己的某些情感体悟,则一般选择记叙文文体;若为了说服别人或就某个现象、事件发表自己的看法或观点,则大抵选择议论文文体。朱自清先生认为:"学生不根据不同的目的和对象进行写作,往往就不会去辨别各种体裁,只马马虎虎地写下去,等到实际应用,自然会不合适。"[①]

作为学生语文生长的风向标,语文课程标准包罗万象,虽然面面俱到,但很难深入展开,一些内容只是点到为止,具体到教学实践层面,就特别需要一线教师在把握课标精神的基础上进行个性化探索与自主创新。作文文体评价的标准,应与课程标准进行深度对接,不能对课标作蜻蜓点水式的理解,而应在系统整体地把握课标相关表述的基础上进行落实与拓展。如《课程标准》中对第四学段学生写作还提出"写作要有真情实感,力求表达自己对自然、社会、人生的感受、体验和思考""多角度观察生活,发现生活的丰富多彩,能抓住事物的特征,有自己的感受和认识,表达力求有创意"[②]等要求。此类重视学生自我生长的较高写作期许如何落实在记叙文文体写作与评价的层面,需要语文教师立足各自的教学情境,不断探索,用心钻研,才能开花结果。

(三)借鉴创意写作的具体理论与成功实践

初中作文文体评价问题,其实就是如何通过合理新颖的评价方式激发学生的写作热情。从某种意义上来看,创意写作正是一种鼓励、尊重学生个性,强调教学民主的写作教学体系与心理调适机制,形成较为成熟新颖的立体化评价系统,对初中作文文体评价标准的重建具有直接的借鉴意义。

写作思维论认为写作思维主要是一种文体思维,这是写作教学研究领域已达成的基本共识[③],不同的文体在写作过程中,既遵循共同的思维操作模型,如任务分析、语篇生成过程和语篇修改等方面共同的思维运行机制,但也需要

---

① 曹蕾.写作需寻潜在读者——指导学生根据不同的目的和对象进行写作[J].中学作文教学研究,2015(11).
② 中华人民共和国教育部.义务教育语文课程标准[M].北京:北京师范大学出版社,2019.
③ 王从华,李雯欣.写作思维的进展、问题与启示[J].中学语文教学,2019(4).

根据话题、读者、写作目的的不同，采用不同的写作思维方法[①]。而创意写作的理念与实践中，都非常重视不同文体的创意思维模式的探索、确立与运用，强调在创意思维主导下的文体成规的创造性生成。因此，在初中作文文体评价标准的设置过程中，可以借鉴创意写作有关文体成规的理念与实践操练模式，进行初中作文文体评价标准的革新。

创意写作不但在理念和操作模式上提供了诸多可直接借鉴的文体评价经验，更在写作内容上确立了有关文体评价的核心知识。首先，创意写作主张写作是可以练习的、作家是可以后天培养的，强调激发学生的创意写作潜能，培养学生的创造性思维。其次，创意写作还特别强调以学生为主体培养学生的个人表达，而这一表达必须是真实的，以自己的思想方式、语言风格去个性表达，如叶圣陶先生所说："作文这件事离不开生活"，"必须寻到源头方有清甘的水喝"[②]。但很多时候学生的写作是远离真实的，因为很多学生认为写作是特殊的事情，自己的真实想法并不是很重要，认为要写出普适的、大部分人会赞同的思想，其实不然。"真实写作"是中小学开展写作的前提，是开展创意写作最重要的基础[③]。写作源于现实积累与经验，写作的"创意"更不是凭空生成的，而是基于"真实"的基础并超越真实。教师要引导学生观察身边的人和事，注重自己内在的感受与体验，并指导他们准确地表达出他们的意思[④]。创意写作不是单纯的文学写作，而是帮助学生真正掌握写作这门技术，真正赋予学生写作能力，使学生通过写作，可以富有个性化、创造性的表达自我[⑤]。如此，在作文文体的评价标准设置中，还应借鉴创意写作的具体论述，强调以"真实"为基础，唤醒学生真实的情感和独特的表达，在此基础上让学生在特定文体的规范下自然生成创意，写出好的文章来。

初中作文教学改革中，最深层的推动力是评价标准与评价方式的改革。借助创意写作这一新的写作理论视野可以走出困境，焕发异彩，推动文体评价标准的改革。当创意写作作为一种形而上与形而下的评价标准介入中学作文教学改革中时，其深度与潜力可以想象。

---

① 王从华，李雯欣.写作思维的进展、问题与启示［J］.中学语文教学，2019（4）.
② 叶圣陶.作文论［M］//叶圣陶语文教育论集.北京：教育科学出版社，1980：363.
③ 刘贵峰，张一山."创意写作"的内涵与基础——"江苏省高中创意写作课程基地"建设思考［J］.中学语文教学参考，2018（34）.
④ 高婵.叶圣陶写作教学思想研究［D］.延安：延安大学，2016：5.
⑤ 杨峰.创意写作视域下高中写作教学策略研究［D］.宁波：宁波大学，2018：23.

三、文体评价的实施细则

设置评价标准讲究实效性和可行性，若是纸上谈兵则丧失了设计的意义。重新设计的文体评价标准如何，也需在实践中去检验其效果，更需重视实施的程序、方法与细节。在此，融合创意写作教学评价的一些特性，探讨在作文评价实践中需要注意的基本规则与主要策略。

（一）评价过程把握总体与细节的辩证关系

从学生写作过程来看，学生写一篇作文时一般先要构思文章的整体框架，再填充内容和细节，因此，在进行文体评价时也应遵循写作过程的顺序——先总体评价，再细节评价。从整体到部分去评价更容易对作文进行全面的把握。但很多教师评价作文始于总体评价也止于总体评价，没有对作文的细节进行细致的评价，这是影响评价效果的。因为在教师指引下写出具备完整框架的作文，大部分学生都能做到，但是在作文具体内容的展开和表达上，学生之间的差异非常明显，有时候，写作水平恰恰是体现在内容细节的处理上。所以在评价过程中，总体和细节都不能忽视，应该按从总体到细节、再从细节到整体的双向过程进行完整的评价。

例如：评价一篇学生的叙事类记叙文，先整体把握其思路框架的特点，如标题与内容、文体是否搭配，文章结构是否完整合理，各段落间的层次关系如何，开头与结尾有无亮点等方面。在对文章有了整体把握后，再细读作文，对文章内容逐一评价，可从叙述过程、细节描写、修辞表达、字词标点等方面加以总结，如有没有抓住叙述的高潮点进行前后的铺垫与渲染、人与事的描写方式是否恰当、修辞手法的运用是否准确生动等。

先抓大的方面，再究小的细节，又从小处反观系统，这一原则适用于众多领域，同样适用于文体评价的实施过程。

（二）评价时指向明确具体

作文评价是一个实践过程，教师不能采取大而化之的思维，一些用之四海而皆准、却没有针对性的评价无法发挥对具体学生的指引作用。一些教师为了省事，往往只是面向学生群体笼统地指出作文存在的共性问题，没有针对性，

经常出现套话敷衍的情况,并没有指出究竟作文是何处写得不好、哪里存在问题,导致学生即使看了评价也不明其意。作文评改应是有根据,不能仅是泛泛而谈,指出文章的不足,而更应指出问题来源于文章的哪一处,是什么原因引起的,并指导学生如何修改[1]。同样,文体评价实施过程中强调评价的指向明确具体,为了指出学生文体写作的特点或问题,教师必须加强评价与学生习作的直接联系,扣准学生习作的具体段落和词句进行评价,到有理有据。

另一种指向不明的情况是,一些教师没有掌握评价语、批改语的行文规则和表达方式,在评价或批改时采取了较随意的口头表述或篇末总结的方式,导致很多学生听了、看了评价内容却不知道该怎么修改提升。正确的评价方式应该是,既要和学生有面对面的口头交流,更应将评价与学生作文文本直接关联起来。一般情况下,整体的评价语可以写在文末,但细节的评价语应与学生作文内容直接对应,写在评价指向的具体出处附近,这样既有利于学生准确理解评价的含义,也能帮助学生更好地进行针对性的修改。如果教师只是在全文后面评价一句"详略处理不当",那学生如何知道作文是哪里详略不当、哪里应该详细写、哪里应该简略写?但是若教师在具体的段落后标注"此情节应该详细展开来描述,会更好",又在另一处评价"这些次要情节可以简略带过,不用详细描述",这样一来,学生就能清楚问题所在,并可能根据问题有针对性地进行修改与提高。

评价的目的是为了让学生知道自己写作优劣在何处,让学生通过一次次的修改提高写作水平。让学生知道有什么问题很重要,但让学生知道问题在哪更重要,抓准问题所在之处作出评价,才能有效提高文体写作水平。

(三)实施具体评价标准时应灵活

写作是一项极其富有创造力的文字艺术工程,很难把整个写作过程简单僵化地划分成几个阶段[2]。因此,设置的文体评价标准只是对教师评价学生文体作文时的规范,不是死板、僵硬化的评价实施规定,在执行文体评价标准时应有的放矢地进行,尊重并促进学生写作的个性发展。

之所以设置具体、可行的文体评价标准是为规范评价以及更好地进行评

---

[1] 郭京威.初中语文作文评改的问题及对策研究[D].临汾:山西师范大学,2017:80.
[2] 赵琳.过程写作教学法在初中作文教学中的应用研究[D].上海:上海师范大学,2014:24.

价,若是运用重设的文体评价标准的过程中倒退回僵硬、呆板的评价操作,那再如何重设标准都是无意义的。僵硬刻板一统是与灵活、个性、多样相对立的,而灵活多样、个别化是滋生创造力的土壤[①],执行文体评价标准的"度"须把握好。在进行文体评价时,既要在大体上依据文体评价标准的规范,体现出原则性,又要在具体上尊重学生的个性及个体差异,因人而异,在评价中不断调整评价标准,体现出灵活性。写作是创造性的活动,只有营造出民主、自由、开放的氛围,才能培育出有创意的、创新的"写作家们"。当教师运用文体评价标准去评价不同学生写出来的作文时,评价标准应根据写作情况进行调整,而不是拿一个标准模型去套所有的作文,作文评价毕竟是心灵与心灵的沟通,应允许有更多的人文色彩与人文关怀意识。

写作千差万别,文体评价标准无法做到面面俱到,灵活运用评价标准,在大体评价体系下采取因"文"制宜的差异性、针对性评价是实施评价的重要原则。

(四)在对话中奠定情境化的交流评价

学生提交作文由教师进行评价,这个互动过程本身就是极其特殊的一种师生情感的交流与延续方式。作文评改时教师面对的不只是一篇篇作文,而是一位位学生心灵与思想的流露,批改的过程亦是心灵对话的过程,评价的过程也即师生通过语言为载体沟通情感、交流心灵的过程[②]。教师与学生进行对话沟通式的评价,更像是在与学生讨论如何写会更好些,学生也容易接受老师的合理建议。因此,在作文文体评价的实践中,课尽量采取对话形式与学生"探讨"写作。

在作文文体评价实施过程中,需特别注意对话和交流情境的设置,教师的身份意识、身体语言、表达方式和环境因素等,都应该加以重视。教师要尊重学生的人格和劳动成果,改变居高临下的面孔,以平等的身份坦率地与学生交流[③],教师在评价时尽量使用商量式、幽默式或鼓励式的语言,营造出和谐对话的民主氛围。因为亲切动情的语言评价可以让学生改变对以往评语的态度,

---

① 孙伟兰.论中学生作文的个性化评价[D].长沙:湖南师范大学,2006:8.
② 郝振宇.初中作文教学中的情感教育研究[D].石家庄:河北师范大学,2018:45.
③ 张丽.浅谈如何写好初中语文作文评语[J].成才之路,2010(1):96.

并且能够引起学生写作文的兴趣①。对于自尊心较强的个别学生进行作文指导时，更要注意场合，如能选择相对独立、更为生活化的环境进行师生对话，学生也更能敞开心灵，与教师分享自己写作的困惑与喜悦，达成更好的评价效果。

此外，作文文体评价的实施过程中，如能借鉴创意写作教学中的集体创作法、讨论法、游戏法、角色扮演法、展览法、田野调查法等情境化、活动式的教学模式，将作文文体教学、评价和成果展现融为一体，形成立体化评价模式，既可以凸显新型评价的人文性与灵动性，也能达成"评价育人、评价美人"的更高目标。

四、结语

作文评价是作文教学中的重要环节，文体是文章必不可少的元素，与写作模式和写作结果密切关联。当下初中写作教学中出现忽略文体评价、评价标准僵化等问题，影响了学生文体意识的形成与文体写作能力的提升。参照创意写作的视野，确立清晰的文体意识，重新设置文体评价标准，梳理文体评价过程的实施规律与操作细则，通过文体评价改革帮助学生树立清晰的文体意识，提高学生的文体写作水平，这一方面体现了创意写作作为一种新的教学理念和教学模式对中学写作教学改革的深层影响；另一方面，也为一线语文教师提供了作文教学改革的新动力与新方向，促使教师投入写作教学改革的关键环节——评价改革之中，同时，通过文体评价把作文教学与阅读教学有效地融合起来，形成语文教育的良性内循环。

本文原载《惠州学院学报》2021年第2期

---

① 张玉清.注重情感，尊重个性，写出利于学生成长的特色评语——关于作文评语有效性的思考[J].学周刊，2011（22）：96.

中小学创意写作课程定位和教学目标*

谭旭东　李艳葳

创意写作在英美国家早已成为学科，而且欧洲一些发达国家的高校、东南亚一些国家的大学都开设了创意写作课程。在英美国家，创意写作还下沉到了中小学教育，不但中小学开设有创意写作课程，而且社会上还有面向青少年的创意写作培训及作家项目，如弗吉尼亚大学就有专门的青少年创意写作培养项目。目前看来，我国高校创意写作蓄势待发，如上海大学创意写作学科团队率先引进、开发和编写了系列创意写作教材并在高等教育出版社、中国人民大学出版社和上海大学出版社等出版，其他高校招收和培养创意写作研究生已有多届，且已经积累了可贵的理论和实践成果，因此设计面向中小学的创意写作课程时机也已成熟。当然，中小学创意写作课程要顺利开始，就要设计好课程定位和教学目标。这里，先就中小学创意写作的课程定位和教学目标谈一下自己的看法，这些构想还不成熟，期待语文教育界及创意写作界人士一起探讨、完善。

大家都知道，语文教育课程本身和语文教育体系是一个非常坚固、非常传统的体系，它的学科化非常成熟，也极其严密，不断受到政治、经济和文化等多种因素及教育力量的影响，要改变其某一部分是很难的。按照皮埃尔·布尔迪厄（Pierre Bourdieu）的观点，语文教育体系就是一个"权力场"。"权力场是行动者或机构之间的力量关系空间，这些行动者或机构的共同点是拥有必要的资本，以在不同场（经济场或尤其是文化场）中占据统治位置"[①]。这一权力场是不同权力或资本持有者之间的斗争的场所，因此要改变语文教育的现

---

* 本文系谭旭东在"世界华文青少年创意写作大会暨中小学创意写作研究高峰论坛（2021）"（2121年1月23日）上的主题发言，由李艳葳整理，谭旭东修订。本文作者简介：谭旭东，上海大学文学院教授，博士生导师；李艳葳，吉林工程技术师范学院传媒学院副教授。

① 皮埃尔·布尔迪厄. 刘晖译. 艺术的法则：文学场的生成与结构（新修订本）[M]. 北京：中央编译出版社，2011：192.

状,不仅意味着要打破权力场的力量结构,还意味着需要有足够的资本(知识资本、文化资本和权力资本)。语文教育界的人,从学校、教育主管部门,到教材编写出版机构,以及教材审查系统等,可以说都属于这一"权力场"中的一部分,要对此"权力场"进行改变,几乎是牵一发而动全身的。因此,为了不触动已有的"权力场",中小学创意写作课程的设计不以推翻现有语文教育教学体系为目标,也不涉及对现有语文教育的冲击,在中小学创意写作课程定位、教学目标设计方面,必须立足现实,显示出一些灵活性和可操作性,把创意写作的一些最基本的内容落实到与中小学语文教育平行的层面,以实现中小学创意写作教育与语文教育的共赢共存。

一、课程定位

基于以上的认识,中小学创意写作课程与传统的语文课程、传统的作文课程是不一样的,以下简单地讲述课程定位。"中小学创意写作课程定位和教学目标"里的"中小学"是放在一起的,其实中学、小学应该是分开的,以体现分层教学,所以在具体的教学目标的设计时,要充分考虑中学与小学的受众差异。中小学的创意写作课程的定位,应该从以下几个方面进行。

(一)在一定程度上达到语文的教育目标,注重学生读写能力的培养

这里讲的"语文的教育目标"和现有的语文教学大纲及大家理解的语文教育不太一样,这是笔者所理解的目标。最近给《语文教学通讯》写了一篇文章,里面就谈到对语文及语文教育的一些理解。现有的传统的"语文"是一种狭义的语文,其实就是学校的语文,或者说主要就是语文课程。

实际上,语文是包括几个方面的:一是社会的语文,指语言文字在社会上的广泛运用,包括公共场所能遇到的语言文字表达、交流;二是家庭里的语文,家庭亲子阅读就是语言启蒙、语文教育;三是学校里的语文。当然社会上的语文也包括社区里的语文、村落里的语文。狭义的语文课,如果按照叶圣陶等前辈对语文目标设计的分类,语文的教学目标主要是两个:一个是阅读能力,另一个是写作能力。1949年以后,虽然还是叶圣陶主导语文教材的编写和语文教育的设计,但由于社会主义新人塑造等更高目标的加入,语文教学已经和最初的目标,也就是民国时期的语文教育目标相差甚远。

就现在学校里的语文教育来说，大家经常拎出来的人文性和工具性，其实是一对矛盾的概念。人文性和工具性是两个意义相对的词，而意义相对或者相反的词就是一对反义词，用一对反义词来描述语文的属性是不对的，也无法全面地描述语文的属性。也就是说，用一个"二元对立"的思维模式来建构语文，其实是不科学的，在一篇文章里面，我也指出了这点："一谈到工具性，就变成了知识教育，再把知识教育扭曲为应试教育，即为了考试而学习知识的教育。一谈人文性，就把语文课变成了思想道德教育的阵地。其实，语文教学就是语文教学，它不可能替代科学教育和思想道德教育。"[①]中小学创意写作课程定位，在一定程度上要摆脱这种"二元对立"思维模式，要达到语文教育的目标，注重学生读写能力的培养。再强调一下，这里讲的语文教育目标不是我们现在的语文教育目标，而是真正意义上的语文教育目标。因为语文教育目标是什么，语文就是什么，它最主要的核心目标就是什么。现在学校常提的"核心素养"培养，不是真正的学校教育，更不是语文教育，因为它本质上提倡"全人教育"，而且强调每个学科都可以实现"核心素养"的培养。事实上，学校教育和语文教育也做不到核心素养的培养。再说，我国学校的语文教育很大程度上就是应试教育，中小学作文教学就是朝中高考作文方向推动的。语文课程与作文课程为了学生的中考和高考去设计，核心素养其实与语文教育没有关系。核心素养指向"全人教育"，其实没有一个人是"全人"或"完人"，真正的教育应该在强调个性、尊重个性的基础上，实现通识、共识教育。

（二）区别于作文教学目标，不以记叙文、议论文和说明文三种作文教学作为课程主要内容

在现有的语文教育中，中小学作文教学就是记叙文、议论文和说明文教学，而且按照中考和高考的要求，逐渐忽略了说明文，也逐渐忽略了记叙文。到了中考、高考主要是材料作文，材料作文其实就是观点作文。

现有的作文教学，到了初中、高中以后便以应试为主要目标了，并以议论文写作为主，基于此，很多学校的语文教师都在平时的作文训练中，多以主流报纸的"时评"为主要学习对象。中小学创意写作课程一定要区别于这种传统的作文教学内容和目标，不要以记叙文、议论文和说明文教学作为课程的主

[①] 谭旭东.语文教育小论[M].北京：海豚出版社，2017：28.

内容,尤其不要以中考、高考作文作为核心目标。

（三）把中小学创意写作课程建设成为一种新的课程体系,使之与现有的语文课程、作文课程并行不悖,并一定程度上补益语文课程和作文课程

开发与设计一套中小学创意作文课程,并不是要与现有的语文教育对立、对抗,而是要在承认现有的语文教育的问题且难以短时间内解决的情况下,针对中小学生能力培养的需要及语文教师和家长的需要而设计的一套新的课程。当然,这也是主动与英语国家中小学创意写作教育教学和青少年创意写作教育思维和方法接轨,促进我国中小学教育的国际化的一个举措。

（四）以释放学生文字创造力、培养学生想象力为核心目标,让学生充分享受写作的快乐,从文字创造里找到自由、爱与美

讲到文字自由、美与爱,我始终觉得语言文字是人类的共同财富,每个人都有使用它的自由和权利。因此,在文字创造里面,我们首先要找到一种自由——文字创作的自由,但实际上现有的作文教学、语文教育,它们是限制文字自由的。比如说,中小学生课内和课外阅读的是规定的课文和材料。现在有些学校和老师出于各种利益搞各种必读书目,规定阅读范围,这就更限制了学生的阅读权力。

刁克利教授的发言《静夜的月光与文学的世界》非常好,李白的《静夜思》给了别人一种不一样的中国月亮,之所以这种文学作品能够变成经典,是因为诗人自由的文字创作产生了一种独特的美的效应、美的符号、美的意象。

（五）中小学创意写作课程要以学生为本,充分发挥学生作为创造主体的能量,因此,课程以学生为中心,从写作到评价都以学生为主体

葛红兵教授的《创意的五个秘密》体现了这点,对确定与优化课程定位非常有价值。因此,课程以学生为中心,从写作到评价都以学生为主体。这次参加我们大会的嘉宾有不少是中小学语文教师,包括我的一些基础教育界的朋友。我想冒昧地问一下,现在的作文教学在做什么?是写给谁看的?语文教师要求学生写的作文是写给学生自己看的吗?不是。其实是写给语文教师看的。而且,主题升华也好,套路也好,都是按照教师的要求去写的,所以现在的作

文教学完全偏离了创造、个性、自由、爱与美。

二、教学目标

中小学创意写作课程的教学目标要清晰，不能笼统地设计，可以分为总目标和分目标来设计。

（一）总目标

总目标就是培养中小学生的汉语创造力，让他们充分享受汉语读写的自由，并爱上写作，享受文字创造的快乐。

中国人学汉语，就得学会用汉语写作，汉语是我们的母语。如果中国人不会用母语写作，还有什么语文教学目标可以实现呢？现在语文教育提了很多的目标和所谓的"核心素养"，可是如果中国人不会用汉语写作，不热爱自己的母语，很多人到了初中、高中就失去了对汉语言和文学的兴趣，这就是在摧毁我们的母语。教育的目的是有层次的，语文教育亦然。语文教育的基础目标就是培养学生的读写能力，它的高阶目标就是培养母语意识。"母语是承载几千年文化传统的文字，是民族的文化符号。学好母语，才会有身份认同。从世界政治和文化格局来看，共同的文字就是共同的文化血缘；有共同的文字，自然就有文化认同。"[1]如果学生不热爱母语，不会用母语写作，这个目标没实现，真是遗患无穷啊。

（二）分目标

前面的总目标能不能再分小目标或分目标？我觉得是可以的，分目标设计要从以下几个维度来进行。

第一，从文体角度，从小学到中学，让学生尝试各种文体的写作，并写出个性化的作品。

小学和中学的语文课程里面大约有12种文体，比如说从小学低段到高段，课本里有儿歌、儿童诗、散文、小说、童话（作家创作的童话和民间童话等），还有神话、寓言、律诗、绝句，也有古文、赋，以及编写者自编的主题文，主

---

[1] 谭旭东.语文教育小论[M].北京：海豚出版社，2017：28.

要是这些文体。在这12种文体里面，律诗、绝句、古文和赋属于古诗文阅读，不在创意写作范围之内。另外有8种文体，都可以用创意写作连接起来，比如神话、童话、寓言，都可以用来指导学生进行创意改编。我带着上海大学的研究生做中国故事的创意改编，就选取一些短小的民间故事，然后把这些几百个字的故事，创意改编成了四五千字、上万字的故事，最后编成一本本的童话书和中国故事绘本，已经出版了几十本。

其实语文课本出现的那些文体，从理论上讲，都要让学生写一写，而且要让学生会写。因此，可以让中小学生涉猎各种文体，并根据文体目标设计一个创意写作课程体系。

第二，从年龄层级角度，从小学到中学，尝试构建小学低段、中段、高段和初中、高中五个层级的创意写作目标。

每个年龄阶段的创意写作课程都要符合这年龄阶段的接受能力，都要体现阶梯性、差异性和可操作性。因此，要精心设计五个层级的具体创意写作课程目标，并根据五个层级的目标，设计一套创意写作教材和一套创意写作教学方案。令人欣喜的是，由任彦钧、刘远主编的《中国中小学生创意写作教程》2019年由广西教育出版社出版，这是语文教育界第一次与创意写作亲密结缘。

第三，从文学创作角度，中小学创意写作课程目标主要为两个：一是小学阶段主要进行短小儿童文学作品的写作，二是到了初中、高中主要进行新诗与中长篇文学作品的写作。

文学创作角度和前面提及的文体的角度还不太一样，文体的角度是要尽量依据语文教材里的文体来设计。初中和高中的创意写作，则要尽量不受语文教材里的文体的影响。

第四，建构各文体写作并能满足阶梯性教学的工坊课程模式，为写作课程教师提供教学基本方案。

中小学创意写作课程要顺利实施，还需要给教师提供创意写作教学方案，让教师能够尽快入手。现在的语文教育问题在哪里？其中一个不容忽视的问题就是编教材的人只管编，但没有给语文教师合适的、可操作的方案。一些教师参考书，都是些不痛不痒的知识，并没有提供很好的教学方案。比如说作文，从小学一、二年级写话，到小学三、四年级就开始写作文，一直到初中、高中的作文教学，教师参考书都没提供一个有价值也能操作的教学方案，所以语文教学很难顺利实施，尤其是作文教学注定要遇到困境。不给方案，就很难有标准，教师也就没法操作。可惜的是，中小学作文课程教学时间长达十年，但在这十年中并没有给语文教师任何可行的方案。由于语文教师缺乏教学方案，于是每个学期都是重复讲记叙文、议论文、说明文，每个学期都是布置作业，布置完了以后批改作业，没有过程指导。从吸取语文教育的教训出发，中小学创意写作课程就要设计各种文体写作的教学方案，并且要设计出能够满足阶梯性教学的工坊课程的模式。为创意写作课程的老师提供教学基本方案，这是必需的。

第五，在设计出适合教师教学的方案和学生写作实践的课程方案的基础上，使各个年龄段的学生都能由浅入深地理解文字创造，并能逐步成为创意写作课堂的主要角色。

美国著名教育家约翰·杜威（John Dewey）说："现代教育把学校当作一个传授某些知识、学习某些课业或养成某些习惯的场所。这些东西的价值被认为多半要取决于遥远的将来；儿童所以必须做这些事情，是为了他将来要做某些别的事情；这些事情只是预备而已。结果是，它们并不能成为儿童的生活经验的一部分，因而并不真正具有教育作用。"[1]杜威对现代教育的批评是有道理的，现在的学校教育依然如此，过于注重知识的传授，尤其是课业学习都要考虑将来的价值，而忽视了学习本身就是生活经验，因此要让学生体验学习的乐趣，尤其是体验创造的快乐。学生成为课堂上的主角时，学生才会真正变成教育的受益者，教育的作用才会真正发生。因此，中小学创意写作课程要发展个性，激发创造力和想象力，让学生实现自我的发现与发展。

第六，实现读写结合，使中小学创意写作课程基于阅读，不但落实到写作，而且成就于写作。

创意写作虽然暂时未进入中国的语文教育体系，但创意写作在英语国家就是中小学语文教育和大学文学教育的有机部分。语文教育基于阅读，起点于阅读，但是成就于写作。学生写作不好，写作能力提不高，语文就没有落到实处，而且语文的能力目标和真正的核心目标没有实现。任彦钧说，潘新和就认为现在的语文教学以阅读为本位，而不是以写作为本位，恰恰我们应该以写作为本位，这样我们的阅读质量也能提高，再一个也才可以培养出创造性人才[2]。

---

[1] 赵祥麟，王承绪编译.杜威教育名篇[M].北京：教育科学出版社，2006：4-5.
[2] 任彦钧2021年1月在世界华文青少年创意写作大会暨中小学创意写作研究高峰论坛上的发言——《我们为什么需要创意写作》.

第七，本课程在提升中小学创意写作能力的同时，也将实现一个目标，即对中小学语文教师写作能力及写作教学能力的提升。

这里要区分两个能力：写作能力和写作教学能力。其实很多语文老师有写作能力，我认识很多语文老师，他们会写诗，会写童话，会写散文，还出版了作品集。近十来年，我推荐了两百多位教师出版过自己的文学作品集，而且是拿到稿费的。在选编一些书的时候，也经常会选一些教师的作品。好的语文教师要有很好的写作能力，但写作能力和写作教学能力是两回事。因此，要开发一套中小学创意写作课程，这个课程体系里面要有一个重要的课程目标，就是在提升中小学生创意写作能力的同时，也将实现对中小学语文教师写作能力及写作教学能力的提升。有些语文教师其实没有写作能力，自己都不爱写、不会写，却天天给孩子们布置作文，这是非常值得思考的。这里不是故意批评教师，当然也有相当一部分教师很会写，但是写作教学是有问题的。这就是一个知识转换的问题，就相当于很多大学教授都会写作，但是他们不会教写作。还有很多的教师很会写论文，对文学作品评头品足，吹毛求疵。但是让他们自己写，手足无措，一辈子没有出版过文学作品。这其实就是写作能力和写作教学能力不同的问题。

以上的设想只是一个轮廓，还不是科学的设计方案。无论如何，要开发一套中国特色的中小学创意写作课程体系，就应该找准自己的定位。如果这些基本的教学目标通过教师的实践达到了，创意写作推进语文教育、教学就会取得成功。当然，它不一定能改变中国的学校语文，但一定可以改变中国现实需求的语文。学校的语文不是一个人、两个人和几套方案可以随意改变的。但我们可以一点一滴地认真去做，从学科的、理性的，也符合教育教学规律的论证与设计出发，就可以优化中国现实需求的语文教学。创意写作如果能够优化和推进中国的语文教育教学，将是造福于人类的大事。

期待创意写作能够为越来越多的语文教育工作者所接受，期待中小学创意写作课程早日成熟并让广大中小学生受益。

本文原载《中国创意写作研究》2021年第1期

创意写作与中小学写作课程变革*

荣维东　荣天竞

"创意写作"在我国经历了近20年的译介、研究与本土探索后，迎来了一个爆发式发展期。受其影响，近年来中小学创意写作教学也呈积极发展态势。两者互动发展是一件好事。从大学看，创意写作理论与实践需要落地；对中小学来说，创意写作有望改变我们对中小学写作课程教学的固有理解，重新认识中小学写作课程目标，完善写作类型与内容体系，创新写作样态，尝试新的教学方法，重塑我国写作教育的路向、生态与发展格局。

本文拟就"创意写作"的内涵与特征，以及它对中小学写作课程改革的意义、对写作教学改革的路径做一些探讨。

一、"创意写作"的内涵理解

（一）创意写作的发展演变

创意写作最早源于美国学者爱默生（Emerson）1837年提出的"创意性阅读和创意性写作"概念。1880年，哈佛大学首开高级写作选修课，践行"作家可以教""写作可以学"的理念。1936年，爱荷华大学创立创意写作艺术硕士学位课程（简称MFA），标志着创意写作学科的正式诞生。目前英国国家写作教育协会（NAWE），美国作家和写作项目协会（AWP）和澳大利亚写作项目协会（AAWP）推波助澜，各大学纷纷设立创意写作专业。葛红兵教授于2009年在上海大学率先成立创意写作中心，他是我国创意写作的重要倡导者。据统计，目前全国已经有数百所高校开设相关本科生、硕士生甚至博士生课

---

* 本文作者简介：荣维东（1967— ），山东济宁人，西南大学教师教育学院教授、博士生导师，研究方向为语文课程与教学论、写作教学、教师教育；荣天竞（1998— ），重庆人，美国堪萨斯大学在读，研究方向为教育技术学、国际教育比较。

程。不过在我国中小学领域，一些教师和学校正式开展创意写作教学，仍是最近几年的事。

（二）创意写作的内涵界定

学术界对"创意写作"的理解经历了一个由狭义到广义、由专指到泛化的发展过程。从历史上看，最初的创意写作主要指"文学写作和文学写作教育"，基本以文学创作为目的，是为培养作家、剧作家服务的。后来随着二战美国退役老兵参与创意写作项目，创意写作的概念由虚构类写作扩充到战争故事、自传、纪念册等撰写，再后来随着商业社会的发展，创意文案、社交文书、商务文书、创意广告等非虚构类写作也被纳入进来。21世纪初，创意写作正式引入我国，为适应文化创意产业的发展需求，适应新媒介技术的应用，创意写作外延进一步扩大为"一切以创意为特点的写作类型"，"泛指包括文学写作在内的一切面向现代文化创意产业，适应文学民主化、文化多元化、传媒技术的更新换代等多种形式的写作及相关写作教育"[1]。这种泛化是创意写作适应社会而做出必然调适的结果。

目前"创意写作"指运用语言文字或多媒介技术进行的创造性写作的统称。它既包括虚构类创作（主要指文学写作），也包括非虚构类写作（如应用写作、技术性写作和多媒体写作等）；既包括纸质文本写作，也包括跨媒介写作与交流；它既是写作学范畴上的新写作类型，也是跨文学、社会学、文化学、经济学等学科的课程形态。创意写作不仅仅承担着培养作家、教学文学写作的功能，还适应时代发展需要担负着为文化创意产业培养从业人才，甚至承担着造就创造性公民和引领社会文化变革的特殊功能。

与高校对创意写作理解不同，我国中小学一线教师对创意写作呈现出另外一番理解。郭家海将之归纳为三种类型：一是"文学写作观"，将文学写作与创意写作等量其观；二是"训练写作观"，把创意写作看作改变传统作文教学的新型教学设计；三是"教学策略观"，认为创意写作是一种有创意的教学方法[2]。叶黎明注意到一线教师似乎更"重视教学本身的创意"，其主要体现在三方面：一是教学材料的创新，突出表现为对互联网时代多媒体的青睐；二是

---

[1] 葛红兵，许道军.创意写作教程［M］.北京：高等教育出版社，2017.
[2] 郭家海.创意写作与中小学创意写作［J］.七彩语文（中学语文论坛），2018（2）.

写作样式的创新，非连续性文本的读写受到重视；三是写作活动设计的创新。总体上，呈现出超越学科、超越文本、超越教学、超越课堂的发展趋势[①]。在我看来，这种"创意的写作教学"，尽管有其存在价值，但实际上并不属于"创意写作教学"，而是对流行概念的错误理解，是一种望文生义的联想与误用。那么，如何正确理解和把握创意写作的特征呢？

（三）创意写作的基本特征

第一，创意优先。葛红兵教授认为创意写作是"以文字创作为形式、以作品为载体的创造性活动"[②]。创意写作的本质是"创造性活动"，其第一规约是"创造性"，第二规约才是"写作"[③]。这就是说"创造性"是创意写作最本质的特征。这种创造性不仅仅体现为文学写作，还包括为广告创意、文化创意、影视制作、出版发行、演艺娱乐策划、文化会展策划和动漫制作，甚至日常生活的媒介表达如微信、QQ、短信祝福等。这样看，"创意写作"最大程度上凸显出了写作的"创造性本质"，凸显了其运用语言和其他技术手段，激发新创意、创造新产品、造就新文化的本质特征。

第二，注重实践操作。创意写作从爱荷华大学的"写作工坊"开始，就具有浓厚的重实践轻理论的特征。"避开了学术问题"是它与传统的注重写作理论知识灌输的写作教育的又一大不同，也是创意写作取得实效的一个根本原因。写作作为复杂而高级的心智操作技能，更注重程序性知识，需要克服重重障碍，创造诸多必要实施条件，开展过程性写作指导。创意写作从写作的实然状态出发，注重写作环境、作者心理、写作潜能、写作策略的学习，尤其是诸如自我发掘、灵感激发、头脑风暴、文类规约、合作写作等策略，打破了"写作不可教"的神秘魔咒，进入一种"写即做""做即写"的实践操作状态。创意写作工作坊以及其他一系列创意写作策略，有效解决了人们"不敢写""不会写""不去写"的问题，让"人人可以当作家"成为一种可能。

第三，综合融通。写作作为一种复杂的思维、情感和心智活动，需要发挥作者的综合能力。创意写作离不开作者的百科知识、生活积淀、情绪触发、创意思维、沟通交流、实践反思等一系列知识、技能、素养的参与，需要作者综

---

① 叶黎明.创意写作教学的创意在哪里？[J].语文教学通讯（小学刊），2017（Z3）.
② 葛红兵.创意写作学的学科定位[J].湘潭大学学报（哲学社会科学版），2011（5）.
③ 葛红兵，许道军.中国创意写作学学科建构论纲[J].探索与争鸣，2011（6）.

合调动阅读能力、思维能力、鉴赏能力、创新能力、沟通交流能力。写作作为书面交际活动，离不开对读者趣味和需要的洞悉，对写作目的和文体规范的了解，需要对作品的应用场景做出有效回应，需要运用各种新的技术、媒介、策略、方法等。

创意写作改变传统范文模仿和双基训练的老路而以创意为先，突破了文章知识教学的范式，注重写作过程指导、活动设计、策略教学、实践操作和交流反思，改变了过去简单片面的教学，代之以一种全面全程生态写作观。创意、实践、综合是我们理解"创意写作"的三个要点。

二、创意写作对中小学写作课程改革的意义

（一）创意写作有助于促进学生全面和谐发展，培养高素质国民

创意写作对促进学生自由表达和创造性表达，对学生认识自我，纾解心理压力，对抒写自己的性灵等具有积极作用。创意写作从一开始就具有某种心理疗愈作用。二战后美国创意写作的爆发与政府提倡经历战争的老兵书写战争故事疗治战争伤痛有关。当今中小学生学业压力大，与家庭、学校、社会关系紧张，沉湎于网络游戏，失意、郁闷、焦躁等负面情绪泛滥，开展创意写作，鼓励孩子们在花一样年纪，过一种诗意的生活，自由大胆倾吐自己的激情，认识和发现美好的生活，记述自然和生活中的美好事件、人物和瞬间，有利于学生融入生活，创造美好而丰盈的精神生活，全面提升人文素养，促进人格、人性、情感、心理等方面的全面而和谐发展，具有重要价值。

（二）创意写作有助于激活全社会的创造活力，培养创造性人才

21世纪是一个创意的世纪。一个国家要在激烈的科技、经济、文化竞争中处于优势，就要重视创造性人才的培养。美国一百年来之所以成为超级强国，与他们各个领域重视人的创造力有关，他们目前提出4Cs（包括"创造力""沟通""协作"及"批判性思考"）作为人才的核心素养。社会要积极营造促发创造的条件、机制、体系，激发国民的创造活力。创意写作就是这样一个可以培育国民创造力的领域。创意写作对于一个人的想象力、语言表现力、设计构造能力具有积极作用。改革开放之初，很多人爱好文学去写诗，后来社会发展需要，他们纷纷下海经商，也做得非常成功，这大概与他们的创意思维

训练有一定关系。创意写作有助于提升公民的创意思维和创造能力，对全社会开展文化创意写作活动，具有推动社会发展的作用。1997年，英国公布了创意国家战略（Creative Britain），设置七个主要改革目标，其中第一条就是：向儿童和青少年推广创意教育，开展"发现你的天赋"计划，每周试点五个小时的文化创意课程（包括创意设计、创意写作等）。经过几年的试点，创意写作工坊课逐渐成为英国基础教育的必修课[1]。此外，新加坡和中国香港、中国台湾等地区也都陆续在中小学开设了中文创意写作课程。这些国家和地区的做法值得我们去学习借鉴。

（三）创意写作有助于重建中小学语文写作教学的格局

目前我国的中小学写作教学急需回应现代生活的需要做出变革。我们可以将学习性写作、实用类写作和创意性写作视为写作课程教学的三种主导类型，改变"应试写作"一枝独大的局面。学习性写作指学生为完成学习任务、进行知识信息的整理而进行的摘要、笔记、学术小论文等写作，其创意性成分较少。"实用类写作"指学生为了应付社会生活工作的需要而进行的各种应用文写作，这类写作一般有固定格式和规范要求，不过有些广告、文案、策划需要创意写作技术。"创意写作"对中小学来说，既包括文艺文试作，也包括各种具有创造性成分的写作。从2017年高中语文课程标准和2021年版义务教育课程标准看，我们今天对于创意写作的重视已经达到了一个空前高度。文学写作是中国语文教育数千年的悠久传统，也是中国国民性格中诗性人格的体现，还是现代公民文学素养教育的必要内涵。西方基于实用主义教育哲学，重视实用写作，但也并不忽视文学写作教育。它们的语文课程标准对文学写作教育是有具体的目标任务要求的。美国现行"共同核心州立英语语言艺术标准"中就有很多创意写作的内容。

（四）吸纳创意写作理念、方法和技术，改革陈旧僵化的写作教学模式

创意写作有助于改变过去陈旧僵化的作文教学模式，赋予写作教学新的生机和活力。传统的作文教学之所以不敢教、不会教、教不好，效果不理想，原

---

[1] 高翔.西方创意写作工作坊研究热点梳理——兼谈中国化创意写作体系建构[J].山东青年政治学院学报，2020（1）.

因有很多，其中对写作理解狭隘，写作理论僵化保守、充满概念和教条，写作教学技术落后等是重要原因。而今创意写作有望给作文教学带来新的理论、策略、技术、方法，有望让无趣、无招、无为的写作教学有新作为。比如笔者就曾经给初二、高二夏令营的学生进行某年的高考作文模拟写作。师生现场建微信群，让学生现场选择两三个关键词，在手机上打出来，呈现出一种"即视状态"；然后现场进行片段写作指导、现场起草、直接呈现交流，这种现场即时的交流互动会起到一种临场创意技法、脑力激荡和相互借鉴的作用。这样一种在线即时写作共同体，营造出一种积极、良好、高效的写作场景和写作生态，让写作变得充满趣味、刺激和创造活力。

三、中小学写作教育目标与内容审视

（一）中小学写作教育目标

创意写作在中国当下的兴起，既有其自身历史发展逻辑，也有社会发展的动因。创意写作所追求的创造性人才培养的目标，与当今社会所倡导的创造实践性人才的培养目标是完全一致的。创意写作是创造性人才培养的重要途径，是语文课程改革的崭新元素和重要内容。基于创意写作视角，审视中小学写作教育目标，应该有一些新思路和新调整。

目前高校创意写作课程有三种目标：一是培养传统的作家，尤其是严肃文学作家；二是培养市场化写作人才，包括类型文学写作、广告文案写作等商业性写作；三是培养普通人的写作能力[①]。这些与中小学写作教育有何联系？有无必要？或者基于创意写作视角，我们传统的写作教育有何问题呢？

首先，关于"中小学写作教学不以培养作家为目标"这样一条共识性表述需要重新反思。叶圣陶先生曾有一句几乎成为定论的话即："大学毕业生不一定要能写小说、诗歌，但是一定要能写工作和生活中实用的文章，而且非写得既通顺又扎实不可。"[②]自然，这句话在20世纪相当长的时期内没有什么问题，而且对于克服传统的文艺范写作非常必要，但在今天看来，这句话有些绝对了。因为随着社会对高品质生活的需求增高，"文学写作"似乎应该成为像欣

---

① 丁伯慧，李孟.创意写作［M］.北京：高等教育出版社，2016.
② 叶圣陶.作文要道——同《写作》杂志编辑人员的谈话［J］.中学语文，1981（6）.

赏高雅艺术一样的某种必备素养；尽管中小学作文教学不可能也没必要以培养作家为目标，但创意写作实践也证明作家，作家的某些技能或素养，也并非不可培养，不能培养。

在我国历史上，文学写作一直受到重视。如古代的属对训练、汉代的辞赋写作、唐代的诗歌行卷制度，甚至明清八股文写作都将文辞华丽作为重要衡文指标，这概因我国古代绵延不绝的文人教育传统。肇始于20世纪初的现代语文教育，虽然历经"文白之争""科玄之争""技术训练和思想训练之争""工具性和人文性之争"，但基本上走的是"实用语文教学"路子。可是民国课程标准其实并没有排斥文学写作，而是将写作文体分为普通文、应用文、文艺文三类，特别提出学有余力的学生可以"尝试文艺文试作"[①]。在课程政策层面，重视基础写作和应用写作，也许是那个农业经济社会和初级工业化时代的合理选择。1949年后，在这一点上基本延续了民国时期的写作要求。20世纪80年代，受应试教育的影响，作文教学走上既轻视实用写作又排斥文学写作的"应试作文"之路。也正因如此，以文学杂志《萌芽》为代表兴起"新概念作文"热，这应该是中国那个年代名副其实的"创意写作"，直接促成了韩寒等一批新生代作家的出现。尽管如此，我们应该看到，在实际的中小学作文教学中，"小文人语篇"和"泛文艺文写作"一直是我国作文教学的真实样态。这源于一般教师、公众甚至专家对作文教学的错误理解，尽管主流语文教育界一直反对，可这种类型的作文一直是强劲的主流存在。

如何看待这一事实呢？其原因极其复杂。首先中华文化向来具有尚德重义、感性直观、向内寻求、注重精神的传统，中国文学具有一种"抒情传统"（陈世骧语）。这一点在古文中比较明显，比如大量文言实用篇章像"铭""表""记""说""传"等，往往极重言辞的铺张渲染，具有很强的文艺气息。普通人作文也似乎以诗性思维和泛文艺化表达为高妙追求。这种文化传统和文风至今仍影响并塑造着学生的作文风格，造成我国学生的议论文往往习惯运用比喻、排比、拟人等手段去渲染情绪，具有浓厚的文艺色彩。

20世纪初期，由于我国主要处于农业社会和初级工业化阶段，对人才的规格要求相对来说是偏重实用的，这在当时并没有错。可当今社会正处于一个

[①] 课程教材研究所. 20世纪中国中小学课程标准·教学大纲汇编：语文卷[M]. 北京：人民教育出版社，2001.

持续高扬人文精神并警惕工具理性的时代,人们对精神、情感、人文、文艺、诗性诉求开始凸显,于是传统的文艺范作文和创意表达又找到了新的土壤。这样看,过去那种"不培养文学家"的实用写作目标需要重新审视,尽管"作文教学不以培养作家为目的"这个大原则可以不变,但适当重视并培养学生的"文学写作"和"创意写作"能力,可以说是一个富足、文明、繁荣的社会的必然诉求。

正因为此,创意写作已经成为中小学写作教育的目标之一。我国《义务教育阶段语文课程标准(2011年版)》中明确要求:"为学生的自主写作提供有利条件和广阔空间,减少对学生的束缚,鼓励自由表达和有创意的表达,鼓励写想象中的事物。"这可以看作创意写作思想的表达。《普通高中语文课程标准课标》(2017—2020版)在语文核心素养层面将"审美鉴赏与创造"定为四大核心素养之一。在语言表达与思维提升方面指出"提高语言运用的能力,增强思维的深刻性、敏捷性、灵活性、批判性和独创性"的要求。在这个开创性的新版语文课程标准中,"文学审美和写作"成为语文必修学习任务群之一。其中明确要求"尝试文学写作,撰写文学评论,借以提高审美鉴赏能力和表达交流能力","掌握表现美、创造美的方法"。这些显然就是"文学写作"内容。而在"实用性阅读与交流"中则要求"选择社会交往类的,如会谈、谈判、讨论及其纪要,活动策划书、计划、制度等常见文书,应聘面试的应对,面向大众的演讲、陈述和致辞;也可选择新闻传媒类的,如新闻、通讯、调查、访谈、述评,主持、电视演讲与讨论,网络新文体(包括比较复杂的非连续性文本)","撰写文字分析报告,多媒体展示交流"[①]。课程标准中这些实用写作、商用写作、技术写作、新媒介写作,即属于广义的创意写作。事实上,目前新版语文课程标准中,"学习性写作""实用类写作""创意性写作"已经成为中小学写作教育的三大主导类型[②]。这就是说,创意写作已经是语文课程教学的重要内容,已经不是"可不可教"的问题,而是"必须去教""必须去学"的问题。事实上,在一线教师的教学实践中,诗歌写作、散文写作、课本剧创造、改写、仿写、新媒介写作等已经在蓬勃实践,各地文学社团比比皆是,学生、班级、学校出版的各类文集也很普遍,在中高考和教育质量测评中"创意

---

① 中华人民共和国教育部.普通高中语文课程标准课标[M].北京:人民教育出版社,2020.
② 荣维东.重建写作课程的概念、类型与内容体系——基于《普通高中语文课程标准(2017年版)》写作内容的解读[J].语文教学通讯(高中),2019(6).

写作"也已经成为重要的形态之一。我国向来的议论文写作、思辨类作文，也具有某种创意写作的成分。

（二）中小学写作教育内容审视

创造力是当今时代核心素养教育的主要诉求。世界各国几乎都把"创造力""表达和交流能力""媒介技术应用能力"看作核心素养的重要内容。而创意写作恰恰是学生创造力培养的最佳途径。

创意写作所说的"创造性"，对学生来说不仅仅是遣词造句、结构方式和呈现方式的培养，还包括敏锐的思想、鲜明的个性、自由的生活、健全的人格培养以及造就学生自由民主积极参与社会事务的能力等。在当今社会几乎每一个公民都需要面对各种各样的创意写作。如日常生活中需要的网络留言、微信祝福、PPT汇报、自荐书、工作文案等，在一个信息爆炸的时代只有那些具有思想新颖、形式新奇、表达新异的信息和表达才有可能脱颖而出，吸引人的眼球和注意。在这个"注意力经济""眼球经济""流量经济"的时代，创意已经成为数字化生存和发展的关键技能之一，更不要说学生未来生活工作需要的广告创意、公文写作、日常书信写作、工作公务写作、商业文案写作、多媒介写作与交流等生活工作的必备技能。创意写作不是说越新奇、炫目、花哨越好，任何写作都具有其内在的交际功能，过分的创意有时候会适得其反，但是在保证其得体的前提下，额外的创意表达，定然会占有一定优势。创意和创造性写作能力已经成为当今社会一个人取得学习、工作、商业、职业成功的重要因素之一。从这个意义上讲，创意写作是因应当今社会技术发展和社会发展对于人才素养的需要而发展起来的，具有丰厚的土壤和良好的发展环境。

通过上述论述可以看出：培养学生的"创意写作"能力已经成为大势所趋。创意写作可以取代过去的"文学写作"，成为过去不极力提倡而现在可以提倡的文学写作的更新换代形式。创意写作能力已经成为信息化社会和后现代社会最基本的生存本领之一。国家在课程政策层面已经给予了创意写作极大的生存空间，它有望成为写作课程改革的新内容。

创意写作进入中小学写作教学领域有着重要意义。培养创造性人才，这既是语文学科写作教学的目标，也是跨学科的大教育目标。从这个意义上讲，创意写作的价值绝不仅仅限于写作教学和语文教育领域，而具有跨学科创造性人

才培养的重要价值。

四、中小学创意写作教学的几点建议

（一）重新认识写作的功能和价值

中小学写作教学承担着多种功能：一是作为学习、思维、探索的工具；二是作为文学创作、创意思维、创意能力训练的重要途径；三是作文还具有思想交流、情绪纾解、情感塑造和社会参与等人文教育价值。创意写作教育强调人的自由，重视创意潜能的发掘和障碍突破，重视营造主体的自我表达的工坊制教学机制和氛围等，体现了浓郁的新人文主义基本理念[①]。

创意写作注重学生的潜能激发、生命成长（心理治疗）和创造性能力培养，承担着审美、人性、感性、想象力、形象思维、创造性等教育独特功能。威廉姆·戴尔（William Dell）指出："创意写作在形式上与传统写作有很大不同。学生可以选择他们自己的材料和形式。大多数情况下，他们是从'我'的角度写的。创造性写作从头至尾都是用单词背后的意义来表达学生自己的感受和思想，而不是用单词本身或语法规则。创造性写作是情感性的和感性的。也就是说，学生被鼓励表达他们的感觉，即使有时非理性，也要尽可能多地表达他们自己的感觉。"[②] 这段话把创意写作的特点和发生机制比较清楚具体地表达出来。这就是说，我们不但要从写作教育、还要从创造性人才培养，甚至是人的全面和谐健康发展等角度认识中小学写作教学。

（二）树立写作可教能教的理念

在我国，受神秘主义写作观和文人才子写作观的影响，文学写作被认为"不可教"，一般公民可以不去学习文学写作，只会欣赏才子们的作品就够了，于是，向来的语文课程中文学写作基本不被重视。其实，文学写作作为一种写作能力、写作形态，不仅客观存在有自身规律可循，而且也是可教可学的，且是必须教、必须学的。针对"文学不可教、不可习得以及公文写作无创意"等的认识偏见，许道军、葛红兵提出"创意是可能学、可能教的以及作家是可以

[①] 张永禄. 论创意写作教育的人文性［J］. 山东青年政治学院学报，2020（1）.
[②] William C. Dell, Creative Writing in the English Classroom[J]. The English Journal, 1964(53).

培养的"观点,致力于写作兴趣、写作过程/教学方法、写作工坊、课堂写作训练研究及写作系统等方面的研究[①]。这些创意写作学专家的研究对中小学写作教学提供了丰富的理论和实践资源。

创意写作不但主张"写作可教",而且有一整套的方法、策略、技术和模式去教,这些会为中小学写作教学改革提供丰富的理论和实践资源。近年来,一些中小学教师尝试引导学生进行诗歌写作、跨媒介写作,开展实用创意写作活动,其中很多明显受到创意写作运动的影响,取得良好的效果。

(三)开展科学有效的写作教学实践

创意写作为我们开展科学有效的写作教学提供了丰厚的理论和实践支持。创意写作所使用的诸多模式和方法如"突破障碍法"(Jumpstart Your Writing)、脑力激荡法(Brain-storming)、心智图法(Mind Mapping)、曼陀罗思考法、逆向思考法、综摄法(Synectics Method)、属性列举法(Attribute Listing Technique)、希望点列举法、优缺点列举法、检查清单法(Checklist Method)、七何检讨法(5W2H 检讨法)、强制关联法、创意解难法(Creative Problem Solving)、写作工坊等,虽然主要源于西方但可以作为新的写作教学方法去积极实验尝试。

基于创意写作原理,我们也可以从中国古代文论和文化资源中发掘创意写作的规律及创意潜能激发方法。如"禅宗""冥想""觉知""灵性""修行"等对创意激发应该具有借鉴价值。我国古代作文教学中提倡的"先要放胆,后要仔细"的原则与西方的创意写作原理也是一致的。创意写作并不排斥对文体基本规律的重视。如构思的技巧、方法、程式、套路也是创意写作的重要内容。

总之,应该积极尝试科学有效的写作教学理论、模式、方法,博采众长、参乎优劣、为我所用,相信创意写作会带给我国写作课程教学全新的生机。但是我们也要防止那种借"创意写作"之名,大搞应试写作和伪创意写作教学的"非专业化""庸俗化""泛化"行为,片面强调"突破障碍""思维训练""工

---

① 许道军.创意写作研究的学术科目视野及中国经验[J].湘潭大学学报(哲学社会科学版),2020(2).

作坊",但不去研究文体规律、类型规律,不进行相应的专项训练的做法[①]。我们要确保创意写作与现有写作教学有效结合,让我国的写作课程与创意写作有效整合,从而走上科学健康发展之路。

本文原载《江西师范大学学报(哲学社会科学版)》2022年第1期

---

① 许道军.创意写作的本相及其对立面[C]//许道军.中国创意写作研究(2019).北京:高等教育出版社,2019.

从摹仿到创造

——创意写作教学训练的一种途径*

王宏图

从2009年以来,中国创意写作就在教学法方面进行了很多实验和研究。在这些年的发展过程中,出现了很多新的教学法,这些方法都致力于解决"写作能不能教""作家是否可以培养"等问题。这些探索既有理论层面的,也不乏教学实践。本次话题主要立足于近年来复旦大学创意写作教学中的实践经验展开,探讨基于摹仿的写作教学训练的特点、方法和问题。如果我们无法直接从理论层面回应这些问题,那么从具体的创意写作教学训练进行反向思考,或许会有一些新的收获。

一、对于创造性/个人独创性的痴迷

当我们开始谈论"摹仿"的时候,很多人觉得这个概念似乎不像"创造""创意"那样吸引人。因为就一般人的主观印象而言,创造更具有魅力,摹仿总让人联想到缺少个性、遵循前人的经验、缺少新意。日常生活中,人们着迷"创造"这个概念。我们通常会觉得,自身是独一无二的,是原创者,而不是听上去有一些守旧的摹仿者。因此,很多时候我们潜意识里就不太推崇摹仿这个概念,甚至耻于谈论摹仿,与摹仿相关的继承和沿袭等也因此被忽略,似乎它们不够高级,缺少挑战性、创新性。

而讲到"创造"这个概念,人们往往会想到18世纪后期在欧洲兴起的浪漫主义运动。比如,当我们放眼浪漫主义文学史,可以看到像英国浪漫主义诗

---

* 本文作者简介:王宏图(1963—),生于上海,博士,复旦大学教授、博士生导师,主要研究方向为中外文学关系、都市文化和文学、当代文学批评等。

人雪莱，在他的创作思想和诗学观中，自觉或不自觉地会把诗人的创造力抬到最高位置。对于雪莱这样的作家来说，一个人要达到大仁大爱的境界，必须要靠卓越的想象力。想象力最旺盛的是什么人？答案是诗人，因此诗人就是未被确认的立法者。雪莱的这些观点影响力很大，至今仍对文学创作、文学研究有着影响。再比如，中国人民大学在设立创意写作学位的时候，就坚持使用"创造性写作"这个概念。这个词的使用，一方面当然与翻译所立足的语境、侧重的意涵不同有关，但某种程度上也可以从中看出，在创作活动中，人们对"创造"的渴望是多么强烈，几乎是本能的、下意识的。

19世纪后期，比较文学的影响研究兴起。影响研究是歌德"世界文学"构想的一部分，歌德觉得每个欧洲国家都不应狭隘地局限于本国文学的研究，而是应该把视野扩大到整个欧洲甚至全球。但是，在比较文学研究当中，学者们往往更关注本国文学对于其他国家产生的影响，法国学者津津乐道法国作家对德国的影响，德国学者津津乐道德国文学对其他国家的影响，都很少谈及他国文学对于本国的影响。但实际上任何创作都是离不开摹仿的，一个作家，乃至一个民族的文学创作、文化创造都不可能是凭空想象出来的，它与其他国家的文学作品、文化发展之间有密切而复杂的联系。

二、摹仿其实是一种常态

摹仿这个概念在古希腊时期的柏拉图哲学当中，地位并不是特别高。柏拉图最核心的观点是：我们的世界是一个理念世界，就像讲台，在柏拉图看来，这个东西并不存在一个固有的本质，它只是作为理念的讲台的投影，而作家摹仿者就相当于这个投影的投影，因此柏拉图是把摹仿放在比较低的地位。但是，柏拉图的学生亚里士多德则认为，摹仿是人的天性，是很普遍的行为，它是一种很灵巧的、具有积极意义的活动，文明就是在模仿当中发展出来的。人是群体动物，因此在不断地进行各种不同层面的摹仿，没有摹仿，我们这个社会就解体了。如果每个人都有自己的语言，有自己的行为规范，就根本不可能产生群体生活。可以说，摹仿是一种重要的文化传递、衔接和发展的方式。

我们对摹仿潜意识的恐惧其实是不太理性的，主观上也不是很了解这种心理。实际上，我们每个人的写作当中都浸透了摹仿。比如说，我们看到俄国文学史当中都把普希金看作俄罗斯诗歌的太阳，认为他的地位非常高。但是，如果你对欧洲的文学稍微有所了解的话，就不难知道，就文学史和文学发展的角度来说，没有拜伦就没有普希金、莱蒙托夫。也有人经常拿俄国作家果戈理与中国作家鲁迅作比较，而对比一下鲁迅的《狂人日记》与果戈理的《狂人日记》，其实果戈理的文本还是比较丰富的，相对来说鲁迅的作品意念化、概念化强一些。

另外，我们只要把比较的范围稍微扩大一些，稍微关注一下现当代文学和世界文学，就不难发现还有像诺贝尔文学奖获得者莫言、作家余华这样的创作者，他们的创作深受福克纳、马尔克斯的影响。而马尔克斯的创作实际上又受到福克纳的影响。这类情况并不鲜见，包括昆德拉对韩少功的影响，奥尼尔、契诃夫对曹禺的影响，这些外国作家对中国现当代重要作家在不同层面、不同程度的复杂影响，一直都是文学界研究的重要命题。

在古代文学方面，实际上也不乏摹仿的现象。文学艺术创作层面的摹仿，在前浪漫主义文学的表现中也都是很常见的事情。每一位作家，不管他的成就多高，其实都是站在前人的肩膀上，他们所迈出的每一步，都与前人的积累和创造是分不开的。只要你对文学史有一些基本的了解，就不难发现，没有绝对的自我的、个人的创造。没有哪个人是绝对的创新者、绝对的中心，即使是浪漫主义作家们的文学创造，他们所取得的成就和抵达的高度，也绝不是仅凭个人的灵感、随意的想象就能达成的，而是受到过相应的影响，吸收或借鉴过之前的作品，有相应的时代基础。

三、摹仿与文学作品的复杂性

但是，我们也需要认识到，文学创作有内在的复杂性。无论是文学史上经典的鸿篇巨制，还是简单的即兴文本创作，比如由社会热点话题在微信等社交软件上引起全民性狂欢的微信文学，这些短小、即兴式的文本仔细分析起来也有它的复杂性。而陆机在《文赋》中，就专门探讨过文学创作的动态性、复杂性问题：

其始也，皆收视反听，耽思傍讯。精骛八极，心游万仞；其致也，情瞳昽而弥鲜，物昭晰而互进。倾群言之沥液、漱六艺之芳润。浮天渊以安流，濯下泉而潜浸。于是沉辞怫悦，若游鱼衔钩，而出重渊之深；浮藻联翩，若翰鸟婴缴，而坠曾云之峻。收百世之阙文，采千载之遗韵。谢朝华于已披，启夕

秀于未振。观古今于须臾，抚四海于一瞬。①

陆机的确很有才华，文章也非常优美，把文学创作说得奇妙。他点明了文学创作是个综合性过程，包含了许多层面、维度，既需要创作者对外界有所接触，也要求创作者调动内在的积累，最后再将感触经过内在积累的酝酿组织成语言表达出来。但是，我们看到这里，是不是觉得非常绝望？你或许会认为，文学创作这么复杂的话，到底怎么教？这就又回到一个老话题上——对创意写作的质疑。很多东西虽然复杂，但撇开不可教的东西，还是有很多部分可以通过摹仿的方式来解决的。

四、创意写作课可以提供多种摹仿范本

创意写作课程应向学生展示、提供丰富的文学资源，以作为摹仿的范本。我这两年给复旦大学创意写作班的学生上西方文学名著选读，主要选择了19世纪到20世纪的一些作品，包括现实主义的、自然主义的、心理现实主义的、意识流的、表现主义的，等等。比如像新小说派克洛德·西蒙（Claude Simon）的《弗兰德公路》，这是一部比较有特点的作品，作者想把小说写成绘画。这在我之前的文章《战争的诸多面相——谈〈林中阳台〉〈弗兰德公路〉对法德战争的不同处理》②中就已经讲过，而这些手法都是可以摹仿的。

但是，我们在创意写作课堂上的教学训练，不能仅仅停留在这个层面。只有摹仿的意识还不够，还需要立足于理论，从文学创作的现象中来提炼一些方法，要想真正地理解摹仿、掌握摹仿的要点，我们还需要进一步思考。我首先尝试把这个概念分解开来。我借用了雷·韦勒克（R. Wellek）、奥·沃伦（A. Warren）在《文学理论》③中提出的"内在形式"的观点,实际上他们是通过理论思考，把艺术品看作一个独特的对象，认为它有一个内在的形式，即为某种特别的审美目的服务的一个符号体系，它诞生以后就有一个永恒的历史，可以被读者的经验、批评家的判断不断地丰富。

韦勒克从理论的层面提出了"内在形式"，我们可以在此基础上思考对作品内在形式层面的摹仿，而不仅仅是前面所说的一些外在的比较明显的形式摹仿。

---

① 陆机.文赋集释［M］.张少康集释.北京：人民文学出版社，2002.
② 王宏图.战争的诸多面相——谈《林中阳台》《弗兰德公路》对法德战争的不同处理［J］.写作，2019（2）.
③ 韦勒克，沃伦.文学理论［M］.刘象愚等译.北京：生活·读书·新知三联书店，1984.

按照韦勒克等人的观点，文学艺术作品作为一个经验的个体，自诞生起具备永恒的结构，但它又在历史进程中具体化：批评家的判断、读者经验、对其他作品的影响——重建这一艺术品的历史。这对我们有两点启发，第一是从"内在形式"来说，有些因素是可以摹仿的。第二是作品本身有内在形式，但它又不断受到各种影响而变化，这意味着我们的摹仿也需要是一种动态的摹仿，或者说所谓摹仿不可能是照搬原作，而是不断地融入前述所说的各种判断、读者经验等。

另外，我觉得除了韦勒克等人提出的这些启发性观点之外，还可以从波兰著名哲学家罗曼·英伽登（Roman Ingarden）的现象学文论思想中得到一些新的启示。英伽登借助现象学的理论对文学艺术作品的构成进行了新的分析，对作品文本内部的层面进行了深刻的研究，提出了文学作品的多个层面，包括声音层面、意义单元的组合层面、所表现的对象、作者观点以及形而上的层面等。我们的摹仿训练就可以基于这些不同层面展开。

这些基于现象学和文学理论研究的观点可以给我们一些新的启发，那就是我们怎么理解摹仿。摹仿本身有多个不同层面，一部作品内在有很丰富的层次，并不是所有的作品都适合你摹仿，但是，我们也可以尝试从多个层面入手进行一些练习。

（一）叙述方式层面的摹仿

首先，可以从叙述方式上来尝试。我们面对学生开展教学的时候，教他们如何进行讲述其实是一项很困难的工作。而19世纪的法国作家，有一种常用的技巧：作者尽量少介入，让人物、场面自己说话，近乎我们所说的"零度写作"。这种写作技巧的突出效果在于，它可以把场面用绘画的方式，非常清晰、戏剧化地展现出来。特别是在讲述一些富有民间色彩的故事时，这种技巧特别有效，如果用很有条理的话来讲，反而没味了。

但是有的作者不同，一旦开始讲述，似乎永远都停不下来。那就可以摹仿经常插入叙述者本人话语的方式，告诉大家这是"我"正在讲述的一个故事。

（二）叙述视角层面的摹仿

其次，是叙述视角的问题。我觉得非虚构的写作当中视角问题也越来越值得注意。例如，全知客观视角——第三人称、主观视角——第一人称，以及有限客观视角——虽用第三人称，但采用内聚焦方式，从多个人物主观经验出发叙述，这些方面都是可以通过摹仿训练进行强化的。

许多经典作品中，全知的客观视角——第三人称用得最多。另一个与之相对的就是有限的主观视角。关于主观视角，大家知道它的特点在于设定了叙述者的讲述视角，即仅限于讲述者本人的视角，叙述者讲述自己童年或者其他事情时，显得有真实感，但局限性也比较明显。许多在美国出生的作家，包括后来又去英国的亨利·詹姆斯（Henry James）等人，都放弃了全知视角，采用有限客观视角，他写的所有东西都是用第三人称的。而在一些更为复杂的小说当中，虽然也采用主观人称，但是几个人物交错起来用的，难度就更高一些。

（二）叙述结构层面的摹仿

在复旦大学创意写作课堂上，我们还经常谈到叙述结构方面的问题。在进行摹仿训练的时候，可以先关注两个方面，即自然时间顺序和主观时间顺序——意识流手法，让时间在过去和现在之间闪回交错。

例如，我们计划要写一部比较长的小说，或者小说性比较强的作品，在叙事结构层面，关于时间点的选择是一个比较重要的问题。在现当代文学创作中，这是比较常见的，也很典型。有的作品会设定一个宏观的时间跨度，比如从1900年写到1950年，这个方法比较符合人的思维习惯。一般来说，线性思维是人类比较突出的一个思维特点，人习惯按照历史和时间的先后顺序，即客观的时间序列展开思考。而另外一种叙事，是按照主观时间顺序展开的，并会结合某些现代艺术手法，具有明显的意识流的特点。在写作训练中，就可以采用如下教学方式：可以让学生选取几个不同的时间节点，像白鹿原那样从1900年开始写，从晚清一直写到1950年代，叙事线索展开都比较清晰，同时也要告诉学生，如果采用主观时间顺序，就可以尝试把故事设置在1949年到1950年，把主角设定为一位老人，他在生命的弥留之际，或者他在回忆自己一生的时候，把一些重大的事件穿插着进行讲述。此外，也可以在小说这几十年的时间跨度中选择几个特定的时间点，例如，1911年辛亥革命是一个节点，1926年北伐战争是一个节点，1937年抗日战争全面爆发是一个节点，然后再把这些节点进行重新组织，把前后的一些事件组织起来进行叙述。

（四）语言风格层面的摹仿

此外，还有语言风格方面的问题。不同作家的作品表现出来的语言风格差异很大。如节奏方面有急有缓，激越和沉缓都很常见。句式方面也需要多加注意，主要关注一些特点，如短句、繁复的长句。还有语词方面，作者或采用白描，或使用华丽的辞藻，还有口语、雅言的交错使用等。文体方面也不可忽视，或简洁，或繁复，总体感觉素淡或色彩斑斓，或清晰，或含糊，这些都需要认真思考和消化之后才能在摹仿中把握到位。需要注意的是，语言风格与我们要描述的对象有关系，但是也与创作者本人喜欢、追求的美学风格有关。这就需要我们从各个层面加以考量，不仅注意到词句、节奏、文体等，还要注意观点、主题方面的整合，而不是简单地摹仿某些形式。

（五）观点、主题层面的摹仿

观点和主题等方面的摹仿也是需要仔细思考的。有的学生在写毕业作品的时候，材料虽然很丰富，但是写来写去，总是很难把这些材料有机地整合在一起，无法有效利用这些素材，因而仅仅摹仿一种结构或形式还是不够的。如果稍加分析的话，不难发现这些学生缺乏的其实是一种核心观点，即对世界具体的、深入的看法。

例如，一起开会，我们可以用新闻报道的形式进行介绍，也可以用白描的手法，或者用具有喜剧性的戏剧文体来写。所以，学生在有了材料和书写对象之后，还需要思考怎样把自己的观点和主题结合起来，怎么运用时间和语言风格。要让他们知道自己想要表达什么，这些因素之间的关系是相互交织的，而不是单纯地去摹仿、追求某种风格那么简单。

五、摹仿实例

以下举复旦大学创意写作课的一些例子，从叙述方式、叙述视角、叙事结构、语言风格、作者的观点等多个方面进行讲解。

（一）以《恋爱中的女人》为例

我上课的时候教英国作家劳伦斯的作品《恋爱中的女人》，据说这部作品在英国印刷量仅次于《圣经》。如果你阅读了劳伦斯的多部作品以后，会发觉他最好的作品并不是《查泰莱夫人的情人》，而是《恋爱中的女人》。在这部作品里，劳伦斯描写了好几个主人公，把男女之间的关系描绘得非常细致。

第一，劳伦斯的这部经典之作首先在叙述方式层面，主要是以展示、描绘为主。第二，在叙事视角方面，这部作品的叙事视角值得我们关注，它采取的视角是一种有限视角，视角在四个主要人物间变换：柏金、厄秀拉、杰罗德、古德伦。第三，在叙述结构方面，这部作品也不是按照自然的线性时间顺序展开的，而是一种相对松散的波浪形的时间顺序，以各自分离的事件为中心的波浪式结构。劳伦斯按照这样一种围绕叙事中心形成的波浪形结构进行创作，使得作品更具个性。第四，在语言风格方面，作者也是运用了各种方式，既有口语化的描写，也有对话和抒情，还有很多的议论。劳伦斯的创作在这方面比较讲究，在阅读中我们也可以体会到这种语言风格造成的故事节奏急促、高潮迭起的感觉，它还可以直接展示人们的内心——以隐喻、象征及诗化描写，对政治、两性关系与理想生活做了比较灵活的议论。第五，作品中还蕴含了观念层面的因素——对女性的恐惧和对建立完美两性关系的探索。关于男女关系的复杂问题，劳伦斯的这部作品中早就考虑到了。据说劳伦斯有恐女症，他从小生活在母亲的权威下，有恋母情结，觉得男人太容易受到女人的控制，因此，他认为在夫妻关系之外，最好再发展一个男性与男性的关系，来平衡男女之间的复杂关系。大家知道在几何学中，三角形是最平衡、稳固的。在这个方面，《恋爱中的女人》实际上是一部很激进的作品，现在看来在伦理观念上有种颠覆性的意义。

（二）以《我弥留之际》为例

我在复旦大学的创意写作课上还讲解过美国作家福克纳的作品《我弥留之际》。讲解的主要目的是提供摹仿的切入点对学生进行创作指导，因而教学方式与文学批评、文本的学术化分析有所不同。总体上，我们仍旧可以从叙述方式、叙事视角、叙述结构、语言风格和作者的观点等五个层面进行思考，进行不同的摹仿写作训练。

首先，在叙述方式层面，福克纳的这部作品也主要是以展示、描绘为主。其次，作品的叙事视角比较复杂，涉及十五人，家族成员七人，不同成员间意识流动，视角频繁变换，意在展示人们复杂的思绪。我在课堂上强调让大家注意看它的多视角叙述方式。这个作品的情节并不复杂，主要以艾迪去世前后十天为时间框架，展示家人将其送回家乡落葬的艰难旅程，人物意识不时闪回，互相渗透，追溯数十年间的往事。本德伦的妻子艾迪死了以后，她留下遗嘱要回乡入葬，所以她的丈夫跟几个子女把她的棺材抬了回去。路上天气很热，一路上他们又遇到了洪水、火灾，历经各种坎坷，最后完成入葬。在这段旅途中，福克纳采用了不同的视角叙述，风格非常鲜明。

在学习这种写作方式的时候，我们还可以发挥自己在比较文学、世界文学方面的学科视野优势，找到其他类似的参照。例如，土耳其作家帕慕克的经典作品《我的名字叫红》，在叙事方面也采取了这种手法。当然，我个人认为帕慕克的写作手法更加吸引人。在帕慕克的笔下，一个人、一棵树都可以成为叙事者，都可以作为一个叙述视角。

另外，在语言风格方面，福克纳的书写以口语为主，切合不同人物的个性、心绪来写。

最后，观点层面蕴含的内容我们也需要思考。福克纳的这部作品主要是关于人类生存的寓言——人们忍受苦难顽强地生存，人不可被摧毁。如福克纳所说，盲人在命运和责任间探索前行。需要注意的是，观点、主题方面的摹仿关系到作者对世界的看法，也关系到作品整体的基调。

但是，正如我们前面所说，可以用于摹仿的技巧虽然样式很多，但还是需要仔细考虑是否适合创作者本人。因为每个技巧的难度不一，每个叙述者对于人物的心理活动的把握也不一样。长篇作品写作的难度比较大，我们要仔细思考，并进入数个甚至十几个不同人物的思想、内心世界。如果学生对用于摹仿的作品没有把握到位，或者没有准确体会到这些作品的特点，那么在自己的练习过程中就不容易出好的效果。

以复旦大学创意写作教学中的情况为例，我们最近的毕业作品中有篇作品，创作者写的是他的祖父，先后采访了十几个人，但收获的讲述内容角度都差不多，没有特别明显的区别。在这种情况下摹仿、借鉴福克纳的叙述方式，实际上是不理想的，还不如直接选择一种第三人称视角来讲述，或者就选择一个主人公以第一人称的方式来写。

六、摹仿写作的局限

前面我们已经讨论了摹仿写作训练在创意写作课堂上的一般方法、基本要点和可能性，经过一段时间的实验证明，它在叙事视角等多个方面确实可以给创作者带来帮助。但是，我们在推崇摹仿的过程中，也需要反思摹仿写作潜在的局限,并对此保持一种自觉的意识。在创意写作的摹仿训练过程中,需要注意两个基本的问题:其一是被摹仿的作品与作者的个性、风格的契合与兼容问题,其二则是摹仿只是创作的起点,是一种训练方法,最终还需要创作者在摹仿的基础上体悟创作的经验、技巧,走向新的创造。

首先,在创意写作摹仿训练的过程中我们需要有意识地进行筛选,选择那些与初学者的创作风格、习惯较为契合的文本来进行摹仿练习。换句话说,你在选择摹仿对象的时候,需要思考这部作品总体上是否能与你的个性契合。并不是任何一部作品都能被摹仿的,这就像一个作家,并非什么题材都可以拿来写,批评家也会有自己的特定研究对象,并不是对任何类型的作品都能展开有深度的批评。有的时候我们能够很好地进入一部作品的审美世界,对它的语言风格、思想情感都能迅速地领会,但也有时候,我们很难进入某种文本的世界,找不到那种阅读的共鸣。

其次,在摹仿的基础上,我们还需要进一步摆脱既有的经验模式,不断地走向新的创造,或者说新的变异。在摹仿中走向新的创造才是摹仿的目的。这些现象其实在文学研究领域都有相关的解释,只是我们很少把理论和创作实践本身放在一起系统地思考。例如,浪漫主义对我们影响很深,美国文学评论家哈罗德·布鲁姆(Harold Bloom)在他的《影响的焦虑》[①]这部著作里面讲到浪漫主义时就说,我们每个人都处在前面作家、传统的影响之中,想要获得新的突破,要在这些基础上进行新创作,就要面对之前的传统,与前辈们的创作有一种对话,甚至斗争。

从这个角度来说,创作中的摹仿一方面是在消化和改造既有的经验、传统,另一方面又是在导向新的未知领域,走向新的创造。或者说,每次摹仿都可以视为一种新的变异。这其实很像我们的生命基因,在传递的时候既有复制,也有新的变异,只有这样,生命才生生不息,自然界的事物才能生生长流。作为一位写作者,人们总是习惯性地说,你要去创造属于自己的对象,你不要去摹仿。但是,实际上是反过来的,摹仿正是我们进行创造的基础。我们每个人的生命也是父母生命基因的摹仿、配对。我们生命本身就是基因的摹仿、复制和再传递,所以我们为什么要怕摹仿,为什么不能仔细地去思考一下摹仿的意义呢?

---

① 哈罗德·布鲁姆.影响的焦虑[M].徐文博译.北京:生活·读书·新知三联书店,1989.

所以，总体来说，任何作家，无论是普通作者还是文学史上的伟大作家，他们的创作都不是绝对的自我创新，而是需要放在文学史的传统、经典作品的源流中去考察。再伟大的作品，如果我们仔细追溯、分析，都可以发现其实它是有一个源头的，是某种源流的一部分。借用西方文学中常见的一句话来说，太阳底下没有绝对新的东西，许多作家的作品里面都包含了摹仿的成分，没有摹仿的创造，实际上就是无源之水。

七、从摹仿到创造：创意写作教学训练的可能性

中国创意写作在十余年的发展过程中，提出了很多新颖的教学方法，研究人员对此也有一些梳理和总结。但在某种程度上，创意写作教学训练又不仅仅是方法的问题在这里我们触及了一个新的问题，就是以摹仿作为纽带，我们可以把文学理论、比较文学和创意写作等方面的知识、理论、实践有机地结合在一起。这个过程涉及文学理论与文学实践的问题，这样一来，创意写作训练也因此有了两层意涵：一是我们可以绕开宏大的概念争论，从实际入手，解决创意写作教学的问题，通过摹仿写作回应"创意写作能不能教""作家能不能培养"等问题；二是我们可以不断地从类似前面所讲的现象学等理论层面入手，加强我们对这些写作训练的理论思考能力，而这种训练方法的另一个意义则在于可以启发作者重新理解、认识文学理论、文学批评和文学原创活动之间的关系，它们之间其实并不是那么水火不容。

本文原载《中国创意写作研究》2022年第2期

乡村中学创意写作课程建设研究*

叶　炜　张海涛

目前，中学尤其是乡村中学的学生阅读与写作现状堪忧，学生阅读大多是碎片化、娱乐化的浅阅读。阅读视野狭窄，写作质量不高，行为习惯较差，阅读与写作教学陷入高耗低效的困境。具体表现在：乡村中学学生生活空间狭小，缺乏素材，选材和立意都难以出新；学生阅读资源匮乏，藏书少而陈旧，阅读远远落后于城市中学；乡村语文教师缺乏新理念和新方法；教学指向背离写作本质，只注重写作技巧的传授；大多是直接应用的模板，教学内容杂乱无序；重视模板训练，轻视自主实践；注重名人效应，轻视情感表现；注重反复训练，忽视言语积淀；写作教学形同虚设，教学观念落后；内容空洞无物，选材陈旧；结构混乱无序，思路模糊；夹叙夹议，文体四不像等。正如温儒敏教授所说，乡村写作教学可以说是惨不忍睹，全线崩溃。党的十九大提出实施乡村振兴战略，美丽乡村建设，不仅是乡村经济振兴，更应该是文化振兴，通过创意写作来展现乡村振兴，提高乡村学生的写作能力会为乡村中学质量发展提供动力。《中国教育现代化2035》提出的八个理念中，就有"更加注重面向人人，更加注重终身学习，更加注重因材施教，更加注重知行合一"。

为此，我们提出要加强乡村中学创意写作课程建设。创意写作学起源于美

---

* 本文为全国首家乡村中学创意写作课程基地建设项目阶段性成果。《普通高中语文课程标准（2017年版）》指出：语文课程是一门学习祖国语言文字运用的综合性、实践性课程。在乡村振兴的大背景下，通过创意写作课程建设，寻找和激发真实的写作，寻找基于生活、基于学生自我感想、自我体验、自我发现的、自然而然进行的写作，这无疑对乡村中学的振兴具有十分重要的意义。本文作者简介：叶炜，浙江传媒学院创意写作中心主任，浙江网络文学院执行院长；张海涛，江苏丰县宋楼中学语文老师。

国爱荷华大学，创意写作学认为人人都可以写作，写作可以成为单独的一门学科，而基于乡土文化的乡村中学创意写作是实现学生创新能力培养的一条较好的路径。

一、引入创意写作教学在乡村中学写作教学中的价值

当下的中国，创意写作方兴未艾，创意写作是交叉学科，融合了文学、教育学、心理学、逻辑学、语言学、脑科学等多种学科资源，根据一定的表达目的，创造或者设置相关情境，引导学生运用一切已知的写作信息，表达出某种新颖独特、有社会意义或个人价值的作品的智慧活动。乡村中学创意写作课程建设，包括创意阅读、创意写作、创意表达三个主题内容。

创意写作所采用的教学方式不同于传统写作教学，多从类型写作入手，寻找写作的客观规律和可操作的写作技能。创意写作第一是创意思维，第二才是写作，在创意写作中，关键词是创新、激活、挖掘、表现等；注重写作训练，重视创意阅读、创意写作、创意思维的训练；注重专家学者一对一作文线上线下批改，从而发展学生，成就教师，形成课程，优化教学，提升学校办学品位。

我们结合乡村中学作文教学的现状，将创意写作作了一个校本化的概念界定，它包括切入式的情境、开放性的主题、批判性的思维、个性化的表达、协商性的评价。首先是预设的情境，它能够激发学生的写作兴趣；其次是开放性的主题，主题不固定，学生不容易受到禁锢；再次是批判性的思维，重视创意思维的培养，掌握发散思维、聚合思维、类比联想思维等构思方法，并熟练应用到写作当中；接着是个性化的表达，在文章的立意上要有新意，在选材上要独特，写法上要创新，力求表达个性化认知的主题，力求选取鲜活素材的材料，力求形式创新的构思，追求个性表达的语言，用创意的规律来统领写作的规律；最后是协商性的评价，我们制定校本化的评价方式与评价标准，鼓励学生学会写作，热爱写作。

多年来，传统的写作教学培养了学生的书面表达能力，有效地发展了学生的智力，培养了学生健康高尚的道德情操，但也出现了一些问题。而校本化的创意写作则是一般写作的继承与发展，旨在用创意写作课程的实施来解决一般写作存在的一些问题，进而探索出一条作文教学的新途径。

（一）一般写作存在的问题

在教学理念上，作文教学中，教师、学生针对性较强，力求应试中获得较高的分数，倾向于写作技巧的传授，大多是直接应用的模板，教学内容单一，重视模板训练，轻视自主实践。在教学目标上，教学目标不够明确，具体是以文章知识为主，选材、立意、结构、语言面面俱到，写作技能虚空。在教学方法上，以讲授法、例文法、点评法为主，教师没有提供指导或指导不够，通常是读范文、搞活动、布置题目、要求写作。在教学内容上，以叙事方法、选材、文章结构为主，写作内容匮乏通常是积累素材、积累好词好句、模仿优秀作文。在教学流程上，以教为主，具体表现为作前命题、作前指导、学生写作、教师批改、讲评升格等写作"五部曲"。

（二）创意写作的优势

创意写作的理念是教学中要激发出每个师生的潜能，师生共写共评；注重生活情境体验，学生对自我的表达，引导学生关注生活；注重创意思维、写作规律的训练；注重线上线下学习。强烈的读者意识、受众的接受观及相应的沟通说服能力是创意写作生命力的源泉，创意可以习得，写作可以教学。在教学目标方面，学生、老师、作家都是教学的主体，学生、教师基本上要会写、能写文学作品。创意写作培养的是有创意思维的学生，培养的是一批发表作品的写作爱好者，培养的是文化产业发展人才的后备力量。在教学方法方面，创意写作采取的是工坊式学习，在自主、合作、探究理念指导下的体验、交流、展示、拓展、反思的教学方法，课堂上讨论互动多、讲授技巧少；利用新媒介，打通线上线下，以工坊式的伙伴学习合作关系，相互点评修改，相互鼓励批评，以小组形式充分讨论，教师作为主持人参与，共同写作、集体创意、集体创作、集体修改。在教学内容方面，主要有创意阅读、创意激发、创意思维、创意表达。追求表达新主题、选材新素材、采用新技法、展示新语言。表达的内容包括写好细节、揭示行为、背景介绍、精通对话、唤醒感官；选材上注意时间、地点、结局的转换；力求文体上的创新：日记、诗歌、小说、观后感、读后感、想象作文等；思维激发上注意寻找灵感、构建另一自我、自我提问、借鉴成功范例等。在教学评价方面：重视创作的实践成果，鼓励学生发表的作品。

（三）乡村中学写作教学引入创意写作教学有着十分重要的意义和价值

1. 创意写作课程的实施能够提升乡村学生的语文核心素养

实施创意写作课程教学，会激发出每个师生的潜能，师生共写共评；注重生活情境体验和学生对自我的表达，引导学生关注生活；注重创意思维、写作规律的训练。变革课堂教学方式，变革学生学习方式，满足学生语文学习的多样化选择需求，为学生提供了真实的语文学习情境，让学生在语言实践活动中提升语言、思维、审美的语文核心素养。

2. 创意写作的理念、要求与新课程标准高度契合

《普通高中语文课程标准》指出，进一步提高文字表达的能力，并努力学习综合运用多种表达方式，力求让表达更有个性、更有创意。创意写作的理念与要求与新课程标准高度契合，实施创意写作课程的建设，能够满足以上要求。

3. 乡村中学写作教学的现状迫使教师要转变教学方式

随着新课程、新高考的实施，高中教学对学生的思维和能力的培养成为教学实践中的重中之重，写作教学承担培养学生自我表达能力和发展创造性思维的重任。《普通高中语文课程标准》中的新理念、新内容对语文教师提出了更高的要求，创意写作的实施倒逼语文老师要阅读、要写作，在实践中必须结合实际，调整教学方式。

4. 创意写作课程的实施能够激发学生的创作潜能

创意写作表面是培养写作能力，但更重要的是培养学生的创意思维，进而激发学生的创作潜能。

总之"乡村中学创意写作课程"建设专注于乡村中学建设创意写作多样性的新时空，重视创意阅读、创意写作、创意思维建设，其核心价值追求是提升乡村学生的写作水平，提升运用创意思维的能力，大部分学生可以发表成熟的作品，并参与体验创意写作的"视、听、读、思、写、讲、辩、演"的活动，力求实现在校园的每个角落都有写作故事发生的建设愿景。

二、乡村中学创意写作课程建设的目标和路径

乡村中学作文教学引入创意写作，可以通过创意阅读、创意写作、创意思维等相关建设，开展一系列写作实践活动，关注学生的情景化、生活化的

创意写作学习，引导学生体验生命、感悟生活、了解社会，进而培养有写作专长的人才。

（一）乡村中学创意写作课程建设目标

1. 教学环境文学化，让学生体验"阅读写作"的创意之光

创意写作强调环境体验，建设良好的创意写作教学大环境及相应的模型建构，创建创意写作实验室，形成以阅读教学为主的校园文化；营造具有阅读特色的校园环境，各功能教室、墙壁、连廊、花园、石头均布置不同主题的文学教育阅读内容；各班教室布置具有创意写作情境的特色，注重生活情境体验，学生对自我的表达，引导学生关注生活；注重创意思维、写作规律的训练。学生会有美的表达，能够用祖国的语言文字表达自己的审美体验，表达自己的情感，让学生体验"创意写作"的创意之光。

2. 课程资源丰富化，让学生收获"地域文化"的家乡之美

积极推进学校的课程建设，以高中语文教学的十八个任务群学习为基础，丰富拓展国家课程，建构创意写作学习课程体系，开设具有地域文化特色的阅读课程，开发创意写作学习系列教材，开展创意写作实践活动，探索学校课程建设的新思路。创意写作教学内容上，主要有创意阅读、创意激发、创意思维、创意表达。追求表达新主题、选材新素材、采用新技法、展示新语言。让学生收获"地域文化"的家乡之美。

3. 学生发展个性化，让学生享受"工坊合作"的互动之乐

创意写作强调个人的兴趣爱好，强调真实的情境体验，强调写作的系统训练。通过线上线下学习、写作实践、工坊合作，让学生获得丰富的知识，获得心智的启迪，能够促进思想的成熟，促进学生个性化的发展。且学生、教师、作家都是教学的主体，学生、教师基本上要会写、能写文学作品，在此过程中获得写作的快乐。创意写作培养的是有创意思维的学生，培养的是一批发表作品的写作者爱好者，培养的是文化产业发展人才的后备力量。

4. 教师培养专业化，让教师享有"学养丰厚"的成长之趣

努力培养新时代的四有好教师，要教学生阅读写作，语文教师就要先阅读写作，先写出创意作品。加大培训力度，走出去，请进来，全力支持教师参加教学竞赛，促进教师专业发展，将本基地打造成集教科研和教育教学实践为一体的高端平台，成为提升县级区域文化力的一个重要着力点。

5. 学校发展特色化，让学生感受"创意写作"的人文之情

积极建设学校特色文化，以创意写作课程基地建设为契机，建设文学长廊、文学花园、文学展示墙壁，将校园打造成为阅读型文学校园，优化校园人文环境，加强学校文化建设，探究培育学校文化特色的新途径，学生只要置身校园，在真实的语文学习情境中，都能获得阅读的收获，让学生在语言实践活动中提升学科核心素养。

（二）乡村中学创意写作课程建设路径

为促进乡村中学创意写作课程体系的建设，形成办学特色，可以通过以下的建设内容，来促进乡村中学的振兴。

1. 创设具有鲜明创意写作特色的教学环境

营造具有创意写作特色的校园环境，升级改造创意写作课程场馆，可以设计建设四个功能体验室：创意写作实验室、创意阅读研学室、语言思辨实践室、地域文化体验室。通过四个功能体验室，设置多层次、多模块的写作课程内容及平台的训练，推广乡村中学学生的写作实践活动，提高学生的应用作文、考试作文、创意文学作品的写作能力。

突出创意写作实验室建设，让学生写作变得容易。包括创意写作交互实践系统、VR情境体验，实现线上线下创意写作、中文创意写作数据库、创意写作学习App等。

完善五个创意写作社团活动室，为文学社、戏剧社、辩论社、演讲社、小记者社等学生社团提供创作场所，保存社团资料、档案等。积极开展创意写作采风活动，举办诗歌朗诵比赛、课本剧表演、青春主题演讲比赛、社会热点问题辩论赛等活动，让学生在活动中得到真实的体验。

2. 突出以创意写作为教学内容的模型建构

瑞士心理学家卡尔·荣格（Carl Gustav Jung）有句名言："向外看的人在做梦，向内看的人可以觉醒。"教师要引领学生深入了解各类文章类型，可以从以下内容建构以创意写作学习为核心教学内容的模型。

一是明晰创意写作教学的模式。创意写作的教学流程一般分为预写作、打草稿、群修改、精校订、优发表等五个步骤。预写作是写作前的集体创意，教师创设情境，给出3~5个诱导性话题，激发写作创意；打草稿是学生先把自己的想法迅速写下来，不考虑语法、书写、形式问题，形成主题创意；群修

改是同伴、教师、线上专家的反馈修改；精校订侧重校订写作中出现在书写、语法、标点等错误；优发表是在班级、工坊内朗诵，在宣传栏张贴，择优在校报、杂志上发表。根据这一流程，结合我校的学讲教学模式，升级优化了如图1所示的教学模式。

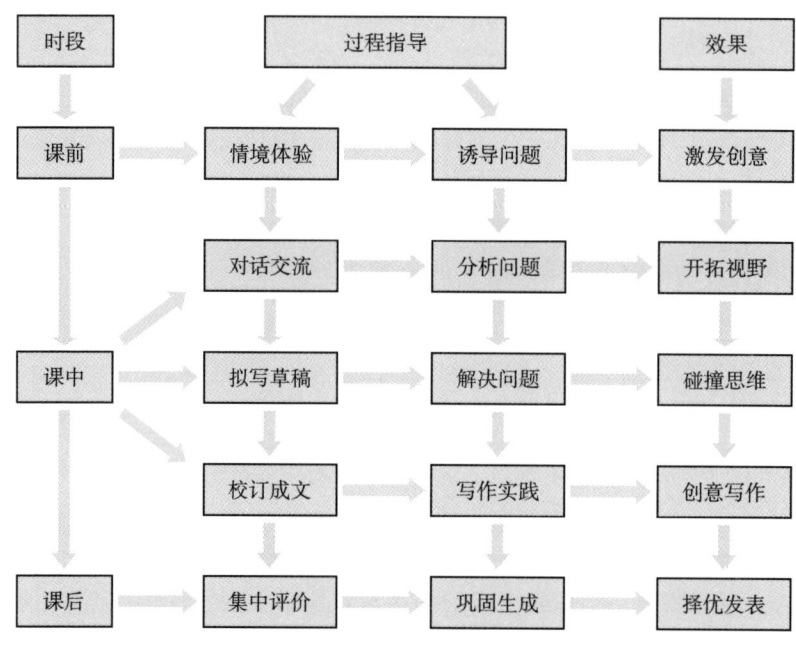

图1　教学模式

二是突出真实情景的模型建构。建成以地方文化特色为内容的展厅，将地域方言、文化名人、宗教文化、地方生态、乡村绿色文化、革命教育文化等展示出来，旨在让学生获得真实的情境体验，真实观察，真实触摸，真实感受，真实感动，从而增强学生爱家乡爱农村的热情。

三是构建激发学生创意思维能力的模型。创意思维是人脑对客观事物本质属性和内在联系的概括和间接反映，大力建设培养学生创意思维能力的模型，做成散文、诗歌、戏剧、小说的思维导图。

3. 建设以促进创意写作活动为主的自主学习互动平台

建设乡村中学创意写作课程基地，主要是让学生有一个学习方式的根本变革，让它努力成为转变写作学习方式的新样本，把学生培养成终身阅读者和负责任的表达者。为此可以建设四个自主学习的互助平台。

一是创意阅读研学平台（以名著体验、阅读为主）。新建创意阅读体验室，建成一个功能比较齐全的阅读广播电视体验室，可参与名著阅读体验、摄录、编辑、播放、演出节目，与学校网络、闭路广播电视联网，制作微电影，配置相关的软硬件设施设备，为学生创作的剧本的演出提供支持。培养校园电视业余编播人员，发展他们的个性特长，培养学生对电视文学的兴趣爱好，提升发现美创造美的能力。

二是语言思辨实践平台（以创意写作社团活动为主）。重视创意写作社团活动体验，举办学校读书节，营造良好的读书氛围。开设名著导读讲座，举办微论坛，欣赏名著影视作品。积极开展文学采风活动，学生可在活动中得到真实的体验。在此基础上，开展研究性学习活动，学生根据自己的阅读体验，提出课题。

三是创意写作创作研学平台（以文学创作为主）。重视线上线下自主学习，利用电子阅览室，构建读书网络平台，开发多媒体演示平台。设置交互实践教学模块：交互实践课堂是指在写作中心内由指导教师借助现代化设备，通过写作平台进行巩固训练，包括考试作文、创意诗歌散文、策划书与文案、公文、行政公文、报告请示等，切实掌握各种各类文书的写作规律、写作技巧和格式规范。设置集中点评教学模块：主要集中解答学生在写作实践练习中遇到的有代表性的疑难问题，采取案例式教学解答，进行记录分析，以学生练习为样本，采取教师评点、学生互评等多种方式，对之进行详细的讲解和批改，便于巩固学习。设置一对一线上线下批阅与交流模块：巩固课堂内容，加强实践训练环节，学生的课后练习也将得到严格有效的监控与反馈。学生的课后作业、练习可以通过写作交流平台进行上传，专家或老师可以进行一对一的批阅、指导、交流、存储，使学生的写作实践能力从专家或教师专业的反馈意见中得到提高。

四是地域文化情境体验平台。重视创意写作训练，以真实写作为基础，以唤醒学生的写作灵性为起点，以创意情境、创意体验等激发想象力、创造力，让学生拥有独特而富有诗意的表达，学会写小说、散文、诗歌、影视小剧本、新媒体应用文本等。

4. 开发丰富而有特色的创意写作课程资源

纵观国家课程，必修的每一个任务群学习都有写作的内容及要求，如做出全书内容提要、撰写日记、完成调查报告、学会诗歌小说戏剧散文的创作、掌握现代常用应用文体等。校本课程是国家课程的补充，更有利于校本化地培养学生的语文素养。可以挖掘创意写作课程资源，结合地域特色，建设开发创意写作课程体系。

一是创意写作课程体系。每周至少开设两课时的创意写作课程（图2），学生根据自己的兴趣爱好选择不同的课程或社团活动。

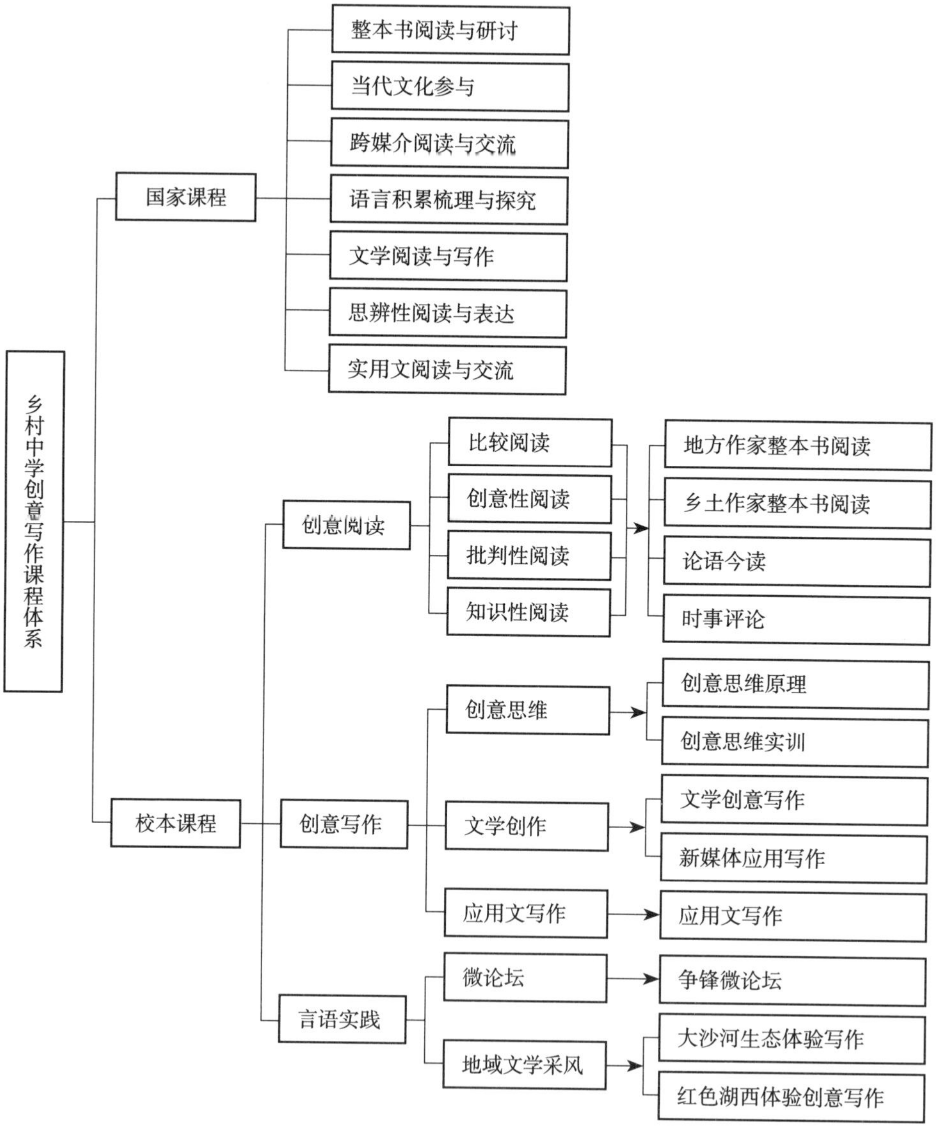

图2 创意写作课程

二是创意写作课程评价体系。创意写作的评价方式主要是创意阅读读书笔记、批判性反思日记、作品朗读会、创意思维交流、创意作品集、学习档案展示、发表创意作品等（图3），学生、教师、专家从不同层级不同角度共同参与评价（表1）。创意写作重视学生的每一份作品，创意第一，写作第二，好的思维比好的技巧重要。

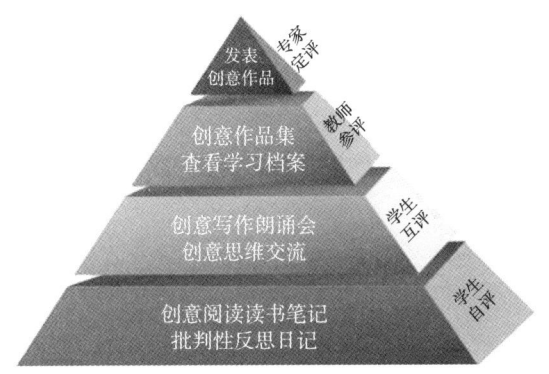

图3　乡村中学创意写作课程评价方式

表1　创意写作评价标准

分类	评价主体	评价方式	立意	议论/记叙/描写/抒情	创意思维	语言表达
一	专家定评	发表作品或作品成集	独到深刻有创意	议论剖析透彻辩证，见解独到，深入"分析"，对某一"含义"进行"分解"和"剖析"，多问几个"为什么" 记叙生动，细节感人，能够恰如其分地运用各种修辞手法对事物进行形象化的阐述。具有描写的真实性，描写的形象性，描写的艺术性 抒情具有艺术感染力，真正的抒情艺术一定会使读者在不知不觉中受到感染	充满想象具有哲理独特灵感有震撼力	准确、鲜明、生动有文采
二	教师参评		准确正确有文采	议论分析较为辩证，层次分明，能够"分析"，能对某一"含义"进行"分解"或"剖析"或多问几个"为什么"	有趣创新思维灵动能勾起好奇心	恰当、通顺有创新有逻辑理性思考感性表达

续 表

分类	评价主体	评价方式	立意	议论/记叙/描写/抒情	创意思维	语言表达
二	教师参评	发表作品或作品集	准确 正确 有文采	记叙真实，叙议恰当，主旨与材料"神似"，有"灵犀"相通，有构思，有细节，有文采，故事真实，富有生活气息 描写运用让人或物形象更生动具体，有文采，有创意，包括一些手法：比喻、拟人、夸张、双关、排比等 抒情切当，得体，具有独特性，能够引起读者的共鸣	有趣创新 思维灵动 能勾起好奇心	恰当、通顺 有创新 有逻辑 理性思考 感性表达
三	学生互评合作	创意思维交流作品朗诵	立意较正确	列举论据，分析说理尚不足或层次清楚逻辑关联不紧，观点能从材料中来，但论证不很充分，虽略有"分析"，也有一定的层次或条理，但内在逻辑不够严谨	情理之中 耐人寻味 有一定娱乐性、戏剧性	较生动 有一定文采,能引起读者共鸣
四	学生自评		立意需要再升华	写人叙事能力有待提高，恰当地运用描写手法，具有一定的文采 抒情最基本的是诚挚与可靠，写作者在抒发情感时必须真诚可靠，并表达自己的真情实感和真挚感受		通顺 清新 自然

5. 构建促进教师专业成长的发展中心

做好新时代教师发展规划，必须为教师发展提供全景展现，为教师发展提供平台。以教师专业发展中心为依托，提升教师专业发展水平。教师是创意写作的灵魂，教师的素质决定了创意写作社团活动的水平，学生能力提升的空间。教师一是要具备创意写作素养知识与写作能力，二是要具备教学监控能力，三是要具备教学创新能力，四是要具备合作态度和组织协调能力。

建设名师工作室，通过理论学习，专业知识学习，培养一批德才兼备的学科骨干教师。抓住课程基地建设的契机，实施"名师工程"和"青蓝工程"，以教师的基本教学能力的提升和学讲教学模式的推介作为工作重心，成立"教师发展中心"。通过邀请专家讲学、名师工作室、创意写作教学沙龙、创意写作俱乐部等形式,将学校课程基地建设成文科教师学习、实践、创新的平台。

培训教师重点做好以下工作:要求语文教师写文学作品,运用新课程理念组织教学;要求教师阅读专业书籍,如本土作家作品、名家名作、创意写作等方面的书籍等;在实践中不断地积累经验,如语言表达能力等;参与一些创意写作社团活动研讨,与他校社团指导教师交流;参加教育主管部门和学校组织的培训;依所在地大学文学院、教师教育学院组建名师工作团队。

6. 形成学生阅读写作实践创新的有效路径

展示学生才华,促进学生自主学习、快乐学习,开展研究性学习,形成学生实践创新的有效路径。开展真正意义上的写作训练,把我思、我想、我感受表达出来,教师进行指导修改,也可以社团内交流,让学生感受语言的魅力与美感,进而增强学生的表达能力。

新课程强调自主、合作、探究学习,要充分关注学生主体参与、情景式、体验式实践活动教学。加强校文学社、戏剧社、辩论社、演讲社、小记者社等学生社团建设,形成"视、听、读、写、思、讲、辩、演"的创意写作活动体系,根据不同年级的教学要求,有计划、有步骤地开展组织形式多样的创意写作实践活动。

三、乡村中学创意写作课程建设的预期效能

乡村振兴创意写作课程建设可以达到如下效能:

(一)以具有鲜明的创意写作特色的教学环境提升办学层次

建设校园场馆,美化阅读型校园,让学生在创意阅读写作实践活动中学习,在实践中得到熏陶,利用相关文化资源,深入开展创意写作教育荡涤学生心灵。通过这一课程建设,语文教学质量显著提高,学风、教风更加淳厚,进而带动其他科目成绩的提高;同时通过场馆建设和校园文化的建设,带动校园其他软硬件建设,丰富并优化办学资源,从而提升学校整体办学层次,促进学校深入发展、长足发展。

（二）以创意写作活动为内容的模型构建提升教育品质

突出创意写作实验室建设，让学生写作变得容易；突出真实情景的模型建构，建成地方文化参与为内容的展厅；建设培养学生创意性思维的模型，做成文学作品及应用文的思维导图模型。丰富文学社团活动的内涵与外延，形成学生创意写作学习的新内容，初步构建完成创意写作实践活动体系，大幅提升文科教学质量；深化课堂教学改革，转变学生学习方式，提升课堂质量效益。学生学习创意写作的积极性大幅提高，阅读与写作能力显著增强，学生创意写作素养大面积提升，促进学生的人格健全，教师专业水平得到充分提升，通过理论学习，专业知识学习，培养一批德才兼备的学科骨干教师。这是学校特色创新建设的一种途径，能够提升教育品质。

（三）以自主学习的创意写作互动平台促进学生全面发展

重视创意写作课堂教学，重视创意写作社团活动体验，重视线上线下自主学习，通过自主学习的互动平台，培养学生学习兴趣，提高学生综合素质。积极参加各类竞赛活动，努力提高学生在读书征文活动等竞赛中的获奖比例，且高层次奖项比例逐年增加，力争学生得到全面发展，实现自主学习、快乐成长，为高校输送更多人才。

（四）以创意写作课程丰富校本资源

加强国家课程实施，丰富开发校本资源，建设一批高质量校本教材，以校本课程全面促进课改和学生发展，丰富地域文化特色的创意写作学习课程等，建设创意写作学习专题网站，开设创意写作学习、名著阅读、诗歌鉴赏、文学创作等专栏，构建自主学习平台；完善国家课程网络资源，丰富微课堂资源库，链接创意写作网络课程，为学生提供丰富的学习资源。

（五）促进教师专业化成长与发展

制定教师发展规划，针对乡村中学创意写作课程基地建设过程中出现的新问题，形成课题，集中攻关，促进教师专业发展。要求语文教师写文学作品，运用新课程理念组织教学。组成名师导师团，对学校创意写作课程基地的建设与实施、创意写作实践活动的开展、师资队伍的培训等方面作高层次的指导，努力打造健全的教师发展中心。

（六）以创意写作实践活动提升学生语文核心素养

充分关注学生主体参与、情景式、体验式实践活动教学，形成"视、听、读、写、思、讲、辩、演"的创意写作活动体系，根据不同年级的教学要求，有计划、有步骤地开展组织形式多样的创意写作实践活动。

本文原载《中国创意写作研究（2020）》，高等教育出版社2021年版

创意写作视角下的日本中小学的作文教学[*]

张永禄　高珂冬

在创意写作教育全球化过程中，日本也积极融入和镶嵌进创意写作的版图。与中国走先译介、后本土化建设的路径不同，其更倾向于将创意写作和传统日本的作文教学融合，将创意写作看作是写作教学的一种方法，以促进日本文学教育的提升。中国学者把"creative writing"翻译为"创意写作"或"创造性写作"，日本学者则以片假名"クリエイティブ・ライティング"来表述，将其作为写作教学的一种方法，归属于文艺学科[①]。木村阳子、三藤恭弘、山本茂喜等学者将"creative writing"翻译成"创作活动""创作""创作文"[②]等，命名不一，有时干脆简称"CW"，虽然说法多样，但他们都强调了"创造的表现"这个创意写作的核心意涵。早稻田大学、东海大学、法政大学等高校设有文艺创作专业专门培养创作型人才，学科理念、课程设置以及提交作品代替毕业论文的学科设置都可见创意写作参与的痕迹[③]。设立于2001年的尾道大学的文艺创作专业，以提交作品的方式作为学位考核，至今已经提交了超过百数

---

[*] 本文作者简介：张永禄，文学博士，上海大学文学院教授，主要从事创意写作和网络文学研究；高珂冬，上海大学2020级创意写作在读硕士。

[①] 文艺学科是日本大学教育中设置的一门学科，以文艺学为主要研究对象，对学生进行关于文学理论、文艺批评、文艺创作的教育，有时也广泛涉及文学以外的表现文化、艺术。

[②] 木村阳子. 国语教育和适应性——关于国语教育中创意写作的探讨［J］. 教职课程中心纪要，2018（3）；三藤恭弘. 关于文学的文章创作的指导原理考察——以波多野完治为例［J］. 广岛大学大学院教育学研究科纪要，2012，61：171-178；山本茂喜. 利用故事地图进行创意写作的指导［J］. 香川大学教育实践综合研究，2010，20：135-143.

[③] 参考早稻田大学官网：https://www.waseda.jp/flas/hss/about/research/、参考东海大学官网：https://www.u-tokai.ac.jp/academics/undergraduate/letters/creative_writing/、参考法政大学官网：https://www.hosei.ac.jp/bungaku/gakka/japanese/.

的作品群①。

　　对于日本创意写作的研究，我们似乎不必亦步亦趋刻板地从创意写作的欧美化行为和做法来对照。通过对日本中小学作文教育的研究发现，其更多地把创意写作的理念和工坊制之类的教学方法方式融进传统的作文教育中。本文主要从"创意性"出发，探究日本现行的"生活作文"教育的起源，讨论日本现行中小学作文教育中与创意写作理论相符合的部分，并介绍日本部分小学组织的"作家的时间"以及中学文艺创作社团活动的开展情况。可以看出虽然创意写作在日本中小学教育中更多以课外活动的形式存在，但其影响不可小觑，可以成为国内中小学创意写作建设的良好借鉴。

一、核心理念：从"生活作文"到"宽松教育"

　　近现代以来，日本政治、文化与教育施行脱亚入欧的路线，他们在接受美国的先进教育理念的同时，结合本土文化接受的实践和目标，积极开展创造性转化，做到为我所用，这同样表现在对来自美国的创意写作理念的借鉴上。日本学者井上敏夫曾表示："以关于'随意选题'问题的一系列真挚的论争为经验产生的，生活作文以及《赤鸟》作文等作文教育展开的成果，对日本作文教育影响深远。"②考察日本近现代中小学作文教育实施的"生活作文"③教育理念的来源，其萌芽于芦田惠之助的"随意选题"思想，受到铃木三重吉创办的儿童文艺杂志《赤鸟》的影响，最后小砂丘忠义提出的"生活作文"教育得到了广泛的认同和应用，为日本的作文教育提供了众多的理论和实践成果④，成为日本国语作文教育的主流。"生活作文"教育理念沿用至今，1970年代以来的日本国语教育在"宽松教育"理念指导下，大力开展中小学课外作文活动，提升学生的写作水平和能力，为日本在严肃文艺和通俗文艺的繁荣奠定了良好基础。

---

① ［日］光原百合.文艺创作这十年［J］.尾道市立大学日本文学论业，2013（9）.
② ［日］饭田和明.生活作文教育前身的探讨——芦田惠之助的"随意选题"中的自我［J］.学校教育学研究纪要，2013（6）.原文引自井上敏夫《解说：小仓演讲作文教学的解决》。
③ 生活作文即儿童（成人也可）接触到外界的自然和社会等以及自我和他人精神内部时，将所产生的思考或感觉以及其来源的事物的形状和动态，生动具体地表现出来的文章。
④ ［日］饭田和明.初期生活作文教育的实况——以小砂丘忠义的作文指导为例［J］.筑波教育学研究，2004（2）：51-70.

（一）"生活作文"观的演变

日本"生活作文"教育理念萌芽于芦田惠之助的"随意选题"思想，受到铃木三重吉创办的儿童文艺杂志《赤鸟》的影响，最后小砂丘忠义提出的"生活作文"教育得到了广泛的认同和应用，这一过程对日本的国语作文教育产生了巨大的影响。

1. 芦田惠之助"随意选题"理念

作为"生活作文"的萌芽，"随意选题"理念由芦田惠之助提出，是日本作文教育从明治时代（1868—1912年）的"文章主义"向大正时期重视儿童自发性的作文教育过渡的标志，"在作文教育中，以克服明治时期的文章主义作文为目标，以儿童的生活为教育对象为目的而变换并展开。也就是说，大正时期的作文教育，从着眼于儿童的生活、开拓扎根于他们自我活动的教育方法的时代意义是革新的"[①]，对日本作文教育产生了深远的影响。

如果对"随意选题"理念做历史考察的话，它和"活动主义"与"作文教授法"有一定渊源。19世纪末，日本学者樋口勘次郎在出版的《统合主义新教授法》一书中提出了"活动主义"和"作文教授法"等概念，切合了日本教育改革对儿童自发性和活动性的要求，在当时引起了强烈的反响。他提出根据"儿童的生活经验"和"思想科（包括修身、历史、地理、理科）教授的情况"，适当根据学生的兴趣确定作文选题[②]。芦田惠之助对樋口勘次郎的主张虽然提出了诸多批判，但同时也借鉴了其中的核心思想，进而提出"随意选题"的主张，引起教育界的广泛关注。"'随意选题'指学生写作文时应'自由地选题'，'按自己的所思所想'进行创作"[③]。他因此强调作文中的"自我"，反对模仿写作。芦田惠之助认为："在相同的环境中人得到的感想也千差万别，就算和作者的人生观有不合的地方，这份思想也是不容别人置喙的绝对的存在。模仿别人思想的文章里面看不到作者观念的闪光之处，算不上活的思想。虽然有人提出可以从模仿走向创作，但（我认为）模仿中不会存在创作的萌芽。模

---

① ［日］山田直之. 关于芦田惠之助教育思想的研究［D］. 广岛：广岛大学：2018.
② ［日］田中礼子. 关于芦田惠之助作文教育思想的成立过程——随意选题思想萌芽的探寻［J］. 教育学研究，1958（3）. 原文摘自樋口勘次郎《统合主义新教授法》一书.
③ ［日］西村大志. 作文教育中"自我"的位置——芦田惠之助的"随意选题论"和作文教育中的"自我"的三种形态［A］. 日本教育社会学会大会发表要旨集录，2003，55：248-249.

仿中没有自我。在没有自我的地方，如果能产生自己独特的创造，即使是石头也会发芽。"①

以芦田惠之助于1913年出版的《作文教授》一书为开端，众多教育实践家和研究者就作文教育展开了讨论，提出了丰富多彩的主张，促进了思想和实践的更新。随后，日本教育界针对是否应该采用"随意选题"这个问题展开了激烈的讨论②，即在作文教育中要不要给学生规定主题，或者说是否采用令儿童自身去思考这种方法进行作文教育，最后"随意选题"在鼓励儿童的自我活动的新教育思想潮流下脱颖而出，获得了当时教育界的广泛赞成。

2. 铃木三重吉《赤鸟》的教育实践

日本学者久野鹤见曾表示："追溯生活作文运动的历史，铃木三重吉在芦田惠之助之后扛起了生活作文运动的大旗。"③铃木三重吉于1918年创办（结束于1936年）的儿童文艺期刊《赤鸟》同样对"生活作文教育"的形成产生了很大影响。《赤鸟》主要收录童话、儿童自由诗、作文等作品，并将广泛征收的作文作为鉴赏和指导的对象，在创作中鼓励儿童个性的解放，孩子们自发创作的自由诗、画作等还会被作为杂志的封面以及装订。铃木认为："儿童作品的艺术价值是第二位的，最重要的是儿童在创作过程中得到的对事物正确的判断、感情的细化和感受的敏感性等锻炼，这才是第一位的。"④

在《赤鸟》的卷头有一份"《赤鸟》的标榜语"概括了这一杂志的基本精神：其批判当时市面流行的低劣的封面俗不可耐的儿童读物，认为这些读物是一种对儿童的纯真的侵害，并且"为了排除世俗下流的儿童读物，保全开发儿童的纯洁性"，期待于"当时一流的艺术家"中出现"为了幼儿写作的创作者"；杂志上刊登的所有文章都可以成为儿童文章的范本，并且面向所有的儿童、与儿童教育有关的人士以及其他所有国民征收作文，作为作文写作指导的实例⑤。这一份声明得到了社会广泛的认同（包括芥川龙之介等人），《赤鸟》

---

① ［日］饭田和明.生活作文教育前身的探讨——芦田惠之助的"随意选题"中的自我［J］.学校教育学研究纪要，2013（6）.原文引自日本作文研究会《生活作文事典》.
② 主张"随意选题论"的芦田惠之助和主张"课题主义"的友纳友次郎之间，在1921年前后发生了一系列论争，其中以"小仓讲演"最为有名。
③ 引自久野收、鹤见俊辅的《日本的实用主义——生活作文运动》.
④ ［日］饭田和明."生活作文教育"前身的探讨——铃木三重吉的影响［J］.人文科教育研究，2013，40：13-25.原文引自日本作文研究会《生活作文事典》.
⑤ ［日］武藤清吾.《赤鸟》和那个时代［J］.法国文学，2019，32：42-51.

作为一种教育实践,"令儿童在接受教育的同时享受文艺作品的创作,或者说在儿童对童谣、绘画或作文等创作并鉴赏的过程中,令其再创造的可能性变得自觉",并且通过"鉴赏"这一手段,将实践的进步教育意义扩大到读者层面,以孕育更多新的实践。这对于当时文化的革新产生了积极的影响,推动了日本国语作文的改革。

3. 小砂丘忠義"生活作文"教育

关于"随意选题·课题主义"的争论小砂丘忠義也有所关注,但并没有表示出明确的立场,与芦田惠之助坚持的以"自我"为核心的作文不同,小砂丘忠義更偏向于在作文中探讨"自我"同"他者"的关系。"按照芦田的说法,孩子根据身边发生的事实自由地写自己想要写的东西。这是一种自我满足。也许这种方法击中了孩子创作的要害,但孩子在自己内心寻找作文的题目也意味着忘记与对象(外界)的关系"[①]。对于小砂丘忠義来说,"自我"是一种将自己与他人区分开的存在,想要明确"自我"就必须承认与自己分离开的"他者"的概念,并且通过接受"他者"这个概念,从而产生新的创造。他提出"生活作文"的理念并将其看作一种言语活动,"从事物中延伸出来的思考和感受,对心灵有所触动的这些事情,孩子用语言予其适当的定位,并通过言语这种本质上不完善的形式寻找自己自身的定位"[②]。小砂丘忠義坚持教育不应该是由外而内的,而应该是从内向外延伸的。教师应明确学生的"自我",将学生的"自我"相对于教师自身的"自我"作为"他者"来看待,并从这一立场出发对事物进行说明和议论,从而没有矛盾地同时实现文章技术的指导和通过文章对学生生活的指导。

小砂丘忠義所提出的"生活作文"教育渐渐演变成一种运动,经过众多教育学家的发展以及学校教师的实践,为日本国语作文教育贡献了大量理论和实践的经验,并逐渐成为日本国语作文教育的主流方法。"写文章的行为可以促进自我理解,同时也可以促进对他人(社会)的理解,可以培养全体国民的理性思考或形象思维的能力,是一种将生活表现者的培养同国民的生活、文化的

---

① [日]饭田和明.生活作文教育前身的探讨——芦田惠之助的"随意选题"中的自我[J].学校教育学研究纪要,2013,(6):55-73.原文引自吉田瑞穗《随意选题,还是制定课题》.
② [日]饭田和明.小砂丘忠義的作文教育中诸概念[A].日本教育研究会年会论文集,2018,77:225-226.

创造和发展相融合的设想"①。

4. "生活作文"同创意写作理念的对比

对比"生活作文"和创意写作，我们发现存在一些理念与实践上的一致性：一是从写作出发点来说，"生活作文"和创意写作均以"自我"为创作的核心要素，在写作中发现"自我"，表达"自我"。不管是芦田惠之助强调的发自内心的"自我"，还是小砂丘忠义强调的在与"他者"的对比中认识"自我"，和创意写作一样，其写作出发点均是为了表达对自己生活的世界的所感所想，不同的是"生活作文"更强调真实地表达生活，而创意写作更注重来源于生活中的创意。二是从写作态度来说，"生活作文"和创意写作均鼓励自发的愉快轻松的创作。铃木三重吉创办的《赤鸟》儿童文艺期刊鼓励儿童进行各种形式的创作，以一种轻松的带着蓬勃的想象力的态度进行文艺创作，创意写作同样以"开始写吧"这样鼓舞人心的句子作为其原则之一，不管能不能写好，只有写下去才是创作的开始。三是从写作内容来说，"生活作文"和创意写作均带有某种反思。"生活作文"鼓励创作者在写作中反思自己的生活，并通过指导者的建议对生活和自己产生更加深刻的认识，以达到更好的教育效果，创意写作所追求的"创意"同样也是对于世界内涵的更深刻的挖掘，通过"陌生化"等手段从习以为常的生活中提取创造性。四是从写作形式来说，"生活作文"和创意写作均不拘泥于体裁和文法，并主张广泛听取别人的意见。"生活作文"虽然是一种个人的创作，但其同样重视对于作品的评价，指导者对于文章的意见不只针对作品本身，同样还可以延伸到作者的种种观念上，通过指导文章达到指导生活的目标。而创意写作则不拘于创作的形式，其可以是群体创作也可以是个人创作，创作者从构思阶段便开始广泛地吸取意见，创意写作的成果从来不是一个人的功劳。

（二）"宽松教育"影响下的中小学国语作文教育

20世纪70年代后，日本对本国教育政策做出了一系列调整，"宽松教育（ゆとりきょういく）"一词开始进入公众的视野。"'宽松教育'没有一个明确的定义，因为它并不是作为一个特定概念出现，而是对教育改革的理念和方针

---

① ［日］山田直之.语文作文教学中训育性教学的探索——以芦田惠之助的作文教育为线索［J］.国语国家教育，2020，87：68-76.原文引自高野保夫《作文学习指导的目的、目标和内容相关的研究的成果和展望》（2002）。

创意写作视野下的大单元写作教学

政策进行的概括。其内涵根据日本文部省所发布的一系列报告书和指导纲要内容可以理解为：教育要给学生宽松的时间，让学生自由发展，提高学生的学习能力，培育其生存能力，并以此来实现学校教育的多样化和灵活性。"①这一有很强政策性的教育理念对日本中小学作文实践产生了指导性作用，但依然可以看出其深受"生活作文"的影响，表1为现代施行的日本中小学各阶段国语作文的学习指导要领②。

表1　日本中小学各阶段国语作文的学习指导要领

阶段	写 作 能 力	写 作 体 裁
小学一二年级	（1）根据亲身经历和想象决定文章内容，收集材料； （2）按照事情的顺序进行简单的结构调整； （3）要注意词与词、句与句的连贯性； （4）反复阅读并修改； （5）互读文章，看到文章的优点并互相传达感想。	（1）把想象的东西写成文章； （2）写调查报告和记录观察等； （3）写简单的说明介绍文； （4）通过写信简单传达想法。
小学三四年级	（1）根据关心的事情决定写作题材，进行调查； （2）考虑段落的构成与衔接； （3）明确文章中心，根据目的和需要列举理由和事例； （4）注意文章的敬体和常体的区别； （5）推敲词句，提高表达效果； （6）互读文章，针对作者意图表现的明确性等问题交换意见。	（1）以身边的事，想象的事等为基础，作诗，写故事； （2）写简单的调查报告并在班级报纸上发表； （3）根据资料写简单的说明文； （4）配合目的写委托书、介绍信、感谢信等书信。
小学五六年级	（1）根据自己的思考来决定要写的东西，收集整理素材； （2）加深思考，正确写出自己的意见和主张； （3）区别事实和感想、意见等的同时，根据目的和意图设置详略； （4）参考优秀文章的表达方法，可采取引用或使用图表、画报等形式，提高文章的表达效果； （5）互读文章，着眼于表现方法的互相建议。	（1）以亲身经历和想象为基础，作诗、短歌、俳句，或写故事、随笔等； （2）针对课题写议论文、调查报告等； （3）写条理清晰的说明介绍文。

---

① 吕舒婷.中日小学写作教学比较研究［D］.长沙：湖南师范大学，2014.
② 日本文部科学省官网．https://www.mext.go.jp/．小学阶段学习指导要领参考：鲁宝元.《日本小学的写作教学》［J］.小学教学研究，1981（6）.

续　表

阶段	写 作 能 力	写 作 体 裁
初中一年级	（1）在日常生活中进行思考并收集资料； （2）整理资料，考虑文章的构成； （3）有理有据地表达想法和感受； （4）反复阅读并修改文章，使其通俗易懂； （5）互读文章，针对题材的把握、材料的使用、意见的明确性等方面进行讨论。	（1）写以艺术作品等为主题的鉴赏文章； （2）用图表等写说明和记录的文章； （3）写介绍或报告的文章。
初中二年级	（1）在社会生活中进行思考并收集资料； （2）明确观点和内容，规范文章的结构； （3）注意表达效果，添加说明和具体例子等； （4）反复阅读并修改文章，使其通俗易懂； （5）互读文章，针对文章结构和材料的使用等进行讨论。	（1）采用多种表达方式创作诗歌、故事等； （2）立场明确地写表达自身意见的文章； （3）写社会生活中必要的信。
初中三年级	（1）在社会生活中深入思考，确定题目并收集资料，考虑文章结构； （2）注意逻辑的展开，适当地引用资料； （3）反复阅读文章，修改文章； （4）互读文章，针对逻辑的展开方式和表现方式等交流讨论。	（1）针对关心的事情写批评性的文章； （2）根据课题，收集整理各类文章。
高中	（1）根据对象和目的选择题材，考虑文章的构成； （2）重视文章逻辑，有理有据地表达观点； （3）重视文章的表达方式； （4）阅读分析好的文章，对所写文章进行自我评价和相互评价，丰富对事物的看法、感受和想法。	（1）作诗歌、写随笔等； （2）明示出处，引用文章、图表等写说明议论文等； （3）用合适的语言写信件、通知等。

根据以上日本各阶段教育的写作学习要领，可以总结出以下几个特点：

一是倡导作文素材来自生活。不管是一开始的日常生活作文，还是后来的社会生活作文，日本国语作文提倡取材于生活，以生活中发生的事情或是在生活中产生的思考为主题，鼓励学生挖掘生活中的素材，自发地收集资料，培养学生的思考判断能力和自主学习的习惯，"以我笔，写我心"。

二是文章体裁多样化。日本中小学的国语作文教育鼓励多体裁创作，诗歌、小说、记叙文、报告、说明文、书信等均在可选择的范围内。尤其值得注意的是，日本从小学就开始培养学生报告说明功能性文章的撰写，并积极鼓励学生自发性进行调查，采取引用、表格等多种形式完善文章。

创意写作视野下的大单元写作教学

三是重视文学的写作。从小学三四年级开始，文学写作就提上日程，并贯穿整个教学阶段，把诗歌和故事放到第一位，包括了俳句等多种文艺形式。文学能力上，看重表述与想象力的发展。

四是要求完整性和逻辑性。日本对于学生写作能力的培养也是阶段性进步的，小学的文章强调表达的明确，之后慢慢培养学生的逻辑思维，令其在写作时按照一定的逻辑完整地表达自己的想法。

五是鼓励学生互相借鉴和交流。在每个阶段的学习要领中都可以看到"互读文章"这一条，学生之间相互阅读文章并交换意见，不光可以交换从不同角度看待问题的见解，还可以互相借鉴提升，吸收对方好的部分并反思自己的不足之处，在交流中共同进步。

二、课外教学：推行"作家时间"与文艺创作社团活动

虽然传统意义上的创意写作在日本中小学校的课内教育中基本没有直接的参与度，比如我们尚未看到明确开设创意写作之类的特色课或选修课。但创意写作的理念和具体做法似乎广泛地渗透在课外写作教育中了，以作为培养学生创作能力的有效途径之一，其中以部分小学开展的"作家的时间"和中学的文艺创作社团等活动为典型。

（一）小学开设"作家的时间"

创意写作工坊，也叫作家工坊，是以创意写作实践或创意写作教育、研讨等相关工作为导向，由若干参与者组合而成的活动组织①。作家工坊在日本被称为"作家的时间（作家の時間ライティング・ワークショップ）"，简称"WW（writing workshop）"，有不少日本小学的教师实践了作家工坊的教学方法，培养学生的创作兴趣和创作能力。

从实践上看，日本小学的"作家的时间"主要模拟作品出版的全过程，让学生体验成为作家的感觉，对于题材和内容不作任何要求，只是要求学生要不断地在生活中积累各种素材来丰富自己的"作家笔记"，不断地创作，最后

---

① 葛红兵，徐道军.创意写作教程［M］.北京：高等教育出版社，2019：20.

进行发表,向大家介绍自己的作品①。"作家的时间"活动以培养"独立的创作者"为目标,鼓励学生在生活中多多观察,养成记录素材的习惯,并在其中选出自己感兴趣的主题进行创作,文章从草稿到最后定稿会经过许多次修改,学生可以从教师、同学和家长得到许多意见作为修改参考,直到最后定稿后进行发表,介绍自己的文章。

表2为为学生所不喜的作文课同"作家的时间"两种不同写作教学方式的对比②。

表2 作文课与"作家的时间"写作教学方式对比

为学生所不喜的作文课	"作家的时间"
关 于 写 作	
决定好的题目	写想写的题目
被动写作	主动写作
虚拟体验	真实体验
没有收集材料	重视材料收集
很难找到进步的方法	可以从自己的作品中感觉到进步
同学们大多讨厌写作或不擅长写作	喜欢上写作并越写越好
种类被限制	种类选择丰富
读者是教师	有真正的读者
很少表现自己的理解和发现	为了自己的理解和发现进行创作
教师用红笔圈改	根据自己、朋友、教师的建议进行修改、校正
教师进行评价	自己、朋友、监护人、读者、教师进行评价
一个人创作	合作创作
不进行回顾	常常回顾、修改文章
没有分享文章的时间	重视分享文章的时间

---

① 作家的时间. https://sites.google.com/site/writingworkshopjp/.
② 作家的时间. WW到底是什么总结篇. https://sites.google.com/site/writingworkshopjp/writingworkshop/answers/wwttenanidesukasono6matomejuurainosakubunshidoutonohikaku.

续　表

为学生所不喜的作文课	"作家的时间"
没有发表机会	进行发表和出版
重视完成和结果	重视过程（当然也重视结果）
很少有想保留下来的作品	有很多想保留下来的作品
教师不进行写作	教师也是创作者（作为示范）
教师教授文法知识	教师教授"作家的技巧"
只有教师授课	邀请作家进行授课
几乎没有单独指导	单独指导占绝大部分时间
无法确保充足的时间	确保充足的创作时间
关于被评价的对象	
只有提交的原稿	已完成的原稿、创作中的文稿、作家笔记（题材、笔记、标注、学生互相之间的评价等）、会议记录、学生对完成原稿的回顾、出版物读者的反应
评价的方法	
教师主观评价	有规范的评价基准表、语言事项等的检查列表

从表2可以看出，"作家的时间"在多方面对为学生所不喜的作文课进行了创新，其增加了学生写作的时间，对学生的创作不作过多限制，充分发挥学生的主观能动性，令其写自己想写的东西，并广泛接受来自教师、同学、家长等的意见并对文章进行修改，最后为学生提供发表、出版的机会更是大大鼓励了学生的创作积极性。"作家的时间"广泛借鉴创意写作教学工坊的开展方式，不同的是，它具有更多的包容性，包括邀请作家讲课和教师的示范写作等，这一举措从一定程度上补充了工坊制教学中对于示范和优秀榜样的引导作用，可以提升写作的效率和质量。

（二）重视文艺社团活动

日本的社团教育无疑是极其成功的，其将社团活动作为课程教育的一部分，以"自由研究"为方针，大力支持各学校发展属于自己的社团活动特色[1]。社团活动的成功往往也会对学校产生不小影响,"为学生提供有魅力的教育活动往往关系到特色学校的建设"[2]。学生可以自由地申请加入自己感兴趣的社团,并在指导教师的帮助下积极开展活动,为学生在文艺、科学、体育、生活等方面的兴趣培养提供了稳定的空间和时间。"中学的课外活动即社团活动在中学学习指导要领(文部科学省,2008)中为'因学生自主、自发的参与而举行的活动,有益于培养学生对体育和文化及科学等的兴趣,提高其学习欲望,培养学生的责任感、连带感等涵养,作为学校教育的一个环节,应注意社团活动与课程教育的联系',是培养学生的自主性、自发性的一个主要手段。"[3]

在笔者看来,日本的社团教育成功之处除了在于为社团活动提供稳定的时间和空间,还在于社团活动为学生提供的平台和机会,令学生可以在社团活动中提升自己并获得成功。运动社团如篮球、足球、棒球等竞技运动都有专门面对中学生的全国大会。各个学校的学生经过刻苦的训练,通过层层选拔,最终登上全国的舞台,并有机会获得大学体育教练的关注,令他们在专业的路上走得更远。另外,日本还有面向青少年儿童的全国乐器类的比赛(如小提琴、钢琴等),学校的吹奏乐社团还可以参加全日本吹奏乐大赛等活动。在文艺创作方面,社团活动也为爱好写作的学生提供了广泛的平台。

日本中学的文艺社团活动是社团的重要组成部分,它以社团活动的形式指导了学生的创作,进而参与孩子们的生活。如今日本中学广泛设置文艺创作部,学生在教师的指导下进行创作开展社团活动,其活动内容多样,除了进行小说、散文、诗歌等文字创作,还可以进行漫画创作(如下北泽成德高等学校、文京区立第六中学校等)或是排演戏剧(如埼玉县立妻沼高等学校)等。除此之外,文艺创作部还会组织各样的活动,如淑德学校文艺创作部(中高合同)会在夏天举办夏令营,带领学生参观与文学有关的名胜[4],下北泽成德高等学校则请来了现役漫画家斋藤文为学生指导漫画尝试[5]。文艺创作社团的活

---

[1] 南尚杰、高军.日本中学生体育社团发展经验分析及启示[J].西安体育学院学报,2014(6).
[2] [日]白松贤.关于高中社团活动效果的研究——从学校经营视角[J].日本教育经营学会纪要,1997,39:74-88.
[3] [日]多原祐夏,古田贵久.中学生对于社团活动的意识和自主性之间的关系——从中学生和教育学部四年级学生的实态调查来看[J].群马大学教育学部纪要,2018,53:89-95.
[4] 日本淑德学校官方网站.文艺创作部.http://www.shukutoku.ed.jp/campus/club_literature.html.
[5] Facebook.下北泽成德高等学校官方账号.https://m.facebook.com/shimokitazawa.seitoku/posts/2034938770107618.

动成果大多以部刊的形式进行展出,学生也可以尝试杂志、小说网站的投稿等,另外高中生还可以参加由全国高等学校文化联盟举办的全国高等学校综合文化祭、全国高等学校文艺大赛等活动。可以看出,文艺创作部为学生提供了灵活自由的创作环境,学生可以更方便地获得指导教师和同社团同学的意见,通过更多的渠道来展示自己提高自己。

三、反思与启示：作文教学与创意写作相容互补是正道

日本的文学创作发展繁荣,并持续不断地取得巨大成就,得到世界性的认可,同时,文学的成就也为日本引领世界潮流的发达的文化产业奠定了基础。追溯日本文学和文化产业的繁荣,我们应该看到其中日本中小学的文学与作文教育教学的基础性地位。日本施行的教育方式,既没有走向应试教育的胡同,也没有放任创意写作、用创意写作取代现代作文教学,而是走融合创新之路,在中小学作文教学中结合创意写作教育的理念、教学模式与教学法,用创意写作提升和发展了中小学作文教学的局限和境界,把作文教学做"活",融进学生的生活,融进社会,成为学生进入社会的桥梁与纽带。具体说来,日本中小学作文教学对我国中小学当下开展创意写作教育在观念形塑、内容下沉和实践模式上都有一定启示。

（一）观念形塑上：创意写作与作文教学互融共进

从日本中小学作文课堂以及写作教学的纲领和日本的主流作文教育理念来看,日本中小学国语作文的学习要领和创意写作理论虽然并不同根同源,但依然有许多相似之处,日本的中小学作文教学从理念到行动纲领都把两者进行了融合。

一是表现为写作对于当代生活的重视。学生要从自己的生活中,而不是从书本中,更不是从古代典籍中寻找生活的灵感与素材,学生要书写自己的真情实感。作文要"心有所感、有所悟",经过思考得到了自己的见解,有了自己的感慨,之后再用文字加以表达。

二是表现为放松了体裁的限制。不以体裁限制内容,而是根据内容选择合适的体裁,根据学生自己的爱好选择。不管以何种形式进行发表,只要其中蕴含着"创意",能表达作者的思考,便可以是佳作。

三是主张学生之间的互动借鉴。日本国语作文教育中对"互读文章"的鼓

励同作家工坊制度有异曲同工之妙，学生和创作者在交流和借鉴中取长补短，共同进步。

（二）内容下沉上：写作内容和学生成长体验结合

对于创意写作来说，其重视"写什么"甚于"怎么写"。中国的中小学作文训练注重对于学生的行文逻辑、篇章结构、语法修辞等方面的训练，对于"写什么"这个问题却没有过多的提及，只是指导学生进行阅读，企图令学生从阅读中获得写作的知识和灵感。创意写作则鼓励创作者进行"自我表达"，"写你熟悉的，写你知道的"。创意写作认为写作作为一种审美体验，其来源于真实的生活，与作者的生活经验有着不可分割的联系，作者通过文字表达内心的感受，展开自我对话，并在写作过程中释放内心隐秘的情感，激发写作的兴趣，成为写作的动力源。对于中学生来说，其正处于情绪敏感而丰沛的青春期，写作可以成为他们发泄情绪建立自我认知的一种优秀手段，在他们成长的过程中留下青涩的脚印。日本中小学作文重视的生活随感、生活流的写作，再次证明了文章从生活而来，而不是从书本上获得写作的灵感和内容。

（三）实践模式上：高度重视课外文艺活动

我们看到创意写作所重视的工坊制教学主要并不在日本中小学课堂内进行，而是转阵到课外，通过"作家的时间"或文艺社团活动等进行。这既是在写作中学会写作理念的体现，也是工坊制教学强调的写作形式。不同的是，日本的写作与文艺创作活动不一定追求共在性、集体性的活动，他们并不过与依赖工坊制这个集体形式的活动，而是相对松散，比较重视学生自我独立的写作活动的完整性，然后在独立完成的基础上再强调集体交流活动对于作文的完善与提高，从一定程度上克服了工坊制教学活动中均质化现象和部分混迹其中的南郭先生等不良现象。这符合日本中小学教育的制度性设置，也符合其文化语境和民族性格。鉴于中日在文化和教育的历史文化背景高度相似，这对我们在中小学开展作文教学或推行创意写作教育是很有价值的借鉴。

本文原载《语文教学通讯》2021年第14期

创意写作：课程模式与训练方法*

许道军

多萝西娅·布兰德（Dorothea Brande）说，写作确实存在一种神奇的魔力，而且这种魔力可以传授①。这种说法是有根据的，创意写作（creative writing）在海外的发展经验告诉我们，科学有效的写作教学与训练，可以培养作家、繁荣创作。20世纪30年代以来，美国文学在世界文学格局中的领先地位及美国创意文化产业的发达，莫不与创意写作学科在美国高校的发展、创意写作课程和训练的科学开展息息相关。②作为课程和写作训练，创意写作与传统写作课程在教学理念、教学方法、教学单位、训练指向与方法上有何不同，即创意写作课程谁来学习，谁来教学，如何教学，如何分组，如何设置训练，训练指向等等，仍旧需要深入探讨。

本文在考察海外尤其是美国、英国及澳大利亚等创意写作课程实施基础上，结合上海大学创意写作本科实验课程实践的经验得失，总结并提出创意写作课程活动和训练方法的方案，以待方家指正，共同创生中国创意写作学科，繁荣中国创意写作。

一、Workshop（工作坊）与Seminar（研讨会）

Workshop（工作坊）这种组织形式最初来自爱荷华大学③。113年以来，实

---

* 本文作者简介：许道军（1973—　），河南新县人，文学博士，上海大学文学与创意写作研究中心、中文系副教授。

① ［美］多萝西娅·布兰德（Dorothea Brand）．成为作家［M］．刁克利，译注．北京：中国人民大学出版社，2011．

② Mark McGurl. The program era: postwar fiction and the rise of crea-tive writing. Harvard University PR, 2011.

③ http://www.uiowa.edu/～iww/[EB/OL].

践证明这是一种行之有效的工作、教学与学习单位。不同于一般大学课程由学识渊博的教授向学生传授知识和思维方法，它一般以一名在某个领域富有经验的主讲人为核心，配以1～2名助教，以10～20名左右小团体在该名主讲人的指导之下，通过活动、讨论、短讲等多种方式，共同探讨某个话题，展开创意和写作。10～20人的单位又可以根据兴趣、工作任务或者文体文类划分，进一步细分为多个二级单位，如小说工作坊、诗歌工作坊、戏剧工作坊、文案工作坊等，6人或3人为一个小组。超过20人的班级，则可根据实际情况配置更多的助教，划分更多的小组。在国外创意写作班级上的工作坊，一般由6人左右组成，严格控制教学规模。根据我们的教学经验，创意写作教学单位应该向这个方向发展。

在Workshop中，学生与老师组成合作团体，每个学生在课上朗读自己的作品，然后由其他人提出优点、缺点、称赞、批评、修改意见。既尊重学生的写作创意和个性，又尊重创意写作规律，即写作可以教学，可以讨论。工作坊形式比较灵活，它可以走出教室，采取田野采风、写作（夏令、冬令）营、户外互动、实地观察等形式。它没有严格的空间的局限，也没有严格的时间局限，师生可以建立多种联系方式，比如建立网上讨论群组、网页、论坛、博客、纸面或电子刊物，随时在课堂外交流、沟通、分享，及时了解和掌控教学的进度。课堂教学可以围绕教学计划展开，根据写作的规律逐渐推进教学，也可以由项目或活动带动，全体成员都参与其中。后者既是教学，也是工作。

Seminar（研讨会）是创意写作课程又一重要组织形式，它为创意写作活动某一专题在一集中场合做主题性讨论、研究、交流而召开会议。与创意写组工作坊相比，其规模更大，主题更集中，形式更正规，学术色彩也更浓厚。

在规模上，Seminar邀请工作坊之外的相关专家、作家、行业人士做主题发言，参加人数最多可达200人，一般控制在20～50人左右，少于50人研讨会一般采用圆桌会议形式。在主题上，Seminar就某个具体问题展开讨论，参与成员可以从各个角度发表意见，展开交流与交锋。研讨会应满足不同观点意见的参与者演讲发言，通常安排有多个参与者演讲发言，为保证交流效果，每场演讲发言的时间设定为15分钟左右。专家发言后，配有相关点评人员，负责对上一发言内容做归纳、提炼、点评。专家发言之后，安排有讨论时间，专家与一般参与成员甚至旁听人员可以就某一发言展开讨论、提问。在形式上，研讨会一般由工作人员、与会人员和主持人组成。工作人员负责场地安排、会

务服务、活动宣传、采访报道、会议材料整理等工作,与会人员主要由邀请专家、工作坊成员和支持人组成,一般有旁听人员参加。主持人负责会议的组织、会议的进程、问题的提出、话题的衔接转换、安排发言等。研讨会对主持人要求比较高,除了对研讨内容具有相当的权威和号召力之外,语言表达能力、活动组织能力、应激能力以及人际交往的亲和力都是决定会议成功与否的重要因素。研讨会对场地有一定要求,通常需要在正式的会议室举行,会场应提供投影仪、音响话筒、白板等演讲所需的设施,在超过3个小时以上的研讨会,还需要安排会间休息,俗称茶歇或茶点时间。

对于创意写作课程而言,研讨会提供了一个高端、前沿的学习机会,学生可以与相关专家展开面对面的讨论,也可以就自己的问题或作品请教相关作家、专家。如果说工作坊、同伴反应小组促进具体的写作,那么Seminar则有助于提高他们的写作理论认识。

二、Writer(作家/专家)

创意写作活动的组织者应该由Writer实施,但我们不能狭隘地将Writer理解为小说家、诗人,供职于各种组织、有特定头衔的"专职作家",实际上还应该包括在文化创意、影视制作、出版发行、印刷复制、广告、演艺娱乐、文化会展、数字内容和动漫等所有文化产业方面具有原创力并取得突出成就的创造性写作人才,如中国台湾的赖声川、李欣频等多次受聘于内地高校,做创意写作课程教学和演讲。未来高校创意写作学科的培养目标是既要培养传统意义上的文学作家,更要面向现代创意文化产业链条,为以上相关行业培养创意作家。在海外,作家或相关创意写作人才大多出自创意写作工作坊,接受过创意写作工作坊训练的学员,在取得MFA或MA学位之后,也就取得了在高校任教创意写作课程的资格。那些有最低学位要求或有成就的作家、有丰富工作经验的记者、编辑一般进入高校工作,担任创意写作课程的教学。

1897年,爱荷华大学"作家工作坊"(Iowa Writers' Workshop)(其实是"诗歌工作坊")初具模态;1936年,"创意写作系统"(Creative Writing Program)计划启动,文学院开始提供写作方面的固定课程,由驻校作家和访问作家为选修课程教学提供写作指导,并提供英语专业艺术硕士学位

（MFA）。保罗·安格尔（Paul Engle）是首批获得创意写作硕士学位的学生之一，他提交的作品是《破损的地球》诗集，这本诗集也让他获得了耶鲁青年诗人奖。由于他获得了该校创意写作MFA学位，1941年他谋得该工作坊教职并主持工作长达25年，亲眼见证了工作坊的繁荣并成为美国文坛的重要力量。一般来说，包括爱荷华大学在内的美国高校创意写作教师包括驻校作家和访问作家两种。驻校作家也就是取得学位的固定作家教师，如波士顿大学写作班教授小说的作家（教师）有莱斯利·艾普斯坦（Leslie Epstein）、阿哈龙·阿佩尔菲尔德（Aharon Appelfeld）、琼·西尔珀（Joan Silber）和哈金（Ha Jin），教诗歌的老师有德里克·沃尔柯特（Derek Walcott）和罗伯特·品基（Robert Pinky）等人。约翰·舒尔茨（John Schultz）教授是哥伦比亚大学故事工作坊教学法的创始人，他的主要著作有《男子之舌：三个短篇小说和八个短篇故事》（1969）、《没有人死亡》（1968）、《议案将被否决：芝加哥阴谋审判的新报告》（1972）、《从开始到完成写作：故事工作坊基本形式修辞》（1982年初版，1990年出版缩写版）、《从开始到完成写作（教师手册）》（1983）。斯科特·杜罗（Scott Turow）是美国最畅销的悬念推理小说家之一，曾在斯坦福大学创意写作研究中心（the Stanford University Creative Writing Center）教学，他的第一部小说《假设无辜》，以及后来的小说《供认不讳》（1993）、《我们父亲的法律》（1996）、《个人伤害》（1999）、《平凡英雄》（2005）、《限制》（2006）等创作都雄踞历年美国最畅销小说的榜首。

除了这些常年驻校的"固定"教师，各大学还不定期地邀请访问学者和客座教授等来校"流动"做短期教学。爱荷华大写作坊每年都邀请作家来访，教授诗歌和小说写作，如诗人罗伯特·弗罗斯特（Robert Frost）和罗伯特·潘·沃伦（Robert Penn Warren）等都曾在校停留过几周，讨论学生的作业并给学生做讲座，带来了关于社会的新鲜的声音和丰富的经验。据爱荷华大学网页统计，有数十位赫赫有名的作家、诗人在这里访问教学。波士顿要求受邀的访问学者至少留校教完一个学期的课，杰弗里·伍尔夫（Geoffrey Wolff）曾在校讲过文学传记课，获得"罗格编辑杰出纪念奖"的约瑟夫·卡侬（Joseph Kanon）讲过编辑技巧课，获得"美第奇奖外国小说奖"的以色列作家阿哈龙·阿佩尔菲尔德（Aharon Appelfeld）讲授过"旧约全书"。

这些作家进高校教授创意写作，带来了写作学新的理念。他们认为创作可以习得，也可以教学，他们的工作经历给学生以信心，工作经验也给学生以启

发。就我们的了解，在海外创意写作课程教学中，它实际上由两类教师组成，一类是真正的"Writer"，一类是对"creative writing"进行理论研究的"Expert（学者）"，而这些"Expert"却不担任创意写作课程的写作教学，比如美国斯坦福大学的马克·麦克格尔（Mark Mcgurl）教授，虽然著有《系统时代：战后美国文学与创意写作的兴起》(The Program Era: Postwar Fiction and the Rise of Creative Writing) 等这样有重大影响力的著作，但是并不是创意写作课程的教师。这种安排是传统，也有其道理。了解创意写作历史及知识的人未必胜任创意写作课程的教学，正如中国高校大量教学写作学的教师正是写作学专家而不是作家一样。

近年来，众多一线作家进入高校，如葛红兵进上海大学、马原进同济大学、王安忆进复旦大学、贾平凹进西北大学、红柯进陕西师范大学等，这就为将来的创意写作的开展奠定了基础，我们期待着他们为中国创意写作学科的创生起到特别的作用。

三、Writing Processes（过程写作法）

过程写作法（Writing Processes）的出现得追溯到20世纪60年代的美国，最初它是针对二语写作（Second Language Composition）传统控制写作法和现时——传统修辞法的弊端而产生的。许多美国教师在教学中发现，专注于纠正学生的写作错误并不能改变学生的写作水平，于是他们中的许多人转向了"创意写作"的研究。托尼·席尔瓦（Tony Silva）发现写作不是简单的线型计划—纲要—写作过程，而是伴随着思考和探索的活动。贾特·艾米格（Janet Emig）等研究者开始观察学生与专业作家的写作行为。他们发现优秀的作家首先关注的是思想而不是拼写正确，若作家在打草稿时注重写正确，那么就会受到干扰。过程写作就从这项研究中发展起来，并确立了自己的地位。

过程写作法并不是为高校或各种形式的创意写作课程量身定做，但是其基本理念和方法与后者不谋而合，或者说相互启发，也可以说创作在某种程度上有共通之处。因此它既是写作法，也是教学法。我们在考察多个美国高校创意写作课程介绍、研究许多相关创意写作教材及专著后发现，这种写作法或者说教学方法其实是体现在课程活动以及训练活动之中并与各种形式的WorkShop

（工作坊）相得益彰的[①]。过程写作（教学）法认为，创意写作不是简单的语言、段落、篇章以及技巧、修辞的组合，而是包含着创意、构思、写作及反复修改的全部过程，将写作活动延伸到了传统写作活动中忽视或者说不被重视的上游环节。在其写作和修改的下游环节，idea也是不断产生和得到修正，修改是学生创意活动、写作活动、认知活动的循环往复，换句话说，写作其实就是再写。对思想内容的挖掘和表达，优先于语言的字斟句酌。在课堂写作活动中，写作也不被认为仅仅是学生单打独斗的私密行为，教师、学生、同伴都可以参与到每一个个体的写作活动中，形成多向反馈，激发创造性思维。作为教师的作家自然可以起到点拨和指导作用，但是同伴反应、集体构思、集体修改同样能够起到重要作用。也就是说，过程写作法旨在管理学生的写作行为。

过程写作（教学）法一般分预写作/构思（prewriting）、打草稿（drafting）、修改（revising）、校订（editing）和发表（publishing）五个相关阶段。所谓"预写作/构思"就是写作前的集体创意、写作准备时期。在这个阶段，教师给予3～5个诱导性话题，激发学生的创作兴趣。学生可以通过交谈、商议确定小组（3人或6人）的共同话题、创作目的、文类形式、接收对象，主要解决创作意图问题，关键环节在于以集体讨论开创思路，以问题引导激活思维。在打草稿阶段，学生迅速把自己的想法写下来，不必考虑语法、拼写和形式问题，主要任务是解决主题创意。在修改阶段，每个学生将自己的创意口头或书面表达，根据同伴或教师的反馈，修改自己的初稿。如果是项目设计或文案写作，则指向集思广益，发现和培育最佳创意方案，综合与吸收成员创意中的精粹部分。如我们在九香汇主题餐饮设计中，最初分"海纳百川""菩提树下""美丽华府""四季养生"和"牡丹亭"等五个小组独立工作，分别从地方、宗教、时尚、养生和文化等方面掘进，形成自己的方案。在这个阶段，每个小组成员分别设计自己的主题创意，完成后再小组讨论、比较，最终选择最有创意的那一个，作为重点培育方案，随后的创意集中到这个方案上来，其他方案则备用。在大组讨论中，每个小组选出发言人，代表小组做主题报告，陈述小组的主题创意、根据、实施方案等。教师组织专家团队，听取报告后匿名打分，决定最后扶持方案，那么随后所有的小组将会集中到一个方案上来，从

[①] John Schultz. Writing from Start to Finish: The "Story Workshop" Basic Forms Rhetoric-Reader. Columbia College (Chicago). Boyn- ton/Cook Publishers, INC. 1990. Jerry Cleaver. Immediate Fiction: A Complete Writing Course. St. Martin's Griffin, 2002.

各个角度进行完善。第四阶段：校订。在这个阶段，侧重修改作品中存在的拼写、语法、标点等细节性错误，完善、集中和提高。第五阶段：发表。在班上或小组内朗读或传阅彼此的作文定稿。

　　过程写作（教学）法十分重视写作的合作环境，不仅要求教师对学生创意的鼓励、支持和回应，更要求每个小组成员的积极参与和反馈。在组织形式上，各小组内部和其他小组在功能上互为同伴反应小组和同伴校订小组（Amy Bloom 称之为"戏水伙伴"）[1]。同伴反应小组要对同伴的作品内容而不是形式与写作模式作出回应，遵照鼓励原则，指出同伴作品的闪光点、最值得欣赏的内容，同时要对自己不理解的部分提问，由作者作出阐释，最后根据自己的理想模式对该作品作出评判。在这个活动中，主要目的是为了激发学生的创意思维，在交流、说服和沟通过程中碰撞出火花。而作者的阐释，其实也是在梳理和明晰自己创意的过程。

　　同伴校订小组其实也是同伴反应小组的原班人马，只不过是在集体写作过程中的功能发生了变化。在这个阶段，重心从"写作的创意"转移到"创意的写作"，即作品的形式与内容的契合，作品的风格与腔调，作品书写中的语法、标点及其他技术性细节的问题等等。但是创意写作规律告诉我们，同伴反应小组和同伴校订小组的功能并不是固定的，在写作过程的顺序也并非绝对先后，反应中有校订，校订中也有反应。

四、Jumpstart Your Writing（突破作家障碍）

　　创意写作课程显性形式是文字写作，隐性形式是思维训练。脱离了写作的创意是无根之木，但是没有创意的写作却是陈词滥调。在创意写作课程中，写作训练与思维训练紧密结合，不可分割与偏颇。创意写作在思维训练方面要向着关于"所有写作的写作"掘进，着重培养学生的创意思维。

　　创意写作思维训练十分重视借鉴现代心理学、教育学、创意学甚至现象学哲学等科学探索方面积累的成果，反思自我心理认知结构，清理个人意识、无意识和集体无意识阻塞，打通记忆、联想和想象通道，训练逆向思维、发散思

---

[1] Amy Bloom. 戏水伙伴［M］//雪莉·艾里斯. 开始写吧！——虚构文学创作. 刁克利，译注. 北京：中国人民大学出版社，2011.

维，拓展思维的深度与广度，如此等等，重建一个积极的认知和反应模式。创意思维训练可以借鉴的模式有脑力激荡法（Brain-storming）、心智图法（Mind Mapping）、曼陀罗思考法、逆向思考法、综摄法（Synectics Method）、属性列举法（Attribute Listing Technique）、希望点列举法、优缺点列举法、检查单法（Checklist Method）、七何检讨法（5W2H检讨法）、强制关联法、创意解难法（Creative Problem Solving）等，这些训练方法有交叉、重叠之处，如何选择和使用应视学生和工作任务的具体情况而定。一般来说，不做单纯的思维训练，而是将其融汇到具体的教学任务之中。

但是作为创意写作课程思维训练的第一步，却是突破作家障碍。所谓"作家障碍"（Writer's Block），也叫"写作障碍"，是指不能用文字表达自身意思的现象。形成作家障碍有多种原因，也有多种表现形式。就原因来讲，有心理原因、技巧原因、习惯原因、时间原因等，就表现形式来说，有找不到恰当的词语、无法阻止素材、难以开头、拘泥于一种文体、不能流畅地写作等。无论是什么原因和何种表现形式，都会对写作产生影响，最严重的表现形式是彻底丧失写作能力。但是在所有的障碍当中，最为有害的是心理原因，即相信"Writer是天生的，而不是后天培养的"。这个写作问题其实带有普遍性，即使在创意写作学科创建80余年的美国，创意写作课堂同样存在这样的问题。因此，在创意写作工作坊里，专门开设有Jumpstart Your Writing（突破作家障碍）课程，把创意写作心理问题突出到专门课程的高度。这个课程主要针对的是"Love to write, but hate the obstacles"（热爱写作，但憎恨写作障碍）、"Tired of battling with writer's block"（被作家障碍折磨得精疲力竭）等问题。[①]

创意写作课程不是学习写作，其本身就是写作，这是突破作家障碍的首要信念。创意写作的目的是通过自己的活动，创生一个全新的世界，这个世界又是建立在自己的心思之上。有"心思"就有创意，会说话就会写作，给"心思"讲一个故事、赋予一个形式就是创意写作。"心思"的系统形式是世界观，最高标杆是创生新世界。没有目的的写作是盲目的写作，没有世界观支撑的写作不可持续，不为创生一个新世界的写作是徒劳的工作。创意是一种思考、建构世界的方法，是觉醒、敏锐、突变出来的，并非素材与规模累积而成。在创

---

① Writing Fiction: The Practical Guide from New York's Acclaimed Creative Writing School. Written by Gotham Writers' Workshop Faculty. Edited by Alexander Steele.Bloomsbury, 2003. http://www.writingclasses.com/CourseDescriptionPages/GenrePages.php/ClassGenreCode/CR.

意写作思维里,现世世界永远不完美,创意写作的目的就是重建一个全新的世界。

思维训练(顺向、逆向、广度、深度,等等)锻炼写作的敏捷性、创造性、原生性,它们在结果上不可预料,但是具体训练上有着指向性,并非天马行空、随心所欲。思维训练的指向有二:一是向外,重新处理自我与世界、社会、他人之间的关系;一是向内,重新处理自我与智慧、经验、习性、偏好的关系。无论是向内还是向外的思维训练,都不可脱离时间(过去、现在、未来、永恒)与空间维度(世界、地方、未知、宇宙),脱离了时间与空间维度的思维也是井底之蛙、檐下之雀、鼠目寸光。去除标签,从眼开始,重新看待世界;突破障碍,从心开始,创生新世界;换位思考,以己度人,树立系统观念、个体哲学和相对主义立场;跳出自我,超越现世,进入永恒的时间和空间,等等,这些都是现代创意写作大师在各自的写作教学活动中所总结出来的一般性经验。

五、Creative Writing(创意写作)

创意思维训练要借助脑力激荡、创意解难方法等手段,但它们只是技巧,需要依附在具体的观、看、听、写、想具体活动中。脱离了学生生活经验和智慧的技巧是无根之木、无源之水,脱离了写作训练的思维训练也只是另一种形式的知识传授。

创意写作既是关于"所有写作的写作",也是具体的文类写作,它与创意思维训练一起,共同组成创意写作活动的两翼。创意写作训练的主体是学生,主导是教师,教师在这个活动中,承当活动的发起者、过程的维护者和结果的评判者角色。创意写作训练是一个系统、循序渐进、因人而异的过程。所谓系统训练,是指创意写作训练在内容上的包括各种文类写作训练(包括打破文类的综合写作),感觉上的听、视、嗅、味、触和直觉上的运动、平衡、空间、时间、纠错等各种训练,思维上的回忆、联想、想象、推理等训练,以及技巧上的人物特写、场景描写、拼贴游戏、修改等专项训练;所谓循序渐进,是指创意写作遵循写作学普遍原理,开展由易而难、由浅入深、由专项向综合、由模仿向独创、由个人向他者的创作过程。一般说来,写作从检视自身生活、发展个人心思、书写个人自传、家族史开始,走向更为理性、深入、外向和综合的写作,在课程设置上,一般写作者要经历初级、中级到高级三个阶段。所谓因人而异,是指创意写作训练尊重学习者的写作经历、能力、禀赋和个人兴趣爱好,切身体己、量身定制,帮助学习者设置适合个人兴趣、有助于形成个人风格、可持续写作的训练方案。"快乐写作"(Having fun with writing)、"写你知道的,写你想知道的,找到属于你个人的腔调"(Writing what you know; Writing what you want to know; Finding your individual voice)是写作训练的原则。

写作训练离不开文类,而文类写作训练在纵向上表现为课程设置,一个完整的真正地面向现代创意文化产业的创意写作课程,是也应该是已经打破了传统单一文学写作和应用写作的。以纽约哥谭作家工作坊(Gotham Writers' Workshop)课程为例,它包含有如下课程:第一类是美国传统高校能够提供的创意写作课程,比如小说写作(Fiction Writing)、角色塑造(Character Development)、回忆录写作(Memoir Writing)、神秘故事写作(Mystery Writing)、非虚构写作(Nonfiction Writing)、非虚构读物写作指南(Nonfiction Book Proposal)、故事写作(Novel Writing)、随笔写作(Personal Essay Writing)、剧本写作(Playwriting Writing)、诗歌写作(Poetry Writing)、言情小说写作(Romance Writing)、科幻小说写作(Science Fiction Writing)、电影剧本写作(Screen-writing)、游记写作(Travel Writing)、纪录片写作(Writing Documentary Films)等虚构与非虚构文学写作,即我们所说的欣赏类阅读文本写作。第二类是应归属于非虚构文学写作,但是比较具体、倾向创意文化产业的课程,如专题写作(Article Writing)、对话写作(Dialogue Writing)、食物介绍(Food Writing)、幽默写作(Humor Writing)、博客写作(How to Blog)、歌曲作词(Songwriting)、个人相声/脱口秀(Stand-up Comedy Writing)、儿童读物写作(Children's Book Writing)、电视节目写作(TV Writing)、从作家角度阅读小说(Reading Fiction from the Writer's Point View)、剧本分析(Script Analysis for Screenwriters and Movie Lovers)等。第三类则是倾向于生产类的创意活动文本写作,如出版技巧(How to Published)、作品讨论会(Writer's Conference)、即时写作(Write It Right)、剧本出售(How to Sell Your Screenplay),近似于创意活动策划或文案写作,虽然也涉及作品、剧本或者出版物,但是这些写作内容已经离文学很远了。他们的成果不是作为欣赏文本而存在的,而是为创造或生产一个活动做准备。第

四类课程则是与商业活动有关的工具类功能文本写作,如商务写作(Business Writing)。第五类是关于创意写作心理的课程,包括专项创意写作(Creative Writing 101)、突破作家障碍(Jumpstart Your Writing)。

(一)文类写作训练

文类训练包括欣赏类阅读文本写作、生产类创意文本写作和工具类功能文本写作三个大类,面向文学消费、创意文化产业和一般事务性工作三个方向。一般来说,工具类功能文本有着比较严格的文类规范,在训练上着重文体的训练。生产类创意文本更多的是打破文类规范的综合性写作,着重在活动本身的创意,着重文案写作和活动策划。欣赏类阅读文本与传统虚构与非虚构文本多相重合,但是着重训练纸媒文本向影视文本的转换和二度创作。

(二)感知写作训练

感知训练包括实地考察式的听觉、视觉、嗅觉、味觉、触觉、运动觉、平衡觉、空间觉、时间觉及纠错觉的训练和回忆、想象及移情替代式的感知训练两种,前者可以走出教室以田野采风、参观考察、人物采访、故地重游等形式,也可以在教室随意选定人物、器物、活动等为对象,分门别类地激活身体器官感知世界的能力,全方位地打开切入世界的通道,后者则在虚拟中以体验、想象方式进行,主要以书面记录形式记录感知结果,也可以口头描述。

(三)系统写作训练

经历感知写作专项训练后,创意写作进入系统写作训练阶段。在这个阶段,教师开始设置诱导性话题,结合学生个人生活经验和知识积累,展开以回忆、想象、联想和推理等多种形式的思维活动,从回忆录、家族史写作开始,激励学生打破作家障碍,发展个人心思,合理利用成规,提升创意品位,从个人性的写作迈向有个性的写作。创意写作一方面承认写作的个人性、创造性,另一方面又破除写作的神秘性,打破写作的私密化状态,大胆鼓励写作对他人作品的借鉴和模仿,调查和尊重写作受众,总结和遵循文类成规,在开放、轻松和互动的写作环境中进行创作。在生产类创意写作活动中,更以Workshop为单位,集体创作为主要形式,训练学生适应现代文化创意产业的写作能力。

（四）专项技巧训练

专项技巧训练包含在系统写作训练之中，也体现在作品完成之后的修改、润色、提高方面。包括搜集和选择写作素材、开列提纲、提炼主题、培育意象、确立故事发展动力与阻力、设置故事情节、创意阅读、场景描写、人物刻画、对话描写、人称转换、写作路线、文体转换、拼贴训练等具体内容，而修改技巧训练及活动则可应用于任何一个写作环节，促使作品尽善尽美。在作品最后完成后，又可引入投稿、申请出版资助、出售作品版权等活动，这些活动既是创意活动的延伸，也是写作活动的转换。

中国当代文学创作新模式、中国当代文化产业化发展新需要、国际竞争新格局及中国高校文学教育教学体制改革的内在要求促生新型创意写作学学科；建设新型创意写作学科，离不开对创意写作课程活动和写作训练的探索与试验。中国已经有"文学讲习所""工农作家培训班""作家夏令营"等这样的作家培训传统，2009年复旦大学开设创意写作硕士班，2010年上海大学开设创意写作本科实验班，而武汉大学、南京大学、同济大学、中国人民大学等高校有丰富的传统文学写作教学经验，整合已有的宝贵教学资源，引进海外系统教学体系并促生中国化转换，相信在不久的将来，有中国特色、适应中国语境的创意写作课程系统和训练体系将建设起来，而创意写作的繁荣也将到来。

本文原载《湘潭大学学报（哲学社会科学版）》2011年第5期

"三阶六维":创意写作工坊课堂教学过程研究[*]

冯现冬

创意写作兴起于19世纪末美国高校的文学教育改革潮流,最初以招聘作家、诗人进高校,即"驻校作家制度",开展小说、诗歌教学,以图改善当时文学教育僵化、文学研究脱离文学作品本身的现状,后来在世界各地推广普及,广受欢迎,发展至今已成为培养目标明确、教育理念先进、教学方法科学、教学内容完备的大学科。在我国,创意写作虽然有一种蓬勃发展的势头,但本土化研究任重道远,特别是在具体教学实践上,创意写作究竟教什么?怎么教?如何学?它与传统写作教学的根本性区别在哪里?这些问题一直是当前研究者和创意写作教师集中思考的难题。

与传统写作相比,创意写作的第一规约不是知识,而是创意。从创意写作的角度观察,文学以及其他形式的各类写作,都是一种以语言为媒介的创造性思维的表达和实现。也就是说,创意写作是以创造性思维为主导,以文字作品为实现形式的创造性活动,这表明创意写作在教育理念、培养目标、课程内容和教学方法等方面相对于传统写作课程与教学都是一个颠覆性的变革[①]。其中,工作坊教学法是创意写作课堂的标志性教学法,其神奇之处,被《纽约客》作者露易丝·曼南德(Louis Menand)曾经描述为:"一群从未发表过诗歌的学生,能够教会另一群从未发表过诗歌的学生,如何写出一首能被发表的诗歌。"[②]这种说法可谓抓住了工作坊教学法的本质功能。那么,如何在工坊课堂具体实现应用型创意写作人才培养目标?这恐怕是当前写作课堂教学转型阶段

---

[*] 本文作者简介:冯现冬,山东师范大学文学院博士后,上海大学中国创意写作中心访问学者,山东青年政治学院创意写作研究中心负责人,教育学博士,副教授。
[①] 葛红兵,许道军. 中国创意写作建构论纲[J]. 探索与争鸣,2011(6).
[②] Louis Menand. Show or Tell: Should Creative Writing be Taught?[J]. New Yorker, 2009(6).

亟待解决的重要问题。笔者在创意写作课程教学实践中摸索出一套"三阶六维"的创意写作工坊课堂教学模式，简要论述如下，以期方家批评指正。

何谓"三阶六维"？简单来说，"三阶"指的是整个创意写作工坊课堂包含"唤醒激发""创意实践"与"提升转化"三个阶段，分别解决"创意如何激发""创意如何表达"，以及"怎样把创意作品推向市场"三个写作教学阶段的问题。当前的创意写作课堂受传统写作教学影响，往往把关注点仅仅放在第二阶段课程内容的教学改革上，即指导学生完成写作或有创意地写作。而创意写作课堂教学不仅革新了"创意实践"阶段的课程内容与教学方法，并且向前向后拓展延伸了创意写作课程内容：一是在学生写作启动阶段的唤醒与激发，目的是打开学生心灵，使学生克服写作障碍，唤醒学生生命体验，确立"作家写作"的思想观念，解决"写什么"的难题，激发创作主体的灵感与潜能（赖声川称之为"原初的基础"），通过设计工坊活动营构一种"蠢蠢欲动"的写作心理状态，进而对学生的创意思维进行专项训练；二是在学生完成创意作品之后进行的二度创作，工坊式研讨提升、成果孵化，即面对市场需求打磨自己的作品，进而实现创意作品的产业化。在这三个阶段中，学生状态经历了一个"理性–感性–理性"顺次转化、螺旋提升的写作心理成长过程。所谓"六维"，则是指这个完整的写作过程融汇了六个教学实践维度，即"破冰：创意唤醒场的营构""开脑：专项创意思维训练""激活：写作原理与生命体验的融合""修改：作品考核向度检测""孵化：经典作品对标提高""产业化：创意产品策划与转化"，教师通过"三阶六维"工坊课堂教学，引导学生以技巧训练介入创作全过程，实现创意写作课程成果化教学目标。

一、破冰：创意唤醒场的营构

创意写作着眼于"有创意地写作"，"创意"优先。发挥创意的重要条件是个人独立思考及行动的能力。但是，每个人在成长与受教育的过程中，往往形成了自己与创意之间不同厚度与硬度的屏障，遮蔽了创意，个人对制式概念的认同往往在无形中扼杀了创意。因此，想要使创意贯通，首先就需要破冰。创意写作工作坊本质上就是一个激发创意的唤醒场，在这个场域中，教师运用教学手段巧妙"破冰"，打开局面，营造并维持一种轻松愉悦的课堂氛围，鼓励学生树立自信心，克服初期写作障碍，加强教师的亲和力，使学生由现实世界步入心灵世界。何谓唤醒？唤醒就是主体间通过意义对话及活动，从人的生命深处唤起沉睡的自我意识，促使其生命感、价值观和创造力的全面觉醒，解放心灵，使人从生命内部产生一种自觉的力量，在自我生命建构的过程中最大可能地实现其潜在能量。①黑格尔认为，艺术的目的之一在于激发情感，即"唤醒各种本来睡着的情绪、愿望和情欲，使它们再活跃起来；把心填满……使想象在制造形象的悠闲自得的游戏中来去自如……"②一个人只有在安全、放松的情境之中，在个人体验，如经历、回忆、观察、思考被充分唤醒的场域中，其创造力、想象力才会活跃并能尽情发挥，创意才能被真正启动。

如何营构唤醒场？方法可谓多种多样，除了工坊教室的布置、座位的安排、音乐的使用等环境营构方法之外，还可以通过一些工坊活动，比如，有创意的自我介绍、全感官的描述训练、冥想、看图说话、诗歌朗诵、咖啡沙龙、身心灵成长训练、戏仿、辩论、表演、秘密分享等，以融洽师生关系，唤醒学生内在体验。为什么通过这些活动可以营构唤醒场？一方面，教师通过设置外部世界，利用活动或游戏的某种机缘打开学生的心灵世界，唤醒学生的生命体验；另一方面，学生在教师所营构的这个轻松愉悦的唤醒场中，学会自觉抓住外部对象并赋予其生命活力，以激发自己的灵感。这是一个由外到内、从理性到感性的心理唤醒与激活过程，解决学生"创意从何处来"的问题，使学生自然而然进入写作状态。

【工坊活动】名字的故事

如何有创意地介绍自己，让别人永远记住你？

学生依次介绍自己，在这个过程中，师生一起归纳出以下技巧：

（1）讲一个故事，让别人记住你。

（2）揭开一个秘密，自我"爆料"。

（3）利用自身的反差/戏剧性来介绍自己。

（4）转换视角，描述别人眼中的你。

（5）运用修辞/细节突出核心性格。

（6）语言表达的陌生化。

……

---

① 冯现冬.语文唤醒教育研究［M］.北京：中国社会科学出版社，2016：12.
② 黑格尔.美学（第一卷）［M］.朱光潜译，北京：商务印书馆，1979：57.

【例】 我叫黛米斯蒂·道恩·贝林格。我母亲想给我取名叫戴芙·杰兰特，而我父亲则喜欢美斯狄这个名字。于是我生命中的头一天是在没有名字的处境中度过的，直到他们彼此妥协。我住在美国中部的内布拉斯加州。我写现实主义小说，这不同于现代、后现代以及实验小说。我推荐詹姆斯·伍德的《小说原理》。如果你需要有关抚养双胞胎方面的信息，可以问我，但是关于家具装潢方面的事，抱歉，我就帮不了你什么了。如果我不告诉你，你永远不会知道，我真的深入研究过小妖精乐队和弗兰克·布莱克的所有代表作[①]

这个例子不仅有一种自我爆料的特点，还提供了一种自我介绍的模式，适合学生模仿。通过每位学生有创意的自我介绍，就会在课堂上形成一种创意的涌动，学生在创意的探险中发现真我、抒写真我。因此，营构创意唤醒场的目的，一是以良好的环境和氛围感染学生的情绪情感，融洽师生之间的关系，使学生更容易、更愿意敞开心扉，走进彼此心灵深处；二是运用教学技巧唤醒学生的自我意识与生命体验，把学生的内在潜能激发出来，调动学生的经验储备，使写作活动由自发走向自觉；三是帮助学生解决羞怯、伪装、放不开、缺乏自信乃至完美主义、拖延症、无法动笔、无法接受批评、不能完成作品等心理障碍，让学生在课堂上形成一种专业的作家身份意识，为下一步的创意实践打下一个情绪情感与思想认识上的基础。当然，创意唤醒场的营构不是为了自我疗伤，而是指向有创意的表达，目标是运用技巧的介入来激发创意，产生创意作品。创意唤醒场的营构适宜在创意写作课程的初期阶段使用，当学生进入写作状态之后，只要一进入这个场域，心灵就会自动打开，此时就可以在工坊课堂中省略这一步骤。

二、开脑：专项创意思维训练

专项创意思维训练主要是针对所谓的作家"天赋"进行的技巧训练，或者说，是专门针对学生个体在创作中出现的问题、自我写作的薄弱环节进行的一次激发式、头脑风暴式专项训练。其实，每个人的内心深处，都同样具有可被启动（唤醒）的潜在创意因子；每个人都有内在的"泉源"，蕴含不可

[①] 伊莱恩·沃尔克. 创意写作教学实用方法50例[M]. 吕永林，杨松涛译. 北京：中国人民大学出版社，2014：217.

思议的创意能量。在这里，一切皆有可能，一切都可生成，一切都可自由组合。创意写作认为，创意思维可以借助专项训练进行优化，即写作者可以通过与写作直接相关的专项创意思维训练，反观自我心理结构，疏通个人意识、无意识和集体意识之间的阻隔，打通思维感官、记忆、联想与想象之间的通道，拓展思维的广度、深度与敏感度，打破固有模式，去除限制，重建一个积极的认知与反应模式，也就是说，写作能力可以通过专项的创意思维训练得到提高。

专项创意思维训练包括针对个体感受力、观察力、想象力、思维力、逻辑力、虚构能力、全感官能力等进行的专项训练，还包括围绕文体写作的人物设置、情节设计、结构梳理、悬念设置、场景描述、冲突、戏剧性设置、节奏、反转、语言思维、视角选择等专项写作技巧进行的训练。开脑可以通过混搭式仿写、故事接龙游戏、自我修正训练等活动来进行；也可以针对某一位学生的作品，进行专项写作技巧的训练，还可以创设情境，进行有针对性的案例教学和实践训练。在这里，学生的个体经验和阅读积累都会被重新唤醒、激活，转化为创意思维的材料。

创意从本质上来说是一种跨越界限的能力，生活中的每一项选择其实都充满了创意，专项创意思维训练的目的是开脑，突破"标准答案"，养成"设计"意识，不为别人制定的界限所羁绊，扩大自己内在创意可能发生的空间，探索创意路径的多种可能性，从而获得一种创意思维能力，为后续作品的完整性创作开辟道路。同时，专项创意思维训练有助于对学生创作个性的诊断，即诊断学生适合哪一种类型的创作。教师据此因材施教，实现人才培养的个性化。

【工坊活动】联想接龙游戏

请一位同学现场说出一个比喻句，其他同学自由选择比喻句中的"本体""喻体"，甚至"喻词（手段）"部分，以之作为新的本体，进一步生发，创造一个新的比喻句，顺次进行发散联想接龙游戏。

当然，为了增加趣味性，不仅可以用新的比喻句接龙，也可以采用其他修辞手法，如拟人句等；也可以是针对一个人、一件事、一个物件、一种情绪、一个情境、一个词语的发散思维训练；还可以与全感官等训练结合起来进行接龙游戏。

最后，选择这些材料并配上人物，设计一个有趣的小故事，或者刻画一个有着突出核心性格的人物形象。

【例】除了独自一人时脸上的那副呆板的神情外，弗里曼太太还有两副嘴脸：热忱的与冷落的，这是她待人接物时惯常用上的。她的热忱的嘴脸既扎实又有力，像一辆重型卡车向前驶行。她的眼睛从不左顾右盼，只是随着人家的叙说转动，仿佛正盯着一行耸人听闻的报道一路看下去似的。她很少用另一副嘴脸，因为她并不时常需要收回一篇讲话，可是遇到需要那么办的时候，她的脸上就纹丝不动，乌黑的眼睛里几乎也看不出有什么动静。在这种时刻，她的两眼就好像在收敛进去。接下来，注视着的人就会看到，尽管弗里曼太太可能站在那儿，跟堆叠起的几口袋谷物一样真实，但是精神却已经不在那儿了。①

专项创意思维训练本质上是训练学生一种创造性思维能力，它深深扎根于个体与人类创意的共同泉源，使学生打破屏障，发现生活的诗意。创意写作就是一种创意生活，教师要通过工坊活动引导学生在生活中有意识地训练自己的创意思维能力，做真我，除俗套，破概念，去标签，在生活中寻求真我独特的体验。例如，赖声川曾提出"裂隙创意"的概念，他认为，我们要尽可能地拉大单纯的觉察能力（第六识）和脑中的固有概念、思维（第七识）之间的裂隙与空间，这样才有助于创意思维的产生。②

专项创意思维训练也并不是每堂课都要进行，而是要按照课程的需要灵活安排，并让学生在开脑的过程中感受到写作的确是一件让人振奋的事情。需要注意的是，专项创意思维训练不仅仅是专项训练，更应该是创意训练，教师在设计训练项目时要善于突破常规。比如，观察能力训练，可以让学生想象自己躺在地上观察，或者，从自然万物的角度去观察，跳出人类的视角框架去思想、去体会，并通过触、听、嗅、尝、看等不同感官方法进行原创的和真切的描述。这样，有助于学生获得一种专门的观察方式和体验世界的方式，学会有创意地观察，从而训练"觉知"的能力，洞察人、事、物的真面目，以及其间的所有关系。创意的智慧就是这种透视、觉知的能量，是个人对生命的透视力，对宇宙的觉察力，是一种组合思考的机制，是一种看到更多可能性的能力。

---

① 弗兰纳里·奥康纳.善良的乡下人［M］.周嘉宁译//好人难寻.北京：人民文学出版社，2016：210.
② 赖声川.赖声川的创意学［M］.桂林：广西师范大学出版社，2011：134.

三、激活：写作原理与生命体验的融合

什么是体验？体验就是亲身经历，即通过实践来认识周围的事物。我国古代把"体验"一词解释为"以身体之，以心验之"①，比较准确地概括出了体验的内涵：其一，体验是实践的，它与生命、生活共生；其二，体验是内在的，属于个体的心灵感受。我们可以说，体验是从生命本身去认识生命，通过移情、融合、反思等心理活动，在天人合一、物我两忘的过程中实现对世界和自我的认知。传统写作课堂以抽象的写作概念、写作知识与写作理论为主要教学内容，跟学生实际写作实践往往是"两张皮"，虽然课程教学活动至学生写出作品来为止，但整个教学过程在忽略学生生命体验参与的同时，也缺乏对学生写作实践进行专业、有效的指导。

作为一种精神产品，文学作品包含了作者深刻的生命体验。写作知识、理论对学生的意义不在于它是可以认识的客观外物，而在于其中凝聚了作者客观化了的生活、情感与精神。写作知识、原理的本质，是从经典作品中总结出来的作家的创作经验、技巧，是作者体验的表达。狄尔泰说："对于精神世界的知识的获取只能通过精神活动自身。""实质上，完美地理解生命意义的精神活动是通过心灵体验而达到人的心灵相通，进而达到互相理解。"②通过体验，写作知识、理论所凝聚的意义价值才能得以彰显。因此，激活写作知识与写作原理，将之与生命体验相融合是写作教学的必经之途。

创意写作的教学中心从知识与理论的传授转移到写作实践上来，教学活动围绕写作实践这个中心来开展，建立在学生写作作品基础之上。教师在学生写作实践中进行写作教学，针对学生原初作品，从学生写作难题出发，以问题为引导，激活有效的写作知识与原理，并化为写作"处方"，适时解决学生的写作困难，为学生的写作实践提供助力。因此，学生学习写作知识、原理固然重要，但更重要的，在于体验、理解，进而消化那些经验，使之成为自身经验的

---

① 宋代理学大家朱熹在《朱子读书法》中说："入道之门，是将自身入那道理中去，渐渐相亲，与己为一。而今人之道理在这里，自家在外面，原不曾相干涉。学者读书，需要将圣贤言语，体之于身。"即读书当体之于身，切身体察，要用切身的体会去读所有的书；验之于心，物我交融，最后达到同化境界。

② 邹进.现代德国文化教育学［M］.太原：山西教育出版社，1992：175.

一部分，进而丰富自己的心灵世界，助力自己的创作实践。那么，如何以问题引导激活写作知识与原理，对学生适时提供写作帮助呢？

（一）写作之初，以"写作式阅读"激活写作知识与原理

写作式阅读，又称为从作家角度阅读，其要义是，作家阅读作品时要明白，作品之所以以这种形式存在，是因为作者从诸多可能性中选择了这一种；作为学习写作者要关注的，不是"这个作品表达了什么"，而是"这个作品是怎样表达的"，也就是说，我们在阅读过程中获得的关于主题、价值观、情感、人道主义等信息，是如何通过视点、故事设计、冲突结构、人物命运等具体实现的。因此，我们要将阅读、生活、体验、技巧探讨结合起来。

写作式阅读不是被动地接受作品，而是激发个人阅读的主动性，更贴近创作本身，更具有专业性。它立足于作品的生产、创作的动态过程，重视写作原理、永恒普遍的形式、原型、整体性，以及写作的现实、技巧、独创性等。它更有助于学生在个性化阅读中发现写作的规律，为自身的写作实践提供一种可资借鉴的写作现实。因此，在切入教学时，选择学生喜欢或者印象深刻的类型作品导入，在对作品的"写作式阅读"中激活写作原理是途径之一。比如，通过对学生喜欢的好故事《小鬼当家》的分析，引导学生顺藤摸瓜，从中寻找好故事的材质构成要素——故事是事件/事件意味着变化/行动引起故事变化/故事有趣在于戏剧性/主人公何以移情/见解、情感、价值观。这样，写作知识就以例子的形式鲜活地根植于学生头脑当中。当然，除了故事导入，还可以采用问题导入、情境导入、案例导入、生活场景导入、影视作品导入、成果导入等多种形式。

（二）寻找学生体验与写作原理的契合点，克服写作障碍

人只能理解与吸收自己所体验到的东西，也只有体验过的东西才能被更好地理解和吸收；越是渗透了个人体验的东西越容易被理解和吸收，而与体验没有关系的知识，对个体来说是没有意义的、无生命的东西，因而无法在生命中留下印记，也无法进入人格内部。因此，写作教学内容要融入学生的生活体验和生活世界，通过主客观的同化、顺应、提升，逐步建构起学生的内在世界，塑造完整自我，并形成与社会、自然的和谐关系。"对象的重要正在于它（他）对主体有意义，这就使主客体关系化成了'每个个体自己的世界'"，是

一种"我与你"的关系①。对学生来说,由于自身体验的局限性,从而造成个体认知的封闭性,写作教学的任务,就是要寻找到写作知识、原理与学生体验的契合点,让学生克服障碍,发现蕴藏其中的意义。

在工坊课堂中,学生在动笔前往往有难度,动笔之后有时又写不下去,亟须教师的帮助。此时,教师就可以抓住时机,通过唤醒学生生活经验与生命体验的方式来激活写作原理,以达到启动学生思路的目的。比如,在教学散文写作时,学生迟迟无法下笔,或者开了几个头却写不下去。教师可以从学生怕暴露自己真实想法讲起,结合学生生活体验,进而引出"感情要真,个性鲜明""立意要高,见识要深""取材可散,结构要紧""创造意境、提炼语言"等散文写作要点,切实地化写作原理为克服学生写作障碍的助力。当然,教师也可以自主创设情境,唤醒学生对写作原理与技巧的渴求心态,运用多种灵活的方式激活写作原理。

(三)借鉴经典分析,解决写作困惑

在学生写作初稿完成之后,针对学生在写作过程中遇到的问题与困惑,借助对经典作品的分析,激活写作理论,帮助学生自觉利用写作原理与技巧,结合经典作品对标提高,解决写作过程中遇到的问题(第五部分将详细阐述)。作为治疗各类写作疑难杂症的"偏方",经典作品分析不仅能够更为直观、手把手地解决教材这个"处方"无法把控的问题,而且,经典作品分析还可以被用作教师讲授写作原理的一个切入口或者一个例证,从而实现写作原理从实践中来而后被运用于写作实践的良性循环。

四、修改:作品考核向度检测

"作品考核向度检测"是一次感性与理性相交融的创意产生过程,主要内容是学生对照考核向度对自己的作品进行检测、诊断,是一种"处方"式的诊疗、修订。这一维度的设置,是为了展示教师如何在工坊课堂中综合运用写作理论与技巧解决学生作品中出现的问题。也可以说,是学生在创作实践之后,对创意写作知识与原理的再次学习与使用。这时,理论知识不再是冷冰冰的文

---

① 邹进.现代德国文化教育学[M].太原:山西教育出版社,1992:29.

字,而是突然活转过来,学生会发现在沉寂的文字里面隐藏着一个个好故事、好小说、好剧本、好诗的所有秘密,它们能够解决学生在写作中遇到的问题与困扰。以"故事写作"为例,教师可以在工坊活动中引导学生通过以下考核向度对故事进行考核。

【工坊活动】

(1) 学生汇报 (PPT) 或板书 (故事要素);

(2) 汇报人简要说明自己的写作意图,谈自己的写作困惑 (问题);

(3) 工坊伙伴 (教师主导) 根据作品考核向度一起梳理故事大纲,提出问题,汇报人回答 (只回答,不抗辩)、做补充。

作品考核向度检测表

序号	考核向度	检测内容
1	你的故事成立吗?	故事核是否强壮(有无戏剧性)?故事要素(时间、地点、主人公/人物、事件/核心行动)是否齐全?故事有无代入感(能否移情)?
2	故事结构是否合理?	是否以行动为主线?是否依循"困难—困境—绝境"来设置情节?如何设置翻转?人物是否有转变?人物的行动线/情感线/思想线是如何变化的?最后的行动是否一并解决所有问题?
3	故事写不下去怎么办?	故事有无冲突?二元对立结构是否形成?人物有无欲望/障碍?是否将故事情境推向极端?
4	故事没有吸引力怎么办?	故事有无悬念?核心悬念、重要悬念与随机悬念是否形成层次呼应?故事的核心悬念是否与主人公行动线一致?主人公与其对立者的博弈是否为主线?悬念的设置与维持是否到位?
5	谁来讲故事更合适?	故事叙述者的选择是否合适?视点是否与主题、价值观一致?故事视角是否统一?
6	你的故事可信吗?	故事逻辑是否成立?作者是否建立了自己的"世界观"?人物的行动是否根植于自己的原因?核心行动是否建立在主人公的核心细节上?
7	你的故事有创新吗?	是否找准了自己的作品类型?故事的主导品格是什么?故事创新是否建立在成规的基础之上?
8	你的故事适合怎么讲?	作品的文体选择是否合适?

（4）在汇报人作品内容、特色与能力的基础上，工坊伙伴进行集体创意活动——头脑风暴，提供新的故事方案。

通过以上八个考核向度问题引导式的检测和集体创意，故事基本成立了。这是学生对作品进行的第一次大规模修改与提升，有的甚至是全盘推倒重来。但学生通过这一维度的实践，知道了一个好故事所应具备的要素，从写作的角度具备了一定的鉴别眼光；同时，写作原理与技巧在实践中全部被激活，根植内心，成为学生自觉使用的写作"秘笈"。

当然，故事写作之外，小说写作、剧本写作、诗歌写作，乃至非虚构写作，都有各自不同的作品考核向度，但都建立在故事写作的基础之上。比如小说写作，在故事成立之外，还需要在"主题""语言""感情"等角度开拓自己的考核向度；诗歌写作，则可以根据诗歌类型学理论来建构自己的诗歌写作考核向度。

五、孵化：经典作品对标提高

创意写作不仅仅是为了写出作品，或者培养、提高学生的创意能力，它的最终指向：一是有创意地写作，二是创意写作的产业化。创意写作的课程目标是综合性的，既包括知识（在这里转化为技巧）目标，技能（有创意地写作与成果的策划、转化）目标，素养（自我发现、成长与超越）目标，更多地指向成果，也就是作品和作品的产业化。

这一维度的课程内容是让学生选择与自己作品相似的经典类型作品（比如"成长小说""玄幻小说""言情小说"等），以作家的眼光阅读、观看、分析，从场景设置、故事设计、结构、语言、主题、感情处理、节奏等多个向度分析作者是如何写的，梳理出经典作品的故事线、行动线、感情线、思想线，明确一个完整作品的必备要素，并学习诸要素处理方式与表达风格，在类型分析基础上有自己的个性与创新。如果说前面的"作品考核向度检测"是"处方"的话，那么，"经典作品对标提高"便是"偏方"，能帮助学生解决某种类型作品创作中存在的问题与困惑。

此维度的课程实施包括两个阶段。第一阶段是"经典作品类型分析"，学生对照经典类型作品进行自我分析与检测：一是对标类型，二是对标具体的经典作品。让学生学会不仅像作家一样阅读，还要像作家一样写作，此阶段可以插入进行全方位仿写练习。第二阶段是"对标提高",工坊老师介入,帮助学生抽取出类型的要素、叙事模式、题材优势、主导品格、可供创新的点,以及类型之外的创新等,师生共同对标经典类型作品进行系统的分析、提升,强化优点,寻找个性,探索设计可能性的最大化。比如学习剧本写作,可以设置如下工坊活动。

【工坊活动】

(1)课前布置学生观看电影《十面埋伏》,从主人公行动的角度梳理故事梗概(2 000字左右)。课堂上让学生讲述故事梗概,要求把背景、起因、发展、高潮、结果讲清,把三线(行动线、思想线、情感线)讲清,既要完整,又要跌宕起伏,突出核心。

(2)要素分析,包括时间、地点、主人公、目标、行动、事件、悬念、障碍、冲突、缝隙、拐点、节奏、事件线、行动线、场景线、戏剧性、故事核、发展、高潮、结局等。

(3)学生对标自己作品,根据以上要素进行梳理,完善自己作品。并在课堂上进行汇报。内容主要包括:

第一,人物目标与故事悬念("从开头到结尾",水平层次,行动/事件);

第二,故事逻辑("从题材到意义",垂直层次,认识论);

第三,人物塑造("从形象到情感",代入感);

第四,行动的衔接与节奏(行动线/情感线/思想线,三线联动);

第五,场景线(节拍:动作与反动作/场景/序列,点面结合)。

(4)通过对标分析,归纳出经典类型作品的叙事语法,即"剧本九步结构法"。

第一步:脆弱的平衡;

第二步:打破平衡;

第三步:开始行动;

第四步:困难与克服困难,关系改变;

第五步:困境与解决困境,关系改变;

第六步:陷入绝境,意外发生;

第七步:小高潮,理想实现/破灭,逼出真相;

第八步:高潮,逆转(内部变化或第三方介入);

第九步:结局(凸显主题)。

创意写作视野下的大单元写作教学

当然，只分析一部乃至几部作品，无法得到一种普遍正确的结论，但"偏方"虽然不能解决所有问题，有时却能解决我们创作中的大问题，因为它直接面对市场。经典作品对标提高是学生对自己作品进行的第二次大的修改与提升，其目的是为最终创意作品的产业转化做好准备。

六、产业化：创意产品策划与转化

传统写作课程对教学的评价，最终是以一张考试卷的形式结束课程教学；创意写作课程的最终目标则是完成作品转化，实现创意作品的产业化，即创意作品进入创意产业被受众消费转化为创意产品。创意作品的产业化强调创意的应用价值和使用价值，它具体包括：如何把自己的作品卖出去，如何发表自己的作品，或者在网站连载，出版电子书，乃至如何与编辑、记者打交道，跟出版商签约，筹谋社会资金出版自己的作品集，或者采用项目式运作方式，为市场需求生产创意产品等。这一环节充分体现了创意写作实践层面的产业化导向，为创意写作课程教学提供了新的评价标准。国外创意写作教学的产业化较国内更为普遍，很多高校都有自己的刊物，比如哥伦比亚大学创意写作就有三本刊物——*Hair Trigger*、*F Magazine*和*Fictionary*。学生为刊物写稿、选稿、策划出版，实现了创作、编辑、出版发行一条龙的产学研一体化教学模式，工坊课堂既是写作，又是工作，学生在课程学习过程中得到很好的锻炼。国内最初也有两所地方学院以学校层面出版创意作品，作为学生培养的最终成果。郑州的一所院校则通过与华文翼书网等网站签约，让学生作品在网站连载，学生普遍具备了创意产业"临门一脚"的能力，实现了作品的产业转化。

近年来，随着创意写作本土化研究有了长足进展，许多高校，特别是一些民办高校，乃至独立学院，敢于挣脱机制与内部管理的藩篱，突破原有学科、专业运行模式，立足于应用型人才培养，以教学成果为导向，大胆进行教学改革，使创意写作课程教学的产业化环节得到进一步拓展与深化，产业化发展更为成熟。比如上海某民办高校，面对文化产业体系复杂、人才需求综合化要求高的状况，开发了"互联网+文创""品牌战略与设计""公共文化与非遗""影视企业经营管理""艺术传播管理""赛事营销与管理"六大课程包，分别对应六种类型的文化产业人才培养。这些课程包以培养"艺术+商业"的应用型人才为导向，以能力培养为核心，融合了艺术、商业、互联网、科技及营销学和管理学中最新的发展动向，为创意产品产业化拓宽了渠道。在教学方法上，采用专业方向与课程序列交叉组合、递进式课程与项目式教学相结合，打破专业之间的界限，体现了高教司提出的"新文科"理念，将教学与实践应用有效融合，对接市场人才需求，把创意产品的策划与产业转化完全包含在课程设置与教学环节当中。

四川某独立学院则以创意写作为核心竞争力，以网络技术为重要辅助手段，侧重培养泛媒体时代动手能力强的技术型写作人才，在加大写作课与网络技术课程比重的基础上，给学生提供实习实践平台。比如，他们利用24个校内仿真实训平台、43个校外实训基地、4个系列品牌讲座，以及多个文化产业项目，把工坊课堂的外延在时空上加以扩大，写作课程教学采取项目运作模式。同时，学生在毕业之前，每个人都要完成"读""写""听""做"四个方面的任务，即要求学生在校期间必须读不少于20本专业必读书目，写至少40篇文章并且在毕业前把文章结集成册，听不少于30场讲座（包括学生自己开的讲座），参加至少1个校内仿真实训平台的实训，从而真正实现了创意写作课程"产学研"一体化的完整教学过程。

文化创意产业作为我们国家正在蓬勃兴起的朝阳产业，涵盖广泛，既包括新闻出版、影视制作、广告、会展等传统行业，也包括文化旅游、动漫、新媒体等新兴行业。创意写作课程教学应该具有大眼界、大视野，根据学校定位适当取舍，培养具有一定文化创意与策划能力的一专多能的文化创意写作人才。在教学过程中，结合创意与工坊课堂写作训练方案，提高学生创意写作技能，为学生在文化创意产业部门的就业提供写作技术支持。目前，很多的学校创意写作教育教学依然处于开创初期，出于学生或学校的原因无法做到真正的产业化。但可以采用编辑、策划、印制作品集，作品展演、汇演活动，制作录像、录音、电子文本资料等方式，以物质的形式展示创意写作的成果。

以上讨论了创意写作工坊课堂教学"三阶六维"的整个运行与实施过程，其实，每一堂课都是一个动态开放的系统，工坊课堂也是一个包含不可预料性与生成可能性的场所，"三阶六维"并不是包含在每一堂课中的，比如，创意唤醒场的营构与专项创意思维训练有时候交融在一起，也并非每节课都要进行，而是根据学生的精神状态决定如何实施。写作实践贯穿工坊课堂的始终，因此，小组分享与互动激发更是一个灵活使用的维度，其内容、形式、规模根据学生的创作实践情况灵活调整，实际上，它可以和其他任何一个维度结合使用。另外，关于课时的分配也没有严格的限定，教师可以根据自己的课程内容灵活安排，比如，第一课堂与第二课堂融合，课程教学与自我教育结合，校内与校外联合，等等。因此，创意写作工坊课堂从课程内容到课程实施，从课程目标到课程成果，都有不可预料性与生成的无数可能性，而这，正是创意写作工坊课堂的魅力所在。

本文原载《中国创意写作研究（2019）》，高等教育出版社2019年版

下 编
实践课例

· 小学部分 ·

漫游奇幻世界　点燃想象能力[*]
——部编版语文教材三年级下册第五单元整体教学设计

赵志宏

一、教材分析

新编版语文教材三年级下册第五单元为习作单元，围绕人文主题"大胆想象"来编排学习内容，旨在让学生通过阅读两篇充满想象的文章及进行相关练习，鼓励、启发学生大胆想象，培养学生的思维能力和想象能力。通过"交流平台"和"初试身手"，让学生之间相互交流阅读想象文章的感想以及自己关于创作想象故事的看法。继而，通过阅读习作例文、结合例文中的批注，进一步熟悉想象的方法、训练想象的思维能力。最后，通过具体的习作练习，掌握写作想象故事的能力。

第五单元编排了两篇精读课文——《在宇宙的另一边》《我变成了一棵树》和两篇习作例文——《一支铅笔的梦想》《尾巴它有一只猫》。四篇文章从不同的角度、用不一样的方式讲述了神奇有趣的想象故事，这些故事想象大胆、奇特，语言生动形象却容易理解，能充分激发三年级下学生的阅读兴趣，让学生感受到想象的魅力与神奇。

这些教学内容的学习都指向单元语文要素"走进想象的世界，感受想象的神奇""发挥想象写故事，创造自己的想象世界"的落实。通过对教材的研读，各部分教材内容及教学要点安排如表1所示。

---

[*] 本文作者简介：赵志宏（1985—　），浙江嘉兴人，毕业于杭州师范大学。现任教于上海大学附属嘉善实验学校，副校长。

创意写作视野下的大单元写作教学

表1 教材内容的教学要点

分 类	内 容	教 学 要 点
阅读教学	《宇宙的另一边》 《我变成了一棵树》	1. 阅读想象类的文章，走进奇妙有趣的想象世界，感受想象带来的乐趣。 2. 抓住出人意料的情节、人物特殊的本领、独特的场景描写等，把自己想象成童话中的角色，感受想象的神奇。
语文园地	交流平台 初试身手：拇指画，续编故事1，续编故事2	1. 通过交流讨论读完故事的感受，说说想象的神奇与趣味；明白只有大胆的想象，才可能有各种新发明、新创造。鼓励学生大胆想象，想得奇特、想得巧妙。 2. 利用"手指变变变"的游戏进一步激发学生对想象的兴趣，打开想象的思路；通过"故事接龙"试着创造自己的想象世界。
习作例文	《一支铅笔的梦想》 《尾巴它有一只猫》	1. 通过阅读本单元课文及习作范文，让学生明白在想象的世界里，可以让我们实现各种美好的愿望，拥有奇异的经历，丰富自己的生活。 2. 借助习作例文进一步感知发挥想象的方法。
单元习作	《习作：奇妙的想象》	1. 能借助习作例文进一步体会丰富与神奇的想象。 2. 发挥想象写故事，写完与同学交流，相互点评。

二、任务创设

教材中的每篇课文承载的任务不同，六个板块衔接紧密、环环相扣，构成一个以习作能力培养为核心的序列——"单元导语—精读课文—交流平台—初试身手—习作例文—习作练习"，各个板块既相对独立，又是一个整体。通过一系列相互联结的阅读和习作，让学生的习作表达能力拾级而上。

单元导语的语文要素中点明了第五单元习作能力的训练目标；精读课文落实语文要素训练目标，教学重在文章赏析，兼顾习作方法总结指导；交流平台和初试身手中对习作方法和策略进行了梳理和总结；习作例文通过"范文引路"，明确多样化习作建构模式，形成自我习作框架建构思路；最后的习作就是对本单元能力训练的一个实践运用。

在大单元整体教学设计思路的统领下，结合创意写作、情境创设、合作学习等方法的重视，我们设计了如表2所示的本单元的学习任务。

表2　第五单元的学习任务

主题	任务	子任务群	课时安排	学　习　活　动
漫游奇幻世界点燃想象能力	鼓励、启发学生大胆想象，培养学生的思维能力和想象能力	任务一：回顾"想象"积累，激发学习期待	1	活动：回顾关于"想象"的诗歌、童话、寓言和神话，交流印象深刻的故事情节和"丰富想象"带来的愉快阅读体验
		任务二：漫游奇幻世界，以读促写展想象	4	活动一：看我"七十二变"，畅读《我变成了一棵树》，畅想《初试身手》之拇指画
				活动二：助力"梦想起航"，畅读《一支铅笔的梦想》，畅编《瞌睡虫寻友记》
		任务三：奇遇颠倒世界，发挥想象编故事	4	活动一：探秘"颠倒世界"，畅读《宇宙的另一边》
				活动二：结识"颠倒村民"，畅读《尾巴它有一只猫》，畅编《颠倒村纪实片》
		任务四：奇思妙想笔录，习得方法写故事	1～2	活动一：梳理漫游回忆录，畅聊交流平台
				活动二：制定奇思指南，创作《习作：奇妙的想象》

三、理念简述

第五单元紧紧围绕"点燃学生想象能力"这个任务来统整单元学习内容。在学生进入单元学习之前，教师就要进行教学情境创设，将本单元的学习任务呈现在学生面前。这样做一方面能够更好地触发学习动机，通过学习任务的驱动来为后面的学习活动的顺利开展奠定基础。另一方面，让学生能够带着明确的目标进入学习过程，让后面的每个学习任务都具有更强的指向性。

在创意写作教学中，不能忽视写作的过程，反而更应该从学生视角来审视这个过程是如何在不断的学习积累中实现提升的。所以本单元在一个主题学习任务下，明确了学习目标，并且将学习过程分成四个子任务以达成既定目标。在任务一中，学生连接已有阅读经验，回顾学过的含有丰富想象的文章，主动交流自己印象深刻的故事情节和"丰富想象"带来的愉快的阅读体验,这一学习活动的开展就为后期学习任务的顺利完成奠定了良好的兴趣基础。在任务二、任务三中,学生通过抓住事物特点合理想象和反方向想象等方式,以读促写,感受了想象的神奇。

创意写作注重"读写一体、学用融通",要求"尊重学生从独特生命体验出发,进行自我个性化表达,深入生活,观察生活,并作出独立思考和判断"。这种教学方法论以解放学生的创造力为目标,能深入发掘有关心灵层面的个体性及创造性。因此,在任务四中通过梳理漫游回忆录这一活动也是对自我个性化表达的强化,制作奇思指南则体现为读写一体、学用融通。当然,这一活动能够成功、顺利地进行,都要建立在前面三个任务的完成基础之上。任务一的回顾"想象"积累为之后的任务提供了兴趣基础,而任务二、任务三则提供了方法支持。所以说,这四个任务是层层递推,拾级而上的。

此外,创意写作活动的开展常常是在写作工坊内展开的,需要借助工坊成员之间的合作力量。创意写作给我们的写作教学,包括学生的写作提供了一个非常有利的工具,而且这种工具是非常容易见效的。

四、教学设计

任务一:回顾"想象"积累,激发学习期待

[任务目标]

(1)通过交流"想象"积累,说说想象的神奇与趣味,鼓励学生大胆想象,想得奇特、想得巧妙。

(2)明确单元学习语文要素,带着明确的目标进入学习过程。

[学习活动]

活动:回顾交流"想象"积累

(1)自主阅读单元导语页,发现单元主题,圈画关键词"想象"。

(2)围绕"想象",回顾学过的含有丰富想象的故事,与同学交流自己印象深刻的故事情节以及这些故事情节给自己留下深刻印象的理由,感受"丰富想象"所带来的阅读乐趣。

(3)关注单元导语页的学习任务(语文要素),结合选文内容,了解本单

元阅读和习作的学习内容和学习目标。

设计说明：在单元学习之初，通过交流关于"想象"的诗歌、童话、寓言和神话，如古诗《古朗月行》《夜宿山寺》，现代诗《彩色的梦》《祖先的摇篮》，寓言故事《坐井观天》《寒号鸟》，童话故事《卖火柴的小女孩》《在牛肚子里旅行》，神话故事《羿射九日》等，三年级的学生已经储备了大量的阅读经验，因此，在引导学生关注本单元导语页中人文主题和学习目标时，要帮助学生链接已有阅读经验，回顾学过的含有丰富想象的文章，主动交流自己印象深刻的故事情节和"丰富想象"带来的愉快的阅读体验，在此基础上关注单元导语页中爱因斯坦的名言以及本单元的语文要素，自然过渡到本单元的学习目标，激发学生学习热情，形成学习期待，为后面学习任务的顺利开展做好铺垫。

任务二：漫游奇幻世界，以读促写展想象

[任务目标]

（1）抓住出人意料的情节、人物特殊的本领、独特的场景描写等，把自己想象成童话中的角色，感受想象的神奇。

（2）通过阅读本单元课文及习作范文，让学生明白在想象的世界里，可以让他们实现各种美好的愿望，拥有奇异的经历，丰富自己的生活。

（3）利用"手指变变变"的绘画游戏进一步激发学生对想象的兴趣，打开想象的思路。

[学习活动]

活动一：看我"七十二变"，畅读《我变成了一棵树》，畅想《初试身手》之拇指画

（一）"读"中学

1. 自读课文

读准字音，读通句子；标出自然段序号。认识"希、痒"等7个生字，会写"继续、秘密"等词语。

2. 整体感知课文内容，感受有意思的想象

（1）说一说英英为什么要变成一棵树？她是怎么变的？通过思维导图的方式梳理英英变成树以后发生了哪些奇妙的事情，感受作者大胆而神奇的想象。

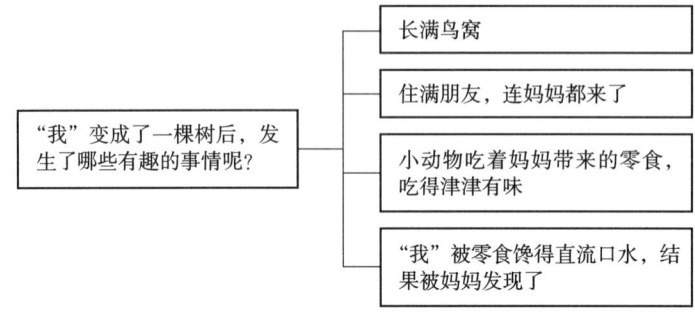

（2）小组合作：聚焦5~23自然段，找找在这四个神奇的变化中，哪些想象让你觉得特别有意思？通过画画句子、圈圈字词等方式，找出文中有意思的部分，与同学交流自己想象到的内容和想象方法。

故事场景	具体内容	想象方法
树上长满鸟窝	三角形、正方形、长方形……	变一变
小动物住鸟窝	小白兔、小刺猬、小松鼠……	变一变
妈妈给动物分零食	巧克力、香肠、面包……	搬一搬
"我"流口水了	下雨、牛奶打翻、虫子撒尿、大树在哭	找"相似"

3. 教师小结：写想象故事结构

（1）为什么会有这样大胆的想象？

（2）大胆想象"我"变成了什么？

（3）大胆想象变化后会发生哪些事？

（二）"做"中学

1. 想象仿写

仿照课文第4自然段，仿写"我真希望变成_____，_____。我心里想着，_____低头一看，_____。呀，我真的变成了_____！"

2. 故事续编

你认为英英还会继续做一棵树吗？英英又会发生什么奇妙的事？

3. 课堂益趣："手指变变变"绘画游戏

（1）欣赏拇指画，发表感受：怎样才能画好一幅指印画？

（2）创作拇指画，提出要求：画得和别人不一样，越奇特越好。

（3）交流指印画，说出想法：挑选2～3幅画，请创作者介绍创作历程。

设计说明：本学习活动分为基础性知识的获得与高阶思维能力的培养与提升两个环节。"读"中学这一环节将重点落在感受有意思的想象，同时为学生提供了很多梳理思路的支架，比如表格、思维导图，将课文中的想象方法显性地梳理出来，便于学生学习。通过对文章内容的品读，让学生抓住出人意料的情节、人物特殊的本领、独特的场景描写等，把自己想象成童话中的角色，感受想象的神奇，让单元语文要素落到实处。在"做"中学这一环节，在想象仿写、故事续编、课堂益趣游戏任务的驱动下，激发了学生对本单元教材内容的学习热情，拆解学习难点。"初试身手"穿插在精读课文的训练中，阅读感受加上实践体验，学练相结合，从而习得想象的方法，发展学生的想象思维。

活动二：助力"梦想起航"，畅读《一支铅笔的梦想》，畅编《瞌睡虫寻友记》

（一）"读"中学

1. 默读课文

根据学习单梳理铅笔有多少梦想？梦想分别是什么？怎样实现梦想的？

《一支铅笔的梦想》学习单：抓住事物特点大胆想象			
多少梦想？	怎样实现梦想？	梦想是什么？	心情如何？
第一个梦想	溜出教室	萌出嫩芽，开出花儿	好玩、开心
第二个梦想	跳进荷塘	为鱼儿撑伞	好玩、开心
第三个梦想	躲到菜园	长成豆角，伪装成丝瓜	好玩、开心
第四个梦想	来到小溪边	当船篙，当木筏	好玩、开心
第五个梦想	跑到运动场	当撑竿，当标枪	好玩、开心

2. 交流汇报

指导朗读，读出铅笔有了梦想后的开心心情。

3. 师生交流

总结如何展开想象写梦想：

（1）抓住事物的特征展开奇妙的想象。

（2）用词要生动准确。

4. 总结写法

作者为什么能把铅笔的梦想写得这么生动有趣呢?

(1)大胆想象、合理想象、充满正能量的想象。

(2)运用设问句。

(3)运用排比段。

(二)"做"中学

1. 想象仿写

铅笔还有哪些梦想呢?仿照课文说一说。

第六个梦想,_____。知道我要做什么吗?我要_____。哈,多么好玩!多么开心!

2. 故事续编:《瞌睡虫寻友记》

(1)了解故事开头,趣说想象:夏天到了,瞌睡虫王国一片沸腾。它们纷纷飞出洞口,去寻找自己的朋友……

(2)了解瞌睡虫特点。

(3)如果你是瞌睡虫,你会去找哪个朋友,找到了你的这个朋友会干什么呢?(这里可以点到"从美好的愿望出发",发生了什么?在学生交流时随机追问)

3. 小组合作

充分交流后把自己觉得最有趣的想象故事写下来。

4. 佳作展示

佳作展示后师生共评。

设计说明:这一学习活动设计引导学生阅读习作例文《一支铅笔的梦想》,提炼方法:要根据事物的特点合理想象。课堂中穿插续编故事《瞌睡虫寻友记》,促使学生在讲述自己的想象故事后,进一步体会怎样抓住事物特点合理想象,怎样把故事讲清楚、讲生动。贴近自己生活实际的内容很容易就能引起学生之间的热烈讨论,激发学生表达的欲望。通过阅读本单元习作范文,让学生明白在想象的世界里,可以让他们实现各种美好的愿望,拥有奇异的经历,丰富自己的生活。与此同时,学生发现很多生活中实现不了的愿望可以借助想象去实现,文章中可以天马行空,让主人公拥有奇异有趣的经历,通过想象丰富自己的生活。阅读感受加上实践体验,学练相结合,从而习得想象的方法,发展学生的想象思维。这一学习活动不仅有助于学生对课文内容的进一步深入理解,同时也培养了学生的创意写作能力。这是对学生创意写作能力的进一步锤炼。

任务三:奇遇颠倒世界,发挥想象编故事

[任务目标]
(1)阅读想象类的文章,走进奇妙有趣的想象世界,感受想象带来的乐趣。
(2)通过阅读本单元课文及习作范文,让学生明白在想象的世界里,可以让他们实现各种美好的愿望,拥有奇异的经历,丰富自己的生活。
(3)借助习作例文进一步感知发挥想象的方法。

[学习活动]
活动一:探秘"颠倒世界",畅读《宇宙的另一边》
(一)"读"中学
1. 自读课文
读准字音,读通句子;标出自然段序号。认识"淌、秘"等6个生字,会写"宇、宙"等12个生字,会写"宇宙"等10个词语。
2. 整体感知课文内容
宇宙的另一边有什么"秘密",用自己的话说一说。同时,通过提取关键词的方式完成课堂作业本第53页思维导图填空,学习"向相反的方向想"。

宇宙另一边的秘密	
宇宙的这一边	宇宙的另一边
从书包里拿出作业本	把作业本放回书包
"我"爬楼梯	"我"正下楼梯
雪在冬天下	雪在夏天下
太阳从东边升起	太阳从西边升起
石头没有生命	石头有生命
出门向左走	出门向右走
第一节课是语文课	第一节课是数学课

（二）"做"中学

1. 想象仿写

聚焦第8～9自然段，画一画宇宙的另一边加法和乘法是怎样的句子，学习联系自己已有的知识展开想象，并展开仿写，写一写宇宙的另一边，减法或除法会是怎样的，完成课堂作业本相应作业。

2. 小组合作

聚焦课文第10～12自然段，画一画在宇宙的另一边习作又是怎么样的句子，学习角色代入的方式展开想象。小组内交流汇报。

3. 教师引导

指名读、分角色读、分组读好"真实世界里，这一边的我，和想象世界里，另一边的我"。

设计说明：本堂课在既有的能力习得基础之上，让学生试着用学过的仿写句子的方法来写一写宇宙的另一边，由扶到放的教学安排巧妙地让学生在学以致用中实现了知识的巩固、技能的提升。同时在学习角色代入方式展开想象时采用小组合作学习的方式，先让学生各抒己见，感受不同想象的神奇与有趣，碰撞出不同的火花，有利于发展学生的想象思维。"授之以鱼，不如授之以渔"，回忆学习过程，学习大胆想象的方法，为之后的单元习作表达积蓄力量。这样的学习活动设计不仅实现了"阅读学习""语文园地""单元习作"三个板块学习的有效融合。同时这种化零为整的组块式学习方式有效避免了知识获得的琐碎化、片面化，有助于学生对所学知识的牢固掌握。

活动二：结识"颠倒村民"，畅读《尾巴它有一只猫》，畅编《颠倒村纪实片》

（一）"读"中学

1. 默读课文梳理

尾巴有一只猫会想什么、说什么？它的心情怎样？

2. 指导朗读

读好尾巴的想法和尾巴说的话。

3. 比较梳理

比较《一支铅笔的梦想》和《尾巴它有一只猫》的异同并完成表格。

漫游奇幻世界　点燃想象能力

习 作 例 文		
	《一支铅笔的梦想》	《尾巴它有一只猫》
相同之处		
不同之处（想象方法、表达方法）		

4. 学习不同的想象方法及表达方法

（1）《一支铅笔的梦想》抓住事物的特点合理想象。

（2）《尾巴它有一只猫》反方向想象。

（3）《一支铅笔的梦想》从篇到段都是围绕想象的一个意思，列出几个方面把意思表达清楚。

（4）《尾巴它有一只猫》反方向带入想象，重在变化后的想法和经历（发生的事和说的话）。

（二）"做"中学

1. 想象仿说

"尾巴她有一只猫""喜欢睡觉的风"……你还想到了什么新鲜有趣的说法？展开想象说一说。

2. 续编故事：《颠倒村纪实片》

（1）了解故事开头，趣说想象：一阵大风过后，小牧童被吹到了颠倒村。他睁开眼睛，只见树枝和树叶长进土里，树根却张牙舞爪地伸向天空……

（2）抓住颠倒村的特点。

（3）颠倒了之后发生了什么奇特的经历呢？

3. 小组合作

充分交流后把自己觉得最有趣的想象故事写下来。

4. 佳作展示

佳作展示后师生共评。

设计说明：借助习作例文进一步感知发挥想象的方法是本单元需要达成的任务目标。课堂中先是让学生在两篇习作例文的对比阅读中感受文本的各自

特点,并学习不同的想象方法及表达方法。接着,通过想象仿说、续编故事的方式培养学生的创意写作能力,发展学生的想象思维,让学生在思维的相互碰撞中激发出无限的创意。这一学习活动设计引导学生阅读习作例文《尾巴它有一只猫》,提炼方法:反方向想象。课堂中穿插续编故事《颠倒村纪实片》,促使学生在讲述自己的想象故事后,进一步体会怎样反方向想象,怎样把故事讲清楚、讲生动。通过阅读本单元习作范文,让学生明白在想象的世界里,可以让他们实现各种美好的愿望,拥有奇异的经历,丰富自己的生活。与此同时,学生发现很多生活中实现不了的愿望可以借助想象去实现,文章中可以天马行空,让主人公拥有奇异有趣的经历,通过想象丰富自己的生活。阅读感受加上实践体验,学练相结合,从而习得想象的方法,为后续的单元习作提供方法支持。

任务四:奇思妙想笔录,习得方法写故事

[任务目标]

(1)能借助习作例文,进一步体会丰富与神奇的想象。

(2)发挥想象写故事,写完与同学交流,相互点评。

(3)激活学生的思维,丰富学生习作的素材,指导学生借鉴"习作例文"想象方法。

[学习活动]

活动一:梳理漫游回忆录,畅聊交流平台

(1)通过"课前想象积累""思维导图整理"等方法,梳理和回顾课文中的想象故事,积累和分享充满奇妙想象的语言,感受大胆想象的乐趣。

(2)畅聊交流平台,开辟学路。

设计说明:本单元导语揭示了单元语文的两个要素:一是走进想象的世界,感受想象的神奇;二是发挥想象写故事,创造自己的想象世界。"交流平台"进一步提炼和总结了单元语文要素,为教师和学生指出了本次习作训练的想象方向:一是可以大胆想象现实中不存在的事物和景象;二是可以大胆想象奇异的经历;三是要敢想、大胆想,想得奇特。

把单元导语与"交流平台"的具体要求结合起来,我们可以得出想象习作单元要解决的两个问题:一是怎样培养学生的想象力,二是引导学生朝哪个

方向去想象。对于问题一，学生首先应该通过阅读他人作品学习想象的方法，然后用学到的方法展开想象，生成本次习作要表达的内容；对于第二个问题，本单元"交流平台"提出了两个建议，一是创造现实中不存在的事物和景象，二是让自己拥有奇异的经历。基于此，本单元应聚焦"大胆想象"，培养学生"想得奇特"的能力。

活动二：制定奇思指南，创作《习作：奇妙的想象》

（1）聚焦单元习作的题目，通过"一个问题，一串想法"，利用思维导图，将大胆新奇的想法进行梳理和展示。

（2）选择喜欢的题目或自己拟定题目，完成思维导图，制定奇思妙想指南。

（3）选择自己喜欢的内容，利用"抓住事物的特点""反方向思维""联系已有知识""角色代入"等方法展开想象，完成习作，能用学过的修改符号修改小组内同学的习作。

（4）举办"奇思妙想笔录"展示，以小组形式张贴到"想象岛"中，向其他组介绍本组的奇思妙想。

设计说明：这一想象习作单元的任务群共安排了三次表达学习活动。第一次是精读课文的课后习题，旨在引导学生借助课文情境模仿想象；第二次是"初试身手"的两个训练内容，旨在鼓励学生尝试想象并表达出来；第三次是单元习作，旨在引导学生综合运用习得的表达方法进行想象和表达。这一学习活动按照从口头到书面、从段落到整篇、从模仿到创造的顺序安排，再次体现了"从读到写、从学到用"。这样设计，表达练习的难度是逐渐加大的。同样，成果的展示与交流是必不可少的。在班级的"想象岛"展示现场，邀请各小组参加，并轮流将组内的成果进行介绍。这一做法让学生享受成功的愉悦和合作的快乐，明白语文学习是一件充满趣味性、挑战性的高阶思维学习活动，在激发学生语文学习兴趣的同时还能够提升学生的语文核心素养。

有趣的故事集

——部编版语文教材三年级下册第八单元整体教学设计*

陈　清

一、教材分析

部编版语文教材三年级下册第八单元是一个精彩纷呈的故事单元，本单元围绕"有趣的故事"这一主题，编排了两篇精读课文《慢性子裁缝和急性子顾客》《漏》和两篇略读课文《方帽子店》《枣核》，以及口语交际《趣味故事会》、习作《这样想象真有趣》和《语文园地》等教学内容。

本单元的语文要素是"了解故事的主要内容，复述故事；根据提示，展开想象，尝试编童话故事"。本单元的四个故事，内容有趣，语言生动鲜活，富有浓厚的儿童色彩和丰富的人文内涵。通过体会人物的性格特点，抓住人物语言、心理活动等方法，体会故事的有趣，产生复述故事的兴趣以及编写故事的欲望。口语交际的练习，对讲述人和听者都提出了明确的要求，进一步提升学生语言表达能力，梳理故事内容，不遗漏重要情节。本单元的习作任务是要求根据文字信息结合画面，选一种动物，大胆想象其相反的特征，编一个童话故事。意在鼓励学生打开思路，努力实现大胆想象、创作的愿望。

编童话的习作，学生并不陌生，三年级上册童话单元安排习作"我来编童话"，要求学生编写一个故事要素齐全的童话故事，学生根据要求能够写清楚故事发生的时间、地点、人物、事情等。在三年级下册第五单元又安排了习作单元"奇思妙想的想象"，学生能够借助习作例文进一步体会丰富与神奇的想象，知道用联系事物的特点转变角度，可以建立事物之间的不同关联，也可以

---

* 本文作者简介：陈清（1991—　），女，上海嘉定人。毕业于淮北师范大学，现任教于上海大学附属嘉定留云小学。

把自己化身为其他的事物等方法展开想象。本单元在此基础上要求更为具体，鼓励学生打开思路，大胆想象，编出一个内容完整、情节有趣的故事，想象当某一动物一旦失去了原来的重要特征，或是特征变得与原来完全相反，生活会发生什么变化，会发生哪些奇异的事情。整堂课教学设计应该围绕这个"趣"字展开，课堂中的"趣"是指教学内容生动有趣、让学生感到愉悦的一种学习状态。这种状态在教学过程中非常重要，使学生产生学习的兴趣，更有助于发散学生思维，从而提高教学效果。

通过对教材的研读，各部分教学内容及教学要点如表1所示。

表1 教学内容及教学要点

分 类	内 容	教 学 要 点	
阅读教学	《慢性子裁缝和急性子顾客》《方帽子店》《漏》《枣核》	1. 分角色朗读课文，能读出故事中人物对话的语气，体会人物的特点，交流故事中自己觉得最有意思的内容，体会故事的有趣。 2. 能借助提示，按顺序复述故事，不遗漏重要情节。	根据提示，展开想象，尝试编童话故事。
口语交际	趣味故事会	1. 用上合适的方法，按照一定顺序讲故事。 2. 能认真听故事，记住主要内容，总结复述故事的方法。	
单元习作	这样想象真有趣	1. 根据提示情境，神奇创想，构思内容，完成习作。 2. 对话课文，梳理趣味故事表达方法。 3. 修改润色习作。	
语文园地	交流平台	1. 能交流、总结复述的方法。 2. 能借助提示，小组展开讨论，合作练习复述故事。	

二、任务创设

本单元从"单元导语"中提出"开心的笑"阅读与习作要求，课文阅读是学习复述和创编有趣故事方法，课后题"最意想不到的部分内容""最有意思的内容"体会故事的趣味的焦点，语文园地中"交流平台"是对复述故事方法

创意写作视野下的大单元写作教学

的梳理与总结，口语交际是对已学复述方法自主的实践演练，习作则是根据材料中创设的情境，提出的两个问题提示了习作想象的方向和习作的内容范围，是学生参与口语交际"趣味故事会"的延伸。基于对本单元的人文主题和语文要素的分析，结合单元导语，创设"编写故事集"的情境，以学习任务群驱动实践路径。在整体教学设计思路的统领下，结合创意写作的习作教学方法，我们设计了如表2所示的本单元的学习任务。

表2 第八单元的学习任务

主题	任务	子任务群	课时安排	学习活动
有趣的故事集	编写有趣的故事	任务一：打开趣味故事之门	1	活动一：通过观看视频资料，让学生了解故事的种类，说说故事要素
				活动二：梳理自己觉得最有意思的故事情节，说说有趣在哪里
				活动三：创设情境，发布任务
		任务二：寻找趣味故事之谜	8	活动一：颠倒王国，为《慢性子裁缝和急性子顾客》人物配音
				活动二：玩转帽子店，《方帽子店》中找不同
				活动三：文化传承，讲述民间故事《漏》
				活动四：故事梦工厂，绘制《枣核》连环画
		任务三：创编趣味故事之趣	3	活动一：选择自己喜欢的人物，创编有趣情节，录制讲故事视频
				活动二：举办有趣故事展，推选金牌编剧

三、理念简述

本单元围绕"有趣的故事集"这一主题展开，在践行单元教学时，根据单元主题和语文要素，创设情境，并在第一课时发布主题，明确本单元任务。这样以任务驱动的方式学习复述、习作方法，利于激发学生的学习动力。另外，带着任务去学习，学习目标更加明确，可为活动设计提供出发点和落脚点。

创意写作的写作教学细致，注重学生思维的开放性。基于此，本单元的主题学习任务的设计也是分步骤完成，从本单元的语文要素着手，习作任务需要学生发挥想象，掌握想象的方法，可以从阅读教学中的"复述"提炼。在任务一中，学生通过观看讲故事视频资料，回顾故事的几个要素，并且归纳出讲故事、听故事的要求，为后面复述故事、编写故事打下基础。在任务二中，学生通过本单元的四篇阅读课文的学习，掌握文章写得有"趣"的方法，在学习的过程中，体会想象的乐趣，为后期创编故事提供方法指导。

编故事集，最后的成果是要有作品展示。因此，在任务三中，"创编故事展"这一活动就是强化成果意识。任务三是在任务一、任务二的基础上完成的，三个任务是相互联系、层层递进的。

在创意写作的教学方法指导下，学生合作学习是必不可少的。学生可以畅所语言，集思广益。在本单元的活动设计中，整个学习过程，都有要求小组合作学习完成。

四、教学设计

任务一：打开趣味故事之门

[任务目标]

（1）通过观看视频，回顾故事种类，童话故事要素，激发学生学习兴趣。

（2）学生组内合作，梳理童话故事情节，说说自己觉得最有意思的部分。

（3）创设学习情境，让学生明确学习任务。

[学习活动]

活动一：回顾故事种类，归纳童话故事要素

（1）播放视频，回顾故事种类。

（2）回顾学过的童话故事，引导学生归纳童话故事要素。

设计说明：本单元的习作要求是"根据提示，展开想象，尝试编童话故事"。语文教材三年级上册童话安排过习作"我来编童话"，三年级下册第五单元又安排了习作"奇妙的想象"，本单元在前两个单元基础上，鼓励学生继续打开思路，大胆想象，编出一个内容完整、情节有趣的故事。因此，在任务一设计了回顾童话故事要素的活动，以此来指向"内容完整"的童话故事。

活动二：选定童话故事，理故事情节

（1）以小组为单位，从选定的童话故事中梳理故事情节。

（2）小组合作：组内成员分工合作，说说自己觉得最有意思的故事情节，完成学习任务单。

选定的童话故事：_____

故事发生的时间：_____
故事发生的地点：_____
主要人物：_____
故事情节：

经过
起因　　　　　　结果
山形图

你觉得最有意思的部分：
_____
_____

设计说明：整堂课教学设计应该围绕这个"趣"字展开，课堂中的"趣"是指教学内容生动有趣、让学生感到愉悦的一种学习状态。这种状态在教学过程中非常重要，使学生产生学习的兴趣，更有助于发散学生思维。小组合作讨论，每位组员发表想法，组内成员分工明确，完成学习单，激发学生学习兴趣的同时，促进学生探究、合作学习的能力。

活动三：创设情境，明确活动任务

（1）结合校内阅读月活动，向学生发布任务：学校要编一本"有趣的故事集"，现向三年级学生征文。

（2）说明征文要求，体现故事的"有趣"。

设计说明：思维的激活离不开情境的创设，创新思维的本质是对以往的现象或问题的进一步思考，找出解决问题的办法。怎样的情境有利于激活学生的思维呢？首先必须是宽松包容的，宽松的情境更容易激发人的思维活跃度。

在前两个活动的基础上,学生已意识到本单元的习作目标跟童话故事有关,结合学校阅读节活动,学校向三年级学生征文,充实图书馆童话书籍,以激发学生的主人翁意识,在轻松愉悦的课堂氛围中明确活动任务。

任务二:寻找趣味故事之谜

[任务目标]
(1)通过角色配音,体会人物的性格特点。
(2)通过"找不同"游戏,发现对比写法,找到课文"最意想不到"的内容。
(3)借助课后示意图,根据故事地点的变化提取关键信息,理清故事内容。
(4)通过绘画《枣核》连环画,搭建"故事小剧场",续编故事。

[学习活动]
活动一:颠倒王国,为《慢性子裁缝和急性子顾客》人物配音
(一)提取相关信息,体会人物性格特点
1. 默读课文
填写下面的表格,并借助表格复述故事。

时　间	急性子顾客的要求	慢性子裁缝的反应
第一天		
第二天		
第三天		
又过了一天		

2. 配音大咖秀:分角色朗读课文
故事是怎样体现人物性格的?小组合作,找出关键词句,分角色朗读课文。
(二)想象的有趣,颠倒地放飞
1. 代入角色
假如人物性格颠倒,裁缝是急性子,顾客是慢性子,他们之间又会发生怎样的故事呢?

2. 头脑风暴

怎样的表演才能更加凸显人物性格呢?

3. 小组合作

根据分享交流内容,抓住人物语言、神态、动作描写等,小组合作编写故事。

4. 交流分享

在班级里演一演这个故事。

设计说明:本活动设计在初步把握课文内容的基础上,培养和促进学生高阶思维能力的发展。"提取相关信息,体会人物性格特点"这一环节将重点落在对课文的理解上,通过默读课文,能从文中提取关键信息,借助表格复述故事。通过对人物语言、神态、动作等描写,让学生能够体会到人物的性格特点。由此,创设"配音大咖秀"的游戏情境,让学生在游戏中加深对课文的理解,为"想象的有趣,颠倒地放飞"活动设计作铺垫。同样,"想象的有趣,颠倒地放飞"这一环节也是对前面活动的反馈,通过让学生小组合作、头脑风暴进行创编故事,为本单元想象习作提供方法指导,一方面拆分难度,吸引学生对本单元学习的积极性,另外一方面,也是对学生高阶思维能力的培养与提升。

活动二:玩转帽子店,《方帽子店》中找不同

(一)聚焦内容,发现写法

1. 默读课文

说说故事中哪部分内容是你最意想不到的?

2. "大家来找茬"

故事中,我们读到了许多"意想不到",大家来找不同,店主人与儿子表现的不同。

最意想不到的内容	店主人的表现	儿子的表现
店主人看到儿子戴圆帽子,和自己对着干	大吃一惊 抓起圆帽子,丢在地上	"我要!我要!" 嚷嚷 不理他,拾起帽子戴在头上 一溜烟似的跑了
……		
……		

3. 交流分享

每个小组派代表展示交流。

（二）提出问题，引导想象

1. 头脑风暴

一旦动物失去了原来的主要特征，或变得与原来完全相反，他们的生活会有什么变化？如果让你设计"大家来找茬"题库，以"动物失去原有特征"为主题，你会怎么设计呢？

2. 小组合作

请大胆想象，画一画。

3. 交流分享

每组派一名代表展示，其他组同学找不同。

设计说明：这一设计考虑到文章的写法，默读全文后重点关注"最意想不到"的内容，通过游戏"大家来找茬"，发现作者采用对比的手法表现新旧事物的不同与更替。活动设计表格为学生搭建支架，通过借助表格，抓住人物的语言、心理活动等方法进行写作表达，帮助学生逐步形成想象习作的方法。

该设计以设计"大家来找茬"题库的方式来进行想象习作的渗透，这一设计不仅大大提高学生参与的热情，而且又能培养学生的创造能力。首先，明确主题，围绕"动物失去原有特征"为题设计。其次，在创造的过程中想象动物的原有特征，以及动物失去原有特征的形象，最后，通过绘画的形式展现出来。在这一过程中，既考验学生对课文对比手法的理解力，又实现了创造性思维的迸发与碰撞。

活动三：文化传承，讲述民间故事《漏》

（一）我是故事"梗概王"

1. 通读全文

借助示意图和文字提示，按照地点变化的顺序，梳理民间故事《漏》的故事梗概。

2. "笑料百出"

故事中的哪些内容你觉得最有意思？试着在文中标注，记录自己的"笑点"。

3. 交流分享

比一比，谁找到的内容最有趣。

（二）我是故事"接梗王"

1. 头脑风暴

想一想，当虎和贼知道了真相后，他们会怎么想？他们会怎么做呢？故事又该怎样讲下去？

2. 小组合作

有表演性地讲述民间故事，在复述完整故事的基础上，以小组合作接龙的形式续编故事。

3. 交流分享

选派小组班级分享。

设计说明：这一活动设计在主题情境下，引导学生开展文学阅读和创意表达活动。在此任务环节中，设计"我是故事'梗概王'""我是故事'接梗王'"游戏情境，让学生在充分阅读课文的基础上，复述故事、续编故事。本活动继续以小组合作、故事接龙的形式完成故事创编，也是降低习作难度的延续。创设的两个游戏情境，让学生抓住故事中"最有意思"的部分，通过自己的阅读、思考、评述、创作，成为民间故事的传承人。

活动四：故事梦工厂，绘制《枣核》连环画

（一）迁移运用，讲故事

1. 组织回顾

默读课文，用学过的方法讲讲这个故事。

2. 分享交流

采用不同的复述方式，小组选派代表讲述故事。

（二）拓展想象，绘故事

1. 头脑风暴

枣核大摇大摆地走了之后，县官和衙役就这样善罢甘休了吗？枣核又该怎么化解危机？

2. 小组合作

策划故事后续，用连环画小报的方式展现出来。

3. 分享交流

小组选派一名代表向班级展示作品并讲述续编故事。

设计说明：这是本单元最后一篇故事，在前面任务设计的基础上，首先让学生运用掌握的复述故事的方法，迁移运用自己的话讲述这个故事。接着，通过头脑风暴续编这个故事,制作连环画小报。在小组讨论中,让学生激发创意的想象,不仅提高学生的交流沟通、团队协作的能力,并且这一学习任务的实现需要学生创绘连环画、编排小报等探究性、体验性活动,有利于学生跨学科综合能力、实践创造能力的不断提升。此外,学生在分享交流的过程中,也体现了"口语交际"中的内容,把"阅读学习""口语交际"和"创意表达"统整起来,实现读写融合。

任务三:创编趣味故事之趣

[任务目标]

(1)围绕主题"有趣的故事集",小组合作共享,用自己喜欢的方式,展览自己的故事作品。

(2)通过展览故事作品,让学生感受童话故事的有趣,领略语言文字的魅力。

[学习活动]

活动一:趣味故事会

(1)头脑风暴:观察图片("大家来找茬"创作图片),动物的主要特征发生变化后,他们的生活也随之发生了变化,那么会发生哪些奇异的事情呢?

(2)小组合作:以《会飞的母鸡》为例,由组长发问:母鸡飞上天后,遇到老鹰会怎样?围绕这个问题,学生组内接龙讲故事,并完成学习单。根据学生的分享交流,展示"一波三折"图。

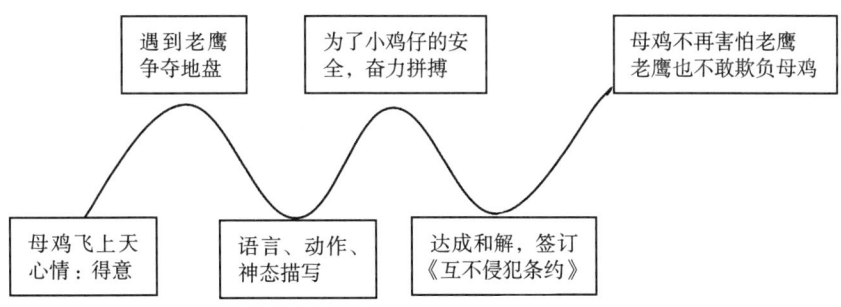

抑或在创编《巨型蚂蚁》时,提出一个主问题:蚂蚁突然长得比树还高,他的生活发生了什么变化?小组成员由主问题散发问题链,如图:

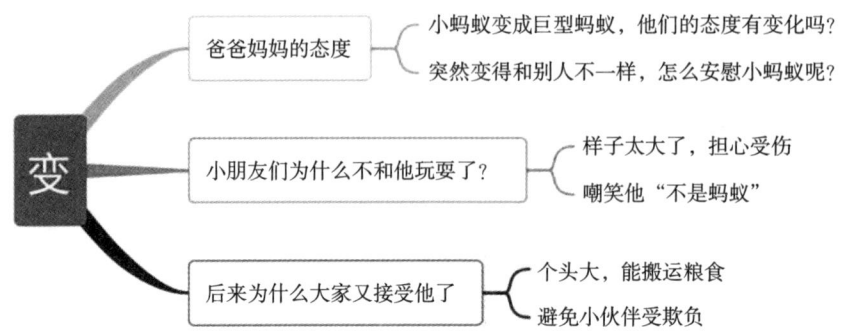

小组讨论后，合作制作一条讲故事视频，参加"趣味故事会"活动。

3. 交流分享：播放讲故事视频，学生交流开展点评。

活动二：有趣故事展

举办有趣故事展，邀请各小组参加。试着整理本单元中作品成果，制作"有趣故事集"，邀请师生共同观看，投票评选"最佳编剧"。

设计说明：本单元最终目标是通过学生"有趣的故事集"的积累，体会到故事的有趣。最后的成果展示是本单元重要环节，在班级或者学校搭建展示交流的平台，不仅能将学到的讲故事、编故事的本领在交际活动中得以运用，在自主、合作、探究的方式中，发散思维，拓展习作，而且能够大大提高学生的成就感，激发学生的习作兴趣，提升学生的语文核心素养。

欣赏自然秀丽景　夸夸自然好风光*
——部编版语文教材四年级上册第一单元整体教学设计

王明意

一、教材分析

部编版语文教材四年级上册第一单元的导读页引用王维的诗句"江流天地外，山色有无中"，为我们呈现了一幅色彩素雅、意境优美的水墨山水画。该单元围绕"自然之美"这一人文主题，编排了四篇课文，其中《观潮》《走月亮》是精读课文，《现代诗二首》《繁星》是略读课文。《观潮》写钱塘江这一"天下奇观"，在潮来潮去中展现一幅幅壮观画卷；《走月亮》是当代作家吴然的散文，以清新的语言、欢快的笔调表现"我"与阿妈在月光下散步时的所见所感，展现出一幅幅乡村静谧清幽的夜景图；现代诗《秋晚的江上》描绘了倦鸟归巢和红霞满天的美景，《花牛歌》描绘了草地里悠然自得的花牛；《繁星》描绘了作者眼中三个不同时期、不同地方的满天繁星。整个单元的四篇课文，带着我们领略自然之美。

单元口语交际安排了关于环境保护的话题"我们与环境"，延伸了四篇课文的主题。习作也与单元主题有着联系：推荐一个好地方。所谓的好地方，也应该拥有着自然之美。不仅如此，《语文园地》词句段运用中富有画面感、时间感的词语，共同在为学生的想象创造时空感，为习作提供素材；而日积月累的《鹿柴》是一首非常有画面感的古诗，对于整个单元的学习，也是一种文体上的补充。

纵观整个单元，各部分内容都和人文主题自然之美密切相关、互为补充，

---

* 本文作者简介：王明意（1996—　），女，上海人，毕业于香港教育大学，中文研究（语文教育）。现任教于上海大学附属嘉定留云小学。

创意写作视野下的大单元写作教学

都指向单元语文要素——"边读边想象画面,感受自然之美""推荐一个好地方,写清楚推荐理由"的落实。通过对教材的研读,各部分教材内容及教学要点安排如表1所示。

表1 教材内容及教学要点

分 类	内 容	教 学 要 点
阅读教学	《观潮》	能借助文本插图和视频资料,边读边想象画面和声音,感受钱塘江大潮雄奇壮观的特点。
	《走月亮》	边读边想象画面、声音和气味,体会月光下的美景和与妈妈相依相伴的温馨甜蜜。
	《现代诗二首》	能尝试运用习得的方法,借助所描绘的景物想象画面。
	《繁星》	能尝试运用习得的方法,根据课文的描述想象繁星满天的画面。
口语交际	我们与环境	1. 能围绕话题发表看法,不跑题,并能判断别人的发言是否与话题相关。 2. 能积极参与话题交流,明确保护环境简单易行的做法。
单元习作	推荐一个好地方	1. 能通过多种渠道搜寻、了解并介绍自己喜欢的一个好地方这一过程,从中感受美、热爱美,从而学会捕捉美、表达美、分享美。 2. 能抓住事物的特点细致观察,把印象最深刻的地方按照一定的顺序具体写下来。
语文园地	词句段运用 日积月累	1. 能运用习得的方法,读词语想象画面和声音。 2. 能运用习得的方法,想象古诗描绘的画面与声音。

二、任务创设

大单元教学基于学科核心素养,立足于课程整体理念和思维,以相关的学习活动为主线,教师通过开展单元教学活动的方式,推动学生从整体视角进行系统化、整体化的学习,本质上是以某一具有关联性的核心知识点为基础,构建各个课时内容之间的内在联系,通过单元内容与主题的整体规划,以及单元目标与评价设计的开展促进学生语文学科核心素养的发展,从而更好地提高学生的学科素养,培养学科技能。

在大单元整体教学设计思路的统领下，结合创意写作对写作过程、合作学习等方法的重视，我们设计了如表2所示的本单元的学习任务。

表2 第一单元的学习任务

主 题	任 务	子任务群	课时安排	学 习 活 动
欣赏自然秀丽景 夸夸自然好风光	推荐一个好地方	任务一：寻找课文中印象最深的好地方	4	活动一：观赏钱塘江
				活动二：带你走月亮
				活动三：欣赏诗中景
				活动四：仰望繁星空
		任务二：推荐生活中印象最深的好地方之我是横沥河小主播	6	活动一：设计主播线路，打卡河畔美景
				活动二：拟定创意标题，练习推荐理由
				活动三：撰写主播文稿，活现河畔特色
				活动四：制定评价标准，交流展示成果
		任务三：争当环保小卫士	2～4	活动一："我是小小调查员"——我来提建议
				活动二："我是环保宣传员"——交际我能行

三、理念简述

本单元以"感受自然之美，推荐自然风光"为核心任务，因此，任务一对于四篇课文的学习，引导着学生调动多种感官、品味文字、联想画面并将静态的语言文字转换成生动形象的画面，有助于学生更好地理解课文内容，深入体验文字与情境之美。学生想完成单元核心任务，要先达成两个单元的学习目标：一是初步了解课文的写作顺序，如《观潮》按照"潮来前—潮来时—潮去后"的顺序描写钱塘江大潮；二是能结合阅读体验，梳理、总结，边读边想象画面，即调动感官，想象文章中描写的景象、声音和味道。同时，围绕核心任务，设置子任务，做到层次分明，突出逆向思维特征。

在创意写作教学中，"过程写作法"揭示了任何一篇文章都不是一蹴而就

的，都是需要分阶段、按步骤有序地完成。同理，本单元主题学习任务的完成也应该分阶段、按步骤开展。在任务一中，学生通过学习初步习得上述的两大单元学习目标，为后续学习任务的开展打下良好的基础。在任务二中，学生通过思考设计小主播路线图打卡河畔美景，确定推荐地方，从而独立撰写主播文稿，完成推荐视频的录制，深入践行本单元的语文要素，为任务三"争当环保小卫士"勾连起相关的内容。这种循序渐进、立足书本、延伸至生活的方式有助于学生锻炼自己的创意思维。

此外，创意写作十分重视写作的合作环境，不仅要求教师对学生的创意进行鼓励、支持和回应，更要求每个小组成员积极参与和反馈。在组织形式上，各小组内部与其他小组在功能上互为同伴反应小组和同伴校订小组。同伴反应小组遵照鼓励原则，主要对同伴的作品内容而不是形式或写作模式作出回应，指出同伴作品的闪光点、最欣赏的内容，同时要针对自己不理解的部分提问，由作者作出阐释，最后根据自己的理解对该作品作出评判。在本单元的学习活动中，从文本赏析、打卡美景至后期的互相评价，都需要围绕共同的目标来组建合作学习小组。

四、教学设计

任务一：寻找课文中印象最深的好地方

[任务目标]

（1）阅读描写自然景观的诗文，感受自然的多姿多彩，有亲近自然的愿望，欣赏自然之美。

（2）阅读中，根据文章中的描写，联系生活经验，调动多种感官（视觉、听觉、味觉、嗅觉等），想象具体画面。

（3）结合想象的画面，通过有情有趣的朗读，感受自然之美，积累文中形象生动的词句和片段。

[学习活动]

以教读《观潮》、扶读《走月亮》、放读《现代诗两首》《繁星》为载体，统整教材内容"日积月累"和"交流平台""词句段运用"，安排"观赏钱塘潮""带你走月亮""欣赏诗中景""仰望繁星空"四个活动，引导学生走进文本中的大自然好地方，试着边读边想象画面，体会丰富生动的语言，在朗读想象中感受自然之美。

活动一：观赏钱塘潮

（一）主题导入，任务驱动

"同学们，钱塘江在我国的浙江杭州，只要一提到钱塘江就会联想到钱塘江大潮，它有着不同于别处潮汐的壮阔，著有'八月十八潮，壮观天下无'的经典，今天就让我们一起去观赏这个好地方。"

（二）初读课文，理清顺序

引导学生在自主朗读课文的基础上，梳理文本结构思路，"课文是按什么顺序描写钱塘江大潮的神奇景观的？"了解到课文是按照潮来之前、潮来之时和潮来之后三个时段，展示大潮的壮美。

（三）边读边想象，范本教学

引导学生朗读课文，边读边想象潮来时的画面。"你脑海中浮现出怎样的画面，选择印象最深的夸一夸"，让学生在夸的过程中，进一步感受文字中描绘的大潮的气势。

（四）互文阅读，积累表达

引进刘禹锡的《浪淘沙》，互文阅读：从课文中找出与诗的内容相关的句子。

（五）拓展延伸，链接生活

学完《观潮》这篇文章，相信大家对钱塘江大潮有了深刻的认识。课后，请大家结合文章内容，收集关于钱塘江大潮的相关资料，运用自己的语言向父母介绍钱塘江大潮的壮观场景。

活动二：带你走月亮

（一）谈话导入，进入情境

这一节课，我们跟随云南作家吴然，领略"水光万顷开天镜，山色四时环翠屏"的云南大理风光。

（二）初读课文，整体感知

月光下，阿妈牵着我的手，都走过哪些地方？你们能简要概括出几幅图吗？（月亮升起图、月下溪边图、月下田园图、月亮牵星图等）

（三）想象画面，品读悟情

在洒满月光的小路上散步，那是多么美好的画面啊！课文中哪些画面给你留下了深刻的印象？你的脑海中浮现出了怎样的画面？

（四）读写结合，仿写训练

此时此景，相信定会触动你的内心，不由得想起月光下与亲人在一起的情景。你还记得月下的某个情景吗？仿照着课文来写一写。

（五）课外链接，积累语言

这篇文章读起来字字皆美，曾入选"全球经典美文之一"，作者吴然还著有一些美妙的散文。

活动三：欣赏诗中景

放读《现代诗二首》之《秋晚的江上》《花牛歌》、日积月累的《鹿柴》，旨在引导学生展开想象，品析诗歌语言美；诵读诗歌，领悟诗歌意境美。在赏秋晚江上景，品草地花牛乐，描绘鹿寨图中边读边想象画面，夸夸大自然好地方。

活动四：仰望繁星空

运用精读课文学的边读边想象画面的方法，放读课文《繁星》，完成课前导读问题：有感情地朗读课文，根据课文的描述想象繁星满天的画面。你也看过夜晚的繁星吗？说说你当时的感受。

设计说明：对照《义务教育语文课程标准》中的"语言文字的积累与梳理"，让学生走近课本说美景，先对单元中的四篇课文进行简单的阅读与梳理，找出美景，画出词句，能口头说出课文中的这些美景，实现初步感受大自然中潮水、月光、秋晚江上、花牛、星星等自然之美。在感知的过程中，可带领学生重点学习《观潮》《走月亮》，把握怎样写美景的要领。同时，还让要学生明白，自然界的美景，不只有一种表达方式，可以用散文表达，也可以用诗歌表达，《秋晚的江上》《花之歌》正是这样的表达，为学生思维力度的创新和拓展埋下伏笔。

任务二：推荐生活中印象最深的好地方之我是横沥河小主播

[任务目标]

（1）在驱动性问题的引领下，了解横沥河文化，走进真实体验，培养爱家乡爱生活的情感。

（2）能够推荐与横沥河紧密相关的一个好地方，说清楚推荐理由，表达自然而有吸引力。

[学习活动]
活动一：设计主播线路，打卡河畔美景

课前，引导学生完成校级社会实践课程"我家门前有条河"的资料单，并结合所整理的相关资料，按照习作要求，以班级为单位展开"横沥河边的好地方"推荐会，以小组为单位初步分享"好地方"的名字及位置，简单交流其特别之处，进而思考设计"我是横沥河小主播"的路线图，并根据学生设计的路线图进行生生评价与师生互评，建议踩点不能过多，要把脚步停留在突出这个地方特点的位置，必要时可以加上"☆"标。

在呈现学生路线图时，出示一部分实地探访横沥河景观道的学生拍摄的景点名胜图片和相关配文，让部分未参与实践活动的学生投入真实的交流，为整个习作项目活动的开展做好铺垫。

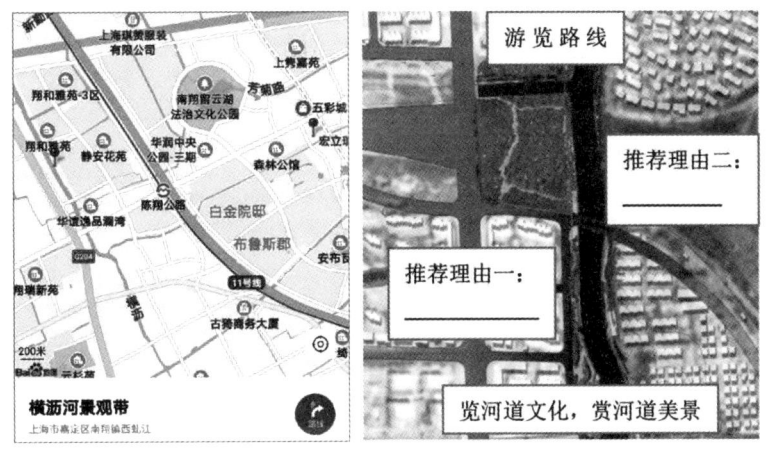

设计说明：《义务教育语文课程标准（2022版）》中明确指出，写作教学应贴近学生实际，应引导学生关注现实，热爱生活，积极向上，表达真情实感。因此，驱动问题只有与真实的生活联系起来，把学生带到真实的情境中，才能让学生有为了解决驱动问题而自觉运用习作知识和技能进行表达的愿望，这样的创作才有价值。本单元的习作要求"推荐一个好地方"，作为一名南翔人，横沥河是离不开的话题，且正值留云小学实施"翔桥云路"之"寻梦横沥河"综合社会实践课程之际，以"我是横沥河小主播"的项目切入，再结合习作要求中提示的推荐思路，学生就会去真实地思考、体验、推荐，从而使习作融于生活，富有生命力。有鉴于此，教学目标设计为：一是在驱动性问题的

引领下，了解横沥河文化，走进真实体验，培养爱家乡爱生活的情感；二是能够推荐与横沥河紧密相关的一个好地方，说清楚推荐理由，表达自然而有吸引力。具体情境创设如下：

同学们，今年，横沥河水岸文脉景观提升工程已开启，到时会有来自五湖四海的客人汇聚运河边，览运河文化，赏运河美景。作为一名在嘉定"母亲河"横沥河边长大的小东道主，你对横沥河了解多少呢？你又想向八方游客推荐横沥河边的哪个地方呢？（出示驱动性问题）如果你来做小主播，可以怎么设计直播呢？如果把每一个地方都推荐到，那反而不清楚了。想一想，在横沥河边有哪些景点是你最想推荐的？

活动二：拟定创意标题，练习推荐理由

（一）拟定创意标题，搭吸睛桥梁

要想让心仪的"好地方"在众多直播视频的相关推荐中获得优先点击权，得先学会做个"标题党"。学生结合自己选择的材料，进一步了解网络标语的特点，教师提供相关例子，帮助学生以生动个性的文字对推荐地的特点表达进行凝练和升华。

```
题目范例：1. 游天恩古桥，享文化套餐
         2. 深秋红叶最留云——南翔新晋打卡胜地
         3. 檀园——一座墨香弥散的精巧花园
你的题目：_____
```

（二）习推荐理由，构知识技能

确定各自的主播线路，拟定创新小标题之后，还需进行推荐理由的深入研习。项目式学习并非只有热闹的实践活动，语文习作的知识技能建构仍然要花费大部分时间。只有在学科知识技能完成建构的基础上，学生才有能力进行整体项目的探究和实践。

1. 提供媒体支架，填写名片

教师出示习作提示的第二部分，分析《古镇》示例，先解决学生"写什么"的问题，主播文稿的大致框架也能因此成形。学生填写好"好地方"名片后，由同桌评议推荐的理由是否符合横沥河附近自然及人文景观等特点，是否具有吸引力。对于某些底蕴丰富、知之甚少的景观，如学生拿捏不准其特点，则需深入资料研习，随后进行二次补充。

横沥河畔"好地方"

名称：_____

位置：_____

推荐理由：

1. _____

2. _____

3. _____

---

2. 对比资料文字，勾嵌想法

片段一：资料式文稿

> 南翔老街景区坐落于南翔古镇的中心区域，规划面积14.34万平方米，内有人民街、共和街、解放街和胜利街，为传统的商业区和居民住宅区。南翔老街以两条河流为依托，分别是横沥河和走马塘，呈十字形，横沥河南北走向，走马塘东西走向，横沥河相对宽阔，是主河道。

片段二：聊天式文稿

> 南翔是一座千年古镇，说起南翔老街，让大家印象深刻的是云翔寺的玲珑双塔，蜿蜒古老的槎溪，明代的古典园林，还有青砖老屋和带着湿漉漉青苔的小巷。在老街，历史与现代相得益彰，美食与文化相映生辉。如今，行走在老街的青石板上，人们仿佛穿越了时空，生活慢了下来，心也安静了许多，空气中还弥漫着美食的徐徐清香！

设计说明：好的驱动性问题要能引发学生的高阶思维，并为解决现实问题服务。情境虽然是模拟的，但是学生在项目中的思维方式是可以迁移运用到真实情境中的。习作单元项目式学习还要指向写作思维的培养和迁移，设计的问题要能引发学生在写作时运用分析、对比、概括、创新等思维能力。

在本单元习作练习中，当游览路线以及创意标题已确立之后，对于不熟悉的推荐地的理由则需要学生进一步进行相关资料的查找和选择。以上出示的是两段文字意蕴完全不同的文稿，片段一属于基本的资料摘抄，简洁凝练，而片

段二的文辞更类似于我们平时熟悉的言语交流的模式。因此，学生在教师引导下朗读分析两段文字的同时，需明晰语言文字不同的表达方式来源于语言（文本）的不同环境，尤其是作为小主播向大众推荐某一景观（景点），就需要学生利用自己的智慧将资料中原本生涩的语言修改成自己的表达，这样二次修改理由的过程才能充分关注到"不熟悉的资料"和"熟悉的生活经验"两个方面及相应的表达方法，使陈述的推荐理由既能抓住重点，又能自然亲切地与观众（读者）互动。

活动三：撰写主播文稿，活现河畔特色

本习作单元的项目式学习，理应以"主播文稿"为项目产品之一，并为学生提供面向公众展示的机会。

（一）关联单元阅读，共建写法

本单元设计在入项事件前已安排4～5天的读写结合训练，主要任务有精读课文《观潮》《走月亮》和略读课文《现代诗两首》《繁星》的学习。通过这些文本，让学生了解基本的说理方法，揣摩此类文章形散而神聚的精准特质，组织学生利用《走月亮》一课的课后小练笔进行试手，选择自己和亲人曾经在月下经历的某个情境，通过有效整合碎片信息，运用丰富联想、融入多种感受等方法围绕具体场景，尝试把印象深刻的理由介绍清楚，以此为基点深度琢磨语篇要素，从内在的语言潜势中，初步构建习作语篇，成为本次完成项目式学习的必要条件。

（二）充分借鉴范例，完成文稿

由于教材呈现的文本和相关推荐类作文的写法存在着明显的差异，若没有范例参照，学生容易将说理类习作写成单纯的写景类文章，因此，我们结合本单元语文要素完成了一篇符合项目要求的"主播文稿"，引导学生在赏析中思考，探索怎样将零散的推荐理由罗织成一篇富有吸引力的文章。

南翔古镇——绝不能错过的打卡胜地

今天，我要为大家推荐一个古色古香的小镇，那就是位于上海市西北郊的南翔古镇。

南翔古镇景色秀美，那雕栏玉砌的古猗园，那古朴雅致的南翔老街，和柳绿花红的留云湖，每一处都是一绝。如果你来到古镇，就必须去古猗园看一看，一进去，就可以看到一面面刻着精美图案的照壁，有的刻着两条飞龙相互缠绕，有的刻着双龙戏珠，还有的飞龙直冲云霄。欣赏完了照壁，我们可以看看美不胜收的戏鹅池，古雅的亭台倒映在波光粼粼的湖面上，为这原本古朴的小镇更添了几分宁静。

出了古猗园，就可以到旁边的老街走一走，那里人山人海，鳞次栉比的商品充盈着各式各样的商店，让人眼花缭乱。不仅如此，那里有着历史悠久的双塔，双塔下两口古井至今仍无言诉说着千年前南翔人们的劳动日常。

漫步老街，脚下是流淌的横沥河，街边各式小吃的香味掺杂着人群的喧闹，熙熙攘攘的烟火气蒸腾而上。这一切都在指引着你去吃一吃著名的南翔小笼包，小笼包的头顶犹如小火山，用筷子在倒好的醋碟中蘸一蘸，再用嘴轻轻地咬一咬，"火山"就喷发了！

南翔古镇风景宜人，美食多样，是不容错过的打卡首选，你打卡了吗？

设计说明：在项目语境中，"下水文"的应用不仅能够推动项目的纵深发展，更能够让学生直观地明白：推荐类文稿最显著的特点在于语句富有鼓动和邀请的意味，同时，还要多角度介绍，有层次感，关注读者（听者）意识，运用合适的写法和恰当的措辞。

活动四：制定评价标准，交流展示成果

"我是横沥河小主播"项目化学习成果评价量表					
一级指标	二级指标	评 价 标 准			评级等级
		A级	B级	C级	
项目成果展示	小主播文稿	能根据自己对横沥河的了解，积极搜集相关资料，把熟悉的特点通过亲身经历生动地表现出来，富有吸引力。	能根据自己对横沥河的了解，选择一个推荐的地方，将其特点简单地介绍出来。	对横沥河的知识了解不全面，对于推荐地方的特点表述不到位，没有吸引力。	
	小主播视频	能认真学习微视频的制作方法，积极尝试好玩的表现形式。	能基本完成微视频的制作，了解基本的表现形式。	不能完成微视频的制作，对于微视频的表现形式了解不全。	
	项目成效	成果创意地解决了驱动性问题。	成果能回应驱动性问题。	成果不能回应驱动性问题。	
	评语描述和建议：				

设计说明：习作是学生综合运用语言文字能力的实践。在习作单元中常常聚焦以下几个方面：习作成果和汇报展示的质量如何？最终成果是否回答了驱动性问题？学生的习作技能和素养是否提高，是否能迁移运用？在这些方面的统领下，习作单元的项目式学习评价更注重多元性、可持续性，以便为学生增长知识、掌握技能、提高素养提供指导建议。

本次项目式学习"我是横沥河小主播"的成果不仅于"直播文稿"的撰写，更在于实地直播时对于蓝本的灵活使用，比如自我介绍、过渡语、结束语的串联，如遇到特殊的值得拍摄的镜头还可以现场对蓝本进行适当的调整，完成录制后，全班组合小视频，成为本班的习作微视频合集以展示给全年级的同学。这样静态与动态、书面语言与口语能力的相互贯穿、相互作用，成就了该学科项目化学习的深度与广度。这一过程，是学生全身心经历学习的过程，更是充分享受学习乐趣的过程，切实提升了学生的语文素养。

任务三：争当环保小卫士

[任务目标]

（1）由"自然之美"的主题延伸至"环境问题"这一主题，各小组能够就话题带入现实情境中去发现问题，从而引起现实关切。

（2）通过举办"我是环保宣传员"主题班会，进行小组成果展示，让学生从美好的自然环境中获得美好的体验并感受到环境保护的重要意义。

[学习活动]

活动一："我是小小调查员"——我来提建议

先引导学生回顾从课文中感受到的"自然之美"，再鼓励学生交流自己欣赏过的生活中（爸爸妈妈带着旅行时看到的、家乡周边的等等）"自然之美"，然后提问：你们有没有见到过被人类活动破坏的自然环境？学生简单交流之后，出示环境被人们破坏的图片和短视频，让学生说说看了之后的想法（建议）。

设计说明：前面一系列的任务设计实现了"阅读学习"和"单元习作"的有效融合，但是"口语交际——我们与环境"这一部分的内容并未进行整合，因此在最后一个环节，我们将学生的视角从自然风光中的秀丽转向问题，以此拓宽学生的思维深度与广度，实现"说"的交流。

活动二:"我是环保宣传员"——交际我能行

举办"环保宣讲"主题班会,各小组代表抽签决定展示顺序,利用教室里的多媒体设备,逐一发表自己的环保宣讲。宣讲结束后,各组可以将绘制相关的宣传小报,最终由学校汇总,在微信公众号上发布。

设计说明:由于此前已有实践经验,因此环保宣讲的主题可聚焦重点话题展开,避免在讨论"为了保护环境,我们可以做些什么"时泛泛而谈。此设计不仅与班队课之间形成学科融合,也进一步检验学生的学习成果,与任务二的成果展示相对应,使学生能在更广阔的空间内,以更多元化的方式展示自己的学习成果。

彩笔绘生活　童心展美好[*]

——部编版语文教材四年级上册第五单元整体教学设计

骆卡娜

一、教材分析

部编版语文教材四年级上册第五单元是以"我手写我心，彩笔绘生活"为人文主题的习作单元，旨在引导学生用心观察生活、记录生活、描写生活、感悟生活。围绕这一主题，教材编排了两篇精读课文《麻雀》《爬天都峰》，"交流平台""初试身手"和《我家的杏熟了》《小木船》两篇习作例文，最后是单元习作。其中四篇课文都是以第一人称叙写的，所写的也都是作者生活中遇见或亲身经历的事情。

本单元作为习作单元，教学时，首先应该将"把一件事写清楚"作为本单元教学的中心任务，贯穿整个单元教学的始终。每一部分的教学都要围绕这一关键能力的培养展开，其他内容的教学要能服务于这一中心任务。课文《麻雀》《爬天都峰》引导学生梳理、总结把事情写清楚的方法，提炼出本单元的学习要点：写事要注意顺序，写事要注意把看到的、听到的、想到的写下来，了解写事的方法。比如：《爬天都峰》是按爬山前、爬山中、爬上峰顶后的顺序来写的。《麻雀》中，作者把看到的、听到的、想到的都写了下来，活灵活现地展现了麻雀和猎狗相遇时的情形。"初显身手"是"交流平台"的延伸，鼓励学生尝试运用在相互交流中归纳的方法，进行口头和书面练习，为完成单元习作做铺垫。两篇习作例文以旁批和课后题的形式，为学生提供了可借鉴的习作范例，提示学生怎样把事情写清楚。单元习作《生活万花筒》要求学生写

---

[*] 本文作者简介：骆卡娜（1986—　），女，浙江诸暨人。毕业于华东师范大学，教育史专业。现任教于上海大学附属宝山外国语学校。

一件印象深刻的事，并做到按一定的顺序把事情写清楚。通过对教材的研读，各部分教材内容及教学要点安排如表1所示。

表1 教材内容及教学要点

分 类	内 容	教 学 要 点
阅读教学	《麻雀》 《爬天都峰》	1. 知道要按一定的顺序把事情写清楚。 2. 知道可以把看到的、听到的、想到的写下来，清楚展现事情发展过程中的重要内容。 3. 知道抓住怎么想、怎么说、怎么做，把事情发展过程中的重要内容写清楚。
交流平台 初试身手		1. 能结合自己的阅读体验，梳理、总结把事情写清楚的方法。 2. 能发挥想象把图片的内容说清楚。 3. 能用表示动作的词语把做家务的过程写清楚。
习作例文	《我家的杏熟了》 《小木船》	1. 进一步体会按一定顺序写事的方法。 2. 学习把事情发展过程中的重要内容写清楚的方法。
单元习作	生活万花筒	1. 筛选习作素材，学习选题命题。 2. 进一步体会按一定顺序写一件事的方法，把事情的发展过程中的重要内容写清楚。 3. 能根据要求对同伴的习作进行点评。 4. 能根据要求运用修改符号修改习作。

二、任务创设

本单元为习作单元，习作单元的全部内容都以习作能力的达成为目标，各部分联系紧密。教学时要注意将"把一件事写清楚"作为本单元教学的重点，贯穿整个单元教学的始终。每一部分的教学都要围绕这一关键能力的培养展开，其他内容的教学要服务于这一中心目标。

我们设计了如表2所示的本单元的学习任务。

表2 第五单元的学习任务

主 题	任 务	子任务群	课时安排	学 习 活 动
彩笔绘生活 童心展美好	记录和展现童年美好生活	任务一：走近名家日常生活	5	活动一：运用图表，了解写事顺序。

续 表

主题	任务	子任务群	课时安排	学习活动
彩笔绘生活 童心展美好	记录和展现童年美好生活	任务一：走近名家日常生活	5	活动二：重点分析，学习写事方法
				活动三：初试身手，练习片段描写
		任务二：描绘童年多彩生活	5	活动一：头脑风暴，回顾美好瞬间
				活动二：选择长镜头，写清一件事情
				活动三：使用慢镜头，写好重点场景
		任务三：分享童年美好时光	2	活动一：编辑班刊《生活万花筒》并举行发布会
				活动二：选择人气最高的作品排练情景剧并展演

三、理念简述

新课标明确提出"观察周围世界，能不拘形式地写下自己的见闻、感受和想象，注意把自己觉得新奇有趣或印象最深、最受感动的内容写清楚"。对于写事的文章来说，写清楚就是能围绕一件事情写清事情的起因、经过、结果，让人大体清楚明白。本单元以"彩笔绘生活 童心展美好"为主题，整合三个任务、八个活动进行学习。

第一个任务"走近名家日常生活"，重点是在读懂文章的基础上梳理文章结构，了解写事要有顺序，要将重点内容写清楚，并结合"初试身手"写好片段。三个活动层层递进，都是为任务二——学生写清一件事提供方法支持。任务二"描绘童年多彩生活"，学生通过头脑风暴，回顾生活中的精彩瞬间，并选择其中一件印象深刻的、吸引人的事写下来。写之前老师可以帮助学生回顾前面内容，设置学习支架，编列提纲，安排文章的结构，清楚地记叙事情的经过。接着借助评价表格，镜头不断聚焦、推进，利用各种描写把重点内容写生动。任务三"展示童年美好时光",将学生写的优秀文章汇编成册,班级分组合作完成班刊《生活万花筒》的封面封底设计、内容编辑、插图绘制、印刷发布等具体事宜,各班举行班刊发布会,班级互动,每班派代表分享自己班刊的特色以及其中动人的故事,评选出最受欢迎的五个作品,排练成情景剧,在各班级进行展演。任务三既需要成员之间合作完成,也体现了一定的成果意识。

四、教学设计

情境创设:新课标指出要"构建语文学习任务群,注重课程的阶段性与发展性",同时进一步指出语文课程教学要"以生活为基础,以语文实践活动为主线,以学习主题为引领,以学习任务为载体,整合学习内容、情境、方法和资源等要素"。结合教材单元内容,从激发学生的写作兴趣出发,可以通过播放视频或张贴海报的形式创设学习情境:

童年生活是多姿多彩的,每天都有新鲜的事情发生,这些事有些是亲身经历的,有些是看到的或听到的,我们可以把这些故事写下来,编辑一期《生活万花筒》班刊,让大家读到我们笔下精彩的童年生活,还可以将动人、有趣的故事编排成情景剧,让大家感受到我们童年生活的乐趣,就让我们赶紧行动起来吧!

设计说明:通过创设情境,将真实问题化为习作任务进行练习。引导学生明确本次写作的对象、目的,在准备过程中初步形成基于读者(观众)的意识,解决"为什么写"的问题,并且激发学生创作的欲望。

任务一:走近名家日常生活

[任务目标]

(1)学生小组合作梳理表格,知道要按照一定的顺序把事情写清楚。

(2)引导学生关注重点内容,学习把看到的、听到的、想到的写下来以及抓住怎么想、怎么说、怎么做,把事情发展过程中的重要内容写充实。

(3)通过学习交流平台和初试身手,以图文结合的方式完成自己或家人做家务的片段描写。

[学习活动]

爬山,散步,放风筝;分杏,炒菜,擦玻璃;平常小事有时却不平常。

走进作家记录的生活中的小故事，发现小小的麻雀也有伟大母爱，登上天都峰原因是这样……像作家一样观察描述事情发展的过程，捕捉生活中动人的一瞬，留下生活的美好，丰富心灵的感受。

活动一：运用图表，了解写事顺序

《麻雀》一课要抓住故事中的主要角色，借助表格按事情的起因、经过、结果的顺序梳理脉络。学生在感知作者有序表达的同时，就会发现把一件事情写清楚的方法：按事情的起因、经过、结果的顺序写。《爬天都峰》教学时，我们可以用山行图按"爬山前—爬山中—爬上峰顶"的顺序梳理课文脉络，让学生感受作者如何按时间顺序把文章写得很有条理。

（1）小组合作：通过图表梳理课文结构。

《麻雀》表格梳理

事 情	
起 因	
经 过	
结 果	

《爬天都峰》山行图梳理

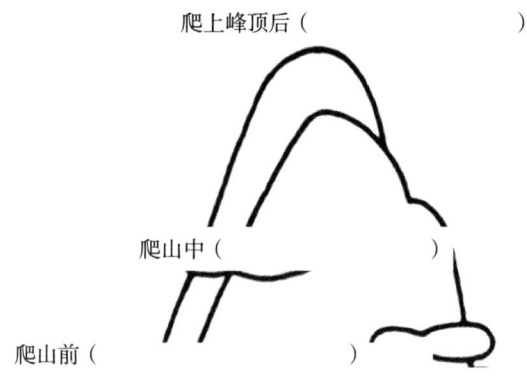

（2）全班交流。

（3）拓展延伸：通过两篇精读课文的示范，小组合作画一画习作例文《我家的杏熟了》和《小木船》的写作顺序结构图，结构图的形式可以多样，并组内讨论两篇例文的写作顺序有什么相同和不同之处。

设计说明：课文的教学重点在于培养学生的习作思维，引导学生领会课文如何清楚交代事情的起因、经过、结果，把握文章的主要内容。学生自主梳理课文的表达方法体现了《义务教学语文课程标准（2022年版）》第二学段"梳理与探究"中提出的"尝试用表格、图像、音频等多种媒介，呈现自己的观察与探究所得"。

活动二：重点分析，学习写事方法

1. 组内交流

《麻雀》一文中哪些内容让你印象深刻，有什么感受，你是从哪些关键词句感受到的。

2. 小组合作

给这些关键词句归类。

看 到 的	
听 到 的	
想 到 的	

3. 展示成果

引导学生聚焦关键词句，全班一起探究作者是怎样把印象深刻的部分写清楚的？教师相机引导学生梳理。

设计说明：文中让人印象深刻的部分就是这件事的重要内容，写一件事不仅可以写看到的，还可以把听到的或者想到的都写下来，清楚展现事情发展过程中的重要内容。描写得越具体，读者脑海中就越有画面感。

4. 学习迁移

学习《爬天都峰》第三到第十自然段，关注两个重点镜头——"我"和爷爷的对话、"我"奋力攀爬的动作，勾画关键词句填一填。

演一演：抓住这两个镜头，小组合作演一演。

设计说明：重点研读"我"和爷爷互相鼓励的对话和"我"爬山时的动作，学习抓住语言、动作和心理描写把事情过程写清楚的方法，以镜头的方式引导学生关注重点内容，聚焦经过部分，并且演一演，为任务三的情景剧做铺垫。

5. 拓展延伸

小组合作学习习作例文《小木船》和《我家的杏熟了》，讨论重点镜头，根据旁批思考作者是如何把重点镜头写具体的，再根据重点镜头演一演。

活动三：初试身手，练习片段描写

1. 说一说

出示"初试身手"的两幅图，看图片发挥想象，把图片的内容说清楚。

设计说明：第一幅图是运动会场景，人物较多，但主要人物应该是画面中心正在奔跑的运动员，重点可以说看到的、听到的、想到的；第二幅图是家庭生日宴，一家人为奶奶庆祝70岁生日，重点可以交流怎么说、怎么做。第一幅图在练说时可以指导学生借鉴《麻雀》突出重点的方法，第二幅图则可以指导学生借鉴《爬天都峰》着重对话描写的方法。

2. 写一写

课前，设计观察记录表，指导学生回家观察家人做家务的过程，拍下照片或视频，先记录家人做家务的关键动作（链条图可以自己画下去）。课上，再根据照片或视频回顾，抓住关键动作写成一段话。

观察（　　　　　）	
照　片	关　键　动　作
	（　　）→（　　）→（　　） ↓ （　　）←（　　）←（　　）

3. 改一改

学生交流所记、所写，教师引导学生发现优点，找出不足，指导学生及时修改或重写，特别注意做家务的过程没有写具体的学生。

设计说明:"初试身手"的第二项任务是要求学生观察家人做家务的过程,"用一段话把这个过程写下来,注意用上表示动作的词"。这项任务更加直接地引导学生关注、观察日常生活,也是进一步帮助学生"初试"课文学习所得。但是,当前年级的学生因为身心发展特点,对生活资源缺乏捕捉能力。尽管做家务是生活中常见的事情,但大多数学生缺乏主动探究意识,不能细致而准确地表述家人的动作。针对这一问题,我们的指导分步进行,分为课前与课上两个环节,亲身实践是检验学生学习收获的最佳路径。通过课前的观察记录、尝试写话,课上的交流点评,学生才能将"抓住动作写清楚事情的过程"这一阅读收获有效转化为自己的习作能力,为后续习作铺垫坚实的基础。

任务二:描绘童年多彩生活

[任务目标]

(1)通过头脑风暴,找到生活中印象最深的、最有意思的一件事情,按一定顺序把事情写清楚。

(2)选取重点场景,运用语言、动作、心理等描写,把事情发展过程中的重要内容写充实。

[学习活动]

活动一:头脑风暴,回顾美好瞬间

1. 头脑风暴

生活是个万花筒,每天都会发生各种各样的事,有的是我们亲身经历的,比如演讲、庆祝生日;有的是我们看到的,比如一场激烈的拔河比赛;还有的是我们听说的,比如邻居奶奶学会用抖音了。运用头脑风暴:哪些事给你留下了深刻印象?请列出来。

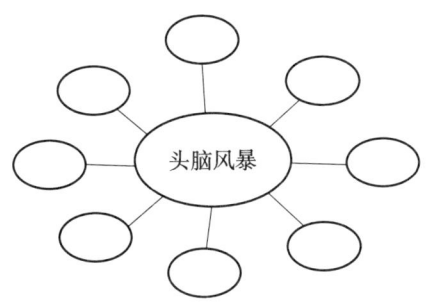

2. 材料归类

对这些事情进行二次整理，可按亲身经历、看到的、听说的归类，也可按时间、地点归类的，还可按内容、主题归类。

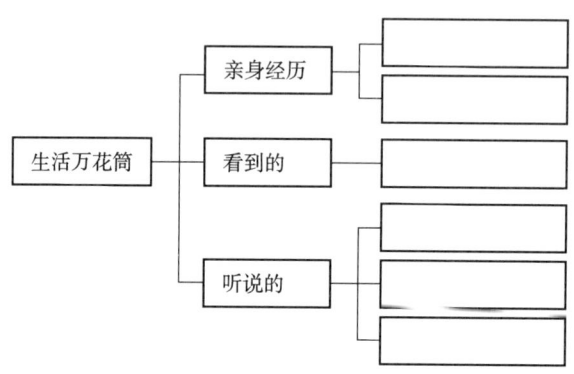

3. 筛选材料

小组合作讨论，借助评价表格筛选出最想写的那件事。

想写的事情	评 价 标 准	是或否	修 改 建 议
	事情是否符合写作主题		
	事情是否能引起读者兴趣		

设计说明：教师要先打开学生的写作思路，提问学生："看到题目，你想到哪些事情？"学生回忆自己亲身经历的、看到的、听到的事情，有在学校发生的，也有家中、社会上发生的；有高兴的，也有遗憾、痛苦的；有成功的，也有失败的。本次习作的难点之一是学生习作选材趋同，体现不出"生活万花筒"之"万"。也有一些学生追求新意，但忽视了材料与主题的一致性或材料的可写性。本活动环节借助事情归类图和习作素材评价表，不断激活学生的生活经历，帮助学生选择素材。

活动二：选择长镜头，写清一件事情

1. 学习命题

出示习作参考题目，交流最感兴趣的题目，修改自己的命题。

设计说明：习作中的参考题目为学生选材提供了很多的方向。在指导选材时,引导学生选择自己印象深刻的事情进行命题,并思考怎样命题更吸引读者,命题与习作内容是否契合。

2. 梳理提纲

回忆《麻雀》《我家的杏熟了》的起因、经过、结果,在表格上梳理自己要写的事情的起因、经过、结果。

题目:	
起　因	
经　过	
结　果	

设计说明:通过回顾课文和例文,提醒学生,写一件事,要把事情的起因、经过、结果写清楚,帮助学生理清思路。

活动三:使用慢镜头,写好重点场景

1. 聚焦镜头

《爬天都峰》这篇课文中,作家的写作手法好似拍电影,展现了"爬山前的对话""爬山时的动作""爬山后的对话"三个场景。他的笔触就仿佛摄像机镜头,不断推近,不断聚焦,精彩的细节描写使爬山这一过程生动起来。小组合作讨论自己想写的事情有哪些重要的镜头,可以进行哪些描写?

设计说明:在明确文章重点内容后,引导学生回顾课文和习作例文中提供的把文章重点内容写清楚的方法,唤起学生的学习记忆,应用学生提纲中的内容,讨论可以抓哪些角度把事情写清楚,学生自己思考,记关键词,从而将本单元学到的方法迁移到自己文章的内容中,为把文章重点内容写清楚提供思路。

2. 完成习作

根据评价表格小组相互修改。

评价标准	自　　评	他　　评	修改建议
能按一定顺序把事情写清楚			
能把重点内容写得生动、写得吸引人			

设计说明：本次习作的难点之一是学生对事情过程记叙得不清楚或不完整，通过小组讨论引发学生认知冲突，使习作修改成为一种真正的交流沟通行为。学生在讨论中进一步发现自己写得不清楚或不完整之处，进行第二次修改。习作的教学与课文不同，不必过多分析讲解，而是让学生在修改草稿的过程中，再次生发新的体验，从而提升原有的经验，促进深度学习。

任务三：分享童年美好时光

[任务目标]

（1）在小组推荐优秀作品中对是否写清楚一件事作出反思与评价。能再次根据情境任务和他人评价，修改自己的习作。

（2）在交流展示中，体验把事情写清楚带来的成功表达的乐趣。

（3）在班刊编辑中，体验作品诞生的过程，激发探究学习的欲望。

[学习活动]

活动一：编辑班刊《生活万花筒》并举行发布会

（1）认真誊写，小组讨论交流，向班刊推荐作品，并说明推荐理由。

（2）作品收集完成后，小组分工合作，完成班刊《生活万花筒》的封面封底设计、内容编辑、插图绘制等具体事宜。

（3）各班举行班刊发布会，班级互动，每班派代表分享自己班刊的特色以及其中动人的故事。

活动二：选择人气最高的作品排练情景剧并展演

通过各班投票评选出最受欢迎的五个作品，排练成情景剧，在全年级进行展演。

设计说明：学生在分享、交流和欣赏中，努力做负责任的作者和读者，展示独一无二的"自我"，体现了任务主题"彩笔绘生活　童心展美好"。

寻情感密码，写"萌宠"朋友*
——部编版语文教材四年级下册第四单元整体教学设计

陈晓勤

一、教材分析

部编版语文教材四年级下册第四单元以"作者笔下的动物"为主题，编排了老舍的《猫》和《母鸡》，丰子恺的《白鹅》三篇精读课文，习作《我的动物朋友》和《语文园地》三部分内容。

阅读课文主要通过对三种动物生动有趣的描写，体会作家是如何表达对动物的喜爱之情，让学生爱护动物，有热爱生活的情趣。本单元的习作任务是写自己喜欢的动物，试着写出其特点。意在让学生通过阅读体会人与动物的和谐相处中所产生的情感，并激发自身观察、了解小动物的热情，从而在生活中去爱护动物，与动物朋友和谐相处。

这些教学内容的学习指向单元语文要素——"体会作家是如何表达对动物的感情的"，"写自己喜欢的动物，试着写出特点"的落实。通过对教材的研读，各部分教材内容及教学要点安排如表1所示。

表1 教材内容及教学要点

分 类	内 容	教 学 要 点
阅读教学	《猫》	1. 朗读课文，了解动物的特点，感受作家对动物的喜爱之情。 2. 感受语言的趣味，体会作家是如何表达对动物的感情的。
	《母鸡》	
	《白鹅》	

---

* 本文作者简介：陈晓勤（1989— ），女，浙江嘉兴人，毕业于嘉兴学院，汉语言文学专业。现任教于上海大学附属嘉善实验学校。

续 表

分 类	内 容	教 学 要 点
单元习作	我的动物朋友	选择习作中的情境或者创设一个情境，激发介绍动物朋友的兴趣，学习迁移运用作家的表达方法，写出动物朋友的特点，表达对动物朋友的喜爱之情。
语文园地	交流平台、词句段运用	积累描写动物的词语、古诗，通过对比阅读，揣摩明贬实褒的表达方式，尝试运用，表达对动物的喜爱之情。

二、任务创设

有情境、有体系的学习任务能有效地构建学路，推进创意写作教学。以学习主题为引领，以学习任务为载体，引导学生在运用语言的过程中提升语文素养。将单篇的学习目标和零散的学习内容关联起来，将语文学习与学生生活关联起来，最终要将任务放在情境中去完成。面对一个学习单元，核心学习任务的设计必须具有挑战性、驱动性，才能够激发学生学习的兴趣。

本单元课程内容属于"文学阅读和创意表达"学习任务群。根据单元人文主题和语文要素，结合阅读链接、习作、语文园地等板块内内容，我们设计了如表2所示的本单元的学习任务。

表2 第四单元的学习任务

主 题	任 务	子 任 务	课时安排	学 习 活 动
作家笔下的动物	寻情感密码，写"萌宠"朋友	任务一：亲近身边的"萌宠"	1~2	活动一："萌宠"征集令
				活动二："萌宠"万花筒
		任务二：欣赏作家笔下的"萌宠"	7~9	活动一：一群备受宠爱的猫
				活动二：一只伟大的鸡母亲
				活动三：一队高傲的鹅

续 表

主 题	任 务	子 任 务	课时安排	学 习 活 动
作家笔下的动物	寻情感密码，写"萌宠"朋友	任务三：书写我的"萌宠"朋友	2	活动一：书写"萌宠"朋友
				活动二：评选"萌宠"明星

三、理念简述

本单元紧紧围绕"寻情感密码，写'萌宠'朋友"——校报征文这个任务来统整单元学习内容。在学生进入单元学习之前，教师就进行教学情境创设，并将本单元的学习任务呈现在学生面前。这样做一方面能够更好地触发学生的学习动机，通过学习任务的驱动来为后面的学习活动的顺利展开奠定基础。另一方面，让学生能够带着明确的目标进入学习过程，让后面的每个学习任务都具有更强的指向性。

创意写作教学中创设的情境和设置的学习任务都是环环相扣、层层递进、缺一不可的。在任务一中，学校校报发布"萌宠"征集令，激发学生的兴趣。学生通过观察并记录完成"萌宠"观察记录卡，搜集资料完成"萌宠"相册，发现自己喜爱的"萌宠"特点。这一学习活动的开展就为后面学习任务的顺利完成奠定了良好的材料基础，让学生有内容可写。在任务二中，学生通过对老舍先生的《猫》和《母鸡》、丰子恺先生的《白鹅》学习，体会作者是如何表达对动物的情感，学习作者展现动物特点的写作方法，如明贬实褒、巧用语气词、具体事例、对比等方法。在对课文的学习过程中将对课文中的特色写作方法进行实践，这就为学生书写自己喜爱的"萌宠"奠定了良好的方法和能力基础。学生在这样的学习任务中可以边学边实践，有利于他们习得各种习作方法。在任务三中就可以通过将学生的投稿刊登在校报上，供全校师生和家长阅读，这也是对成果意识的强化。强化学生的成果时，学生会拥有强烈的成就感，从而激发他们对创意写作的兴趣和信心，继而爱上创意写作。

创意写作的每一项学习活动都以小组合作为基础，本单元的各项学习任务开展前需先成立学习小组，学习小组根据学习任务进行组内成员分工协作。学生的每一次合作、每一次训练，都能实现他们的自主管理能力。无论是小组内部成员之间，还是小组与小组之间，学生都能在互相借鉴中提升写作能力。

四、教学设计

任务一：亲近身边的"萌宠"

[任务目标]

（1）创设情境，激发学生的写作情趣。

（2）引导学生小组合作学习，观察身边的动物，并将观察所得进行记录和整理。

[学习活动]

活动一："萌宠"征集令

亲爱的同学们：

　　大家好！学校校报四月版设立了"萌宠"板块，现将征集你笔下的"萌宠"，请你推荐你喜欢的萌宠，快来加入我们的征集令吧！

校报主编部
2023年3月

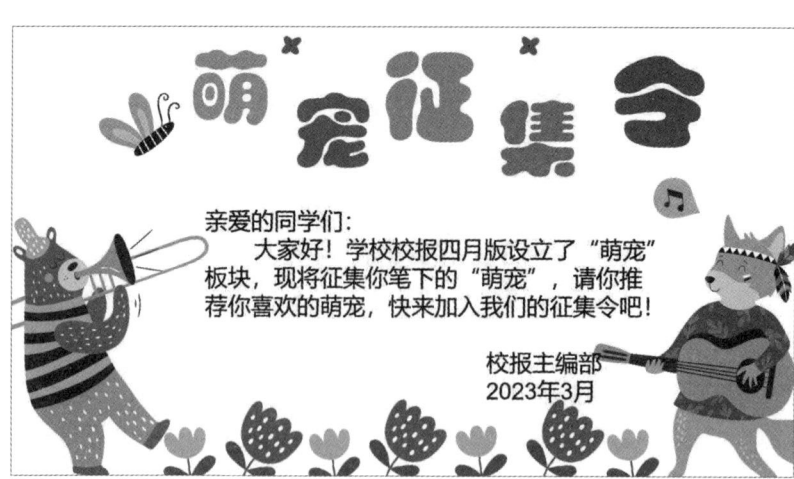

设计说明：新课改视域下强调以"任务群"贯穿单元教学。本单元主题是"作家笔下的动物"，以校报征文活动为学生提供真实的学习情境。动物是孩子成长过程中的亲密伙伴,喜欢小动物是每一个孩子的天性。一说起动物,小朋友就充满着兴趣与好奇,迫不及待地要去探寻动物身上的秘密。为学生提供了写作动机,同时也激发了学生学习的兴趣。

活动二:"萌宠"万花筒

(1)借助篇章页,齐读导语,引出主题。

(2)联系生活说说自己喜欢的"萌宠"是谁,它有什么特点,和它之间发生过什么事情?

(3)观察自己喜欢的"萌宠",发现它的特点,小组合作完成"观察记录卡"。

萌宠_____观察记录卡					
外貌特点	眼睛	耳朵	嘴巴	……	……
性格特点					
生活事例					
不喜欢的事情					
喜欢事情					

(4)为"萌宠"拍照,课外阅读描写动物的名家经典、精品佳作,摘录有新鲜感的词句。

动 物 相 册	
我为可爱的动物朋友拍照	
课外阅读描写动物的名家经典、精品佳作,记录有新鲜感的词句	
选择富有新鲜感的词语为萌宠画像	

设计说明:向别人介绍自己喜欢的"萌宠"是学生情感的需要。说说"萌宠",讲讲故事,做做"萌宠"观察记录卡与相册。学生为参与征文活动,必先观察身边的动物朋友,发现它们的可爱之处,收集深刻的事,填写"观察

记录卡",为"萌宠"创建相册,促进学生在小组合作学习中运用观察与发现、阅读与鉴赏、表达与交流等多种学习方法,在语言实践活动中提高阅读能力,习得写作方法;在自主合作、创造性的学习中发现问题、解决问题,增强合作意识。此环节的设计关联学生生活经验,激活思维,顺应学生表达的愿望,能够摸清学生已有的能力水平,激发学生的真实需要。

任务二:欣赏作家笔下的"萌宠"

[任务目标]

(1)通过品读三篇课文,体会作者如何表现动物的特点和表达对动物的喜爱之情。

(2)能尝试运用明贬实褒、对比、巧用语气词、具体事例等写作方法描写自己的"萌宠"动物,写出"萌宠"的特点,表达自己对其的喜爱之情。

[学习活动]

活动一:一群备受宠爱的猫

(一)"读"中学

1. 找一找,理脉络

(1)老舍先生写了几只猫?它们分别有什么特点?作者分别写了猫的哪几个方面?请默读课文,提取相关信息,小组合作完成框架图。

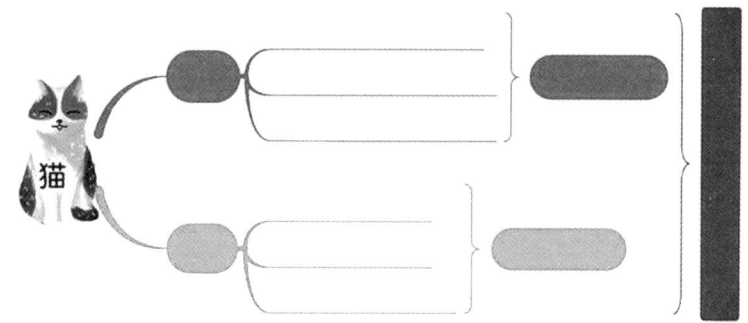

(2)作者是如何把猫的特点写具体的?请借助框架图说一说。

引导学生画出中心句,体会作者抓住生活化事例分层写猫的两个特点。

2. 读一读,品情感

(1)画出体现猫特点的语句或段落,做一做批注。想一想:作者写了猫的哪些事例?

（2）这样的猫你喜欢吗?想一想：老舍先生是喜欢猫还是讨厌猫呢?请结合课文中具体的语句说一说。

引导学生抓住"非……不可""小梅花"等关键词体会。

（3）抓住语气词说一说。

出示句子，请学生对比读一读，想一想如果去掉语气词，会有什么不同?

（4）出示词句段内容（联系语文园地词句段的学习），引导学生读一读句子，说一说如果去掉句子中加点的词，表达效果有什么不同?

（5）联系明贬实褒之处说一说。体会"说……吧，的确……可是……"背后的喜爱之情。

3. 比一比，悟情趣

欣赏完老舍先生笔下的猫，我们一起去欣赏夏丏尊和周而复先生的《猫》，认真读一读"阅读链接"中的文字，小组合作完成学习单二。说说两位作家表达对猫的喜爱之情与老舍先生的表达有何不同?

作　家	共　同　点	不　同　点
老　舍		
周而复		
夏丏尊		

（二）"做"中学

1. 出示课后的小练笔

引导学生学习第二自然段，自由读一读，小组讨论这段话的表达特点。体会其表达特点：一是运用明贬实褒；二是列举具体事例；三是加上语气词。

> **小练笔**
>
> 读一读，体会这段话的表达特点，再照样子写一写。
>
> 说它老实吧，它的确有时候很乖（guāi）。它会找个暖和的地方，成天睡大觉，无忧无虑，什么事也不过问。可是，它决定要出去玩玩，就会出走一天一夜，任凭谁怎么呼唤，它也不肯回来。

2. 学生尝试练笔

各位小作家，"萌宠"征集令已经开始啦！请你用上明贬实褒、语气词、具体事例等方式表白自己的"萌宠"。指导学生根据课前完成的"观察记录卡"，对照"星级评价标准"完成小练笔。小组内对照"星级评价标准"进行评价，修改练笔。

设计说明：本学习活动分为基础性知识的获得与高阶思维能力的培养与提升两个环节。在"读"中学这一环节，将重点落在对课文写法的领悟上，通过对关键词句段的品读，让学生能领悟到老舍先生通过明贬实褒、巧用语气词、具体事例等手法描写了猫的古怪性格和小猫满月时的淘气可爱，表达了自己对猫的喜爱之情。在"做"中学这一环节，先学习课后小练笔，学生体会其表达特点。接着创设情境，学生成为小作家，在"萌宠"征集令的任务驱动下，让学生模仿老舍先生的写作方法尝试表白自己的"萌宠"，完成后小组分享评价修改。这样既激发了学生的学习兴趣和写作热情,又让他们在"做"中学的过程中实现高阶思维能力的发展与提升。

活动二:一只伟大的鸡母亲

(一)"读"中学

1. 我是小小调查员

(1)默读课文,思考在老舍先生眼中,这是一只怎样的母鸡?

(2)老舍先生为什么讨厌母鸡?为什么又不敢讨厌母鸡了呢?

"我"一向讨厌母鸡,后来"我"改变了对它的看法,因为"我"看见了一只孵出一群小鸡雏的母鸡。通过调查"我"发现了母鸡的"恶行"和"壮举"。

请学生阅读课文,小组合作完成调查报告。

调 查 报 告

母鸡的"恶行"	母鸡的"壮举"
……	……

(3)小组交流汇报。

(4)观察表格,交流汇报"我的发现"。

小组合作交流中学生根据作者对母鸡情感态度的变化,体会课文开头贬低母鸡是为了后文褒奖母鸡,这种表达方式是欲扬先抑。

2. 我是小小探秘者

(1)学生小组讨论:《猫》和《母鸡》都是老舍先生的作品,请你比一比,说说两篇课文在表达上有哪些相同和不同之处。

作品	相 同 点	不 同 点
《猫》		
《母鸡》		

（2）全班交流：说说同一个作家在描写不同动物时，语言表达的相同和不同之处（小组交流，每个小组的组长主讲，其余组员补充。交流完后，其他小组再进行补充）。

引导学生从情感表达、结构层次、事例表达、语言风格等方面发现共同点。从《猫》的明贬实褒与《母鸡》的先抑后扬（对比）手法等方面发现表达上的不同。

（二）"做"中学

各位小作家，"萌宠"征集令已经开始啦！请你试着用先抑后扬（对比）手法写写我们身边"萌宠"的特点。指导学生根据课前完成的"观察记录卡"，对照"星级评价标准"完成小练笔。小组内对照"星级评价标准"进行评价，修改练笔。

设计说明：比较是理解和思维的基础，比较阅读能提升学生的阅读感悟能力和思维品质。教学中，借助学习任务"我是小小调查员"调查母鸡的"恶行"和"壮举"，品读感悟关键词句完成调查报告。引导学生通过纵向比较母鸡前后行为、叫声等，感悟作者对母鸡的情感变化，寻找前后态度变化的内在联系。从而学习作者独特的表达方式（动词连用，先贬后褒、欲扬先抑形成的鲜明对比），以及极富表现力的口语化的语言风格。横向对比同一作家的作品《猫》，在比较阅读中，体会老舍先生描写动物、表现动物特点的方法，进一步感受老舍先生的语言风格。比较阅读后学生试着用对比的手法写写自己身边的"萌宠"，将自己学到的写法迁移到习作中去。丰富的阅读发现和体验，更能促使知识积累和沉淀，自然地激发部分学生的表达欲望。学生将自己的表达与这么多丰富的文本建立起联系，受到的启发会更有针对性，学以致用就有了真真切切的用武之地。

活动三：一队高傲的鹅

（一）"读"中学

1. 赏，鹅老爷言行之高傲

（1）默读课文，借助表格填一填丰子恺笔下白鹅那架子十足的表现吧，同时积累这些描写的词语。

鹅老爷"高傲"	叫　声	
	步　态	
	吃　相	

（2）小组借助学习单，说一说作者是怎样围绕"高傲"把白鹅的特点写具体的（交流要点：用中心段和中心句概括写，再分别从几个方面具体实例描述）。

2. 探，《白鹅》撰写密码

（1）初探交流平台，巩固"明贬实褒"。先巩固前文学过的表达方式"明贬实褒"，再举例说一说课文中"明贬实褒"的句子。

（2）联系生活，谈一谈生活中这样的例子。

3. 再探《白鹅》《白公鹅》，发现相似的撰稿密码

课文字里行间渗透着丰子恺对白鹅的一片深情，俄国作家叶·诺索夫也很

喜欢鹅,那他又是如何来表达对鹅的喜爱之情呢?请同学们读一读课后"阅读链接"的材料,说说两位作家笔下的鹅有什么共同点,再找找两篇文章在表达上有什么共同之处,小组分工合作完成下列任务单。

学生小组合作探究,完成表格。展示分享,交流补充。

共同点		丰子恺《白鹅》	叶·索诺夫《白公鹅》
鹅的相似处	叫声:		
	步态:		
	吃相:		
文章的相似处			

(二)"做"中学

学了这篇课文,我们知道丰子恺的语言是如此的丰富、准确、生动、幽默。校报"萌宠"征集令专栏的截稿时间快要到了,我们也来学学他,介绍自己喜欢的"萌宠"吧。出示"妙笔生花"。

设计说明:小组借助学习单,学习丰子恺如何围绕"高傲",把白鹅的特点写具体,为我们呈现一只架子十足的鹅老爷。学生在小组学习中,思维激烈地碰出火花,学习丰子恺爷爷用中心段和中心句概括写,再分别从几个方面具体事例描述。并联系《口语交际》中的"交流平台"内容巩固"明贬实褒"

（反语）的写法，体会作家文字表面不喜欢这些小动物，实际上却藏着深深的喜爱之情。深入地学习这种生动的写法，为学生的习作做好铺垫。接着引导学生再探《白鹅》《白公鹅》，在对比阅读中总结出不同作家表达上的相似之处，感悟作家对动物的喜爱之情，寻找撰稿密码。最后联系实际，承接前两次的学习，结合本次习得的写作方法修改自己前两次的习作，让自己的习作更加完善，提高学生的习作和修改能力。学生徜徉于语言文字的体味之中，在理解、实践、创造中学习语言、运用语言。

任务三：书写我的"萌宠"朋友

[任务目标]

（1）围绕"萌宠"征集令，各小组结合自己的"萌宠"观察记录和整理完善自己的习作，组内相互评价与修改。

（2）学生小组合作，依据作品标准，互相帮忙美化作品，最后通过班级推荐投稿，切实提高学生的阅读与表达的能力，实现文学阅读与创意表达的有效融合。

[学习活动]

活动一：书写"萌宠"朋友

1. 交流文稿，体会情感

（1）学生分享观察记录卡，交流动物相册。

（2）阅读、交流自己喜欢的文章片段，感悟作家描写动物的方法。

（3）交流本单元学到的写作方法。

（4）根据单元习作要求：选择或创设一个情境，向别人介绍自己的动物朋友。结合"萌宠观察记录卡"的内容和阅读学习时的练笔，完成习作。

2. 结合标准，完善习作

单元任务评价标准		
分　类	描　　　述	评　价
习　作	能根据需要，选择典型的例子，恰当运用明贬实褒、对比、巧用语气词等多种写作方法，明显表现萌宠的特点，表达对萌宠的喜爱之情。	☆☆☆☆☆

续表

分类	描述	评价
习作	能根据需要,选择贴切的例子,运用明贬实褒、对比、巧用语气词等写作方法,表现萌宠的特点,表达对萌宠的喜爱之情。	☆☆☆☆
	能根据需要,选择相关的例子,能写出萌宠的特点。	☆☆☆

(1) 围绕习作的评价标准,自主修改习作,让动物特点更鲜明,能表达对动物的喜爱之情。

(2) 小组成员互相阅读组员作品,发现优点,提出修改建议。

(3) 依据同学的建议再次修改、完善自己的习作。

设计说明:本阶段的学习活动设计,整合了学生课外阅读和单元文本的阅读体会,学生先将自己习得的写作手法迁移进习作中,结合"观察记录卡"中的内容、单元习作要求、三次练笔,完善自己的习作,形成最终稿。然后根据评价标准不断修改完善习作,丰富学生对写作方法的认识。最后引导学生小组相互点评并修改习作,这样的习作过程设计能够有效提升学生的核心素养——语言运用能力与审美能力。

活动二:评选"萌宠"明星

1. 互动评价,完善作品

学生小组与小组依据作品标准,互相帮忙美化作品。

作品评价标准		
分类	描述	评价
作品	能根据校报"萌宠"征集令要求完成作品,主题突出,图文并茂,表达富有创意。	☆☆☆☆☆
	能根据校报"萌宠"征集令要求完成作品,符合主题,图文相符,能表达对动物的感情。	☆☆☆☆
	能根据校报"萌宠"征集令要求完成作品,有图片装饰,作业面干净整洁。	☆☆☆

2. 班级展示,交流提升

(1) 在班级里举办以"聚焦真挚情感,学写动物朋友"为主题的展示活动。展示学生的作品——优秀习作、精彩的段落和优美的句子。

（2）参观中，学生对自己喜欢的作品进行评价。学习别人的优点，回顾自己的创作过程，总结经验。

（3）依据标准，推荐投稿。收集、整理学生的评价，推荐作品向校报投稿。

（4）学校将学生作品刊登在校报"萌宠征集"板块，供全校师生和家长共阅读欣赏。

设计说明：本阶段的学习活动设计，为不同学习基础的学生提供展示、交流、评价、实践和相互学习的机会，激发了学生学习的兴趣。在学习活动中，我们从单纯理解动物特点的表达中走出来，真正感悟作者对动物的喜爱之情，学习作者的表达特点，并在相应的学习活动中迁移运用，切实提高学生的阅读与表达能力，实现文学阅读与创意表达的有效融合。成果展示环节，借助学校自编报刊发表学生的作品，将单元语言要素落到实处，同时也让学生收获了满满的成就感，享受到了合作学习的快乐。把枯燥乏味的语文学习真真切切地改头换面，让其充满了乐趣、挑战、成长，做到了全面提升学生的语文核心素养。

基于工坊合作 集体合作修改[*]

——部编版语文教材五四学制五年级上册第三单元教学设计

曹 玥

一、内容简介

部编版语文教材五四学制五年级上册第三单元的语文要素是"了解课文内容,创造性地复述故事"。这是在中年级"详细复述""简要复述"的基础上提出的进一步要求,旨在让学生把故事讲得更生动,更有吸引力,发展创造性思维,培养丰富的想象力。口语交际安排了"讲民间故事"的活动,旨在将学到的方法进行实践运用。

而本单元的习作要求是"提取主要信息,缩写故事",旨在引导学生通过摘录、删减、改写、概括等方法简要地介绍故事,完成《猎人海力布》或其他民间故事的缩写。教材在《猎人海力布》的课后题、《牛郎织女(二)》的学习提示中都提出了概括内容的要求,为缩写故事作铺垫。

创造性复述要以理解故事内容为基础,要尊重故事的基本内容与价值取向。而缩写故事需要把握缩写的尺度,缩写的前提是尊重原意,以理解故事内容,提取主要信息为基础,保持原文的中心意思不变,保持故事情节的相对完整,保持人物原有特点。缩写在现实生活中应用广泛,是一个人阅读能力、概括能力、分析能力的综合体现。缩写后的文章要做到前后连贯,过渡自然。缩写后篇幅的长短要依据交流的对象、交流的时间等具体情

---

[*] 本文作者简介:曹玥(1996—),女,上海人。毕业于上海第二工业大学。现任教于上海大学附属学校。

境确定。缩写民间故事时，需要做到内容完整、情节连贯、语句通顺。在创设任务时需要让学生能感受阅读民间故事的快乐，乐于与大家分享课外阅读的成果。通过对教材的研读，各部分教材内容及教学要点安排如表1所示。

表1　教材内容及教学要点

核心要素	内　　容	教　学　要　点
了解课文内容，创造性地复述故事；提取主要信息，缩写故事	《猎人海力布》	1. 能用较快的速度默读课文，把握课文主要内容。 2. 能以故事中人物的口吻讲故事；能丰富情节，把简略的地方讲具体。 3. 能根据需要，简要介绍故事。
	《牛郎织女（一）》	
	《牛郎织女（二）》	
	口语交际：讲民间故事	1. 讲故事，能适当丰富故事里的细节。 2. 能配上相应的动作和表情讲故事。
	习作：缩写故事	1. 学习缩写故事的一般方法。 2. 能缩写民间故事，做到内容完整、情节连贯、语句通顺。
	语文园地	交流、总结创造性地复述故事的方法。 1. 体会意思相近的俗语和成语的不同表达效果。 2. 能结合示例，把牛郎织女见面的情节说得更具体。
	快乐读书吧	1. 能产生阅读中国民间故事以及欧洲、非洲等地民间故事的兴趣。 2. 初步了解民间故事的特点。 3. 能感受阅读民间故事的快乐，乐于与大家分享课外阅读的成果。

本次的写作目标看似和语文要素背道而驰，一个要求补充内容，叙述生动，另一个则要求内容简洁。其实这两个目标背后有着共性的教学目标——学生需要高度理解文本。只有在学生高度理解文本的情况下，学生才能分辨出哪些是重要的内容，可以在这里着重刻画以表达人物形象。同样，在缩写故事中，故事传达的原意、主要信息是需要学生分辨的，这同样考查学生对于文本的理解。

二、任务创设

民间故事是非常有趣的一种文体，学生对于课本中出现的牛郎织女一定是有所耳闻的。创设一个既要贴合部编版教材对于人文要素和语文要素的基本要求，又要融合写作小工坊集体合作形式，还要让学生能够学有所得，发展思维。本单元的大任务围绕让学生感受民间故事、了解民间故事，到会说会推荐民间故事。

这个大主题下进行板块式教学设计，对教材内容进行了适度微调，以增强教与学的整体性。在任务创设中参考了教学参考书中的教学要点和课时安排，区别于传统的单元教学，民间故事的单元教学明显可以安排得更加灵活多变，给教师的自由发挥空间很大，也给学生有全新的体验。可尝试将"快乐学习吧"提前学习，引导学生重温听过的民间故事，阅读中外民间故事，进一步感受民间故事的魅力。然后将口语交际和交流平台的内容与《猎人海力布》一课的教学实现无缝链接，通过变换多种方式讲好《猎人海力布》这个民间故事，实践本单元"了解课文内容，创造性地复述故事"这一语文要素的要求。最后通过设计"推荐民间故事"这一语文综合实践活动，让学生在活动中进行"提取主要信息，缩写故事"这一语文要素的训练。

写作小工坊的形式在前期的单元教学中就进行了渗透，帮助学生提前接触头脑风暴式的小工坊形式，为合作修改中打下良好的基础。

我们设计了如表2所示的本单元的学习任务。

表2　第三单元的学习任务

主题	任务	子任务群	课时安排	学习活动
感受民间故事的魅力	1. 提取主要信息 2. 学会创造性复述 3. 学会缩写	任务一：阅读民间故事	3～4	活动一：学习《猎人海力布》《牛郎织女》
				活动二：阅读"快乐读书吧"推荐的民间故事
		任务二：讲民间故事	4～5	活动一：小组合作，以海力布或乡亲们的口吻劝说乡亲们赶快搬家
				活动二：发挥想象，说说牛郎和老牛如何相处，和织女如何相识，小练笔合作交流

续 表

主题	任务	子任务群	课时安排	学习活动
感受民间故事的魅力	1. 提取主要信息 2. 学会创造性复述 3. 学会缩写	任务二：讲民间故事	4～5	活动三：学习园地中"交流平台"和"词句段运用"的内容
				活动四：组织民间故事会，运用学到的方法进行创造性复述；展开想象，评价同学们的创造性复述
		任务三：推荐民间故事	3	活动一：介绍"海力布"石头的来历
				活动二：设计《牛郎织女》连环画并配上文字
				活动三：学习缩写方法，缩写《猎人海力布》或其他民间故事
				活动四：推荐民间故事

三、理念简述

本单元重点之一"提取主要信息"，在学生进入单元学习之前，教师就要进行教学情境创设，让学生学会在民间故事中提取出主要信息。这样做一方面能够更好地为后续学习夯实基础，学生在前期已经学过了简要复述，在简要复述的基础上需要进行富有想象力的创造，通过前期的学习任务，为后续的学习活动作铺垫。另一方面，让学生明确学习目标，使后续的学习任务都可以顺利进行。

在创意写作的教学活动中，"工坊合作"是最常见的学习方法。在学习活动中，以小组合作工坊为单位进行展开，学生在合作的过程中可以提高自主学习能力、合作参与能力和语言交际能力，帮助学生建立学习的自信心。此外，小组合作还可以活跃课堂气氛，让课堂更加和谐高效。在合作工坊正式集体修改前，要先开展一系列的前置性任务，帮助学生理解合作学习的实质，掌握提高合作学习有效性的策略，规避在实施过程中可能面临的问题，从而让学生更加积极主动地开展小组合作。

四、教学设计

任务一：阅读民间故事

[任务目标]

（1）学习课文，初步接触民间故事，了解民间故事特点，把握故事内容，能根据要求，简要介绍故事。

（2）学生能够产生阅读中国民间故事以及欧洲、非洲等地区民间故事的欲望。

[学习活动]

活动一：学习《猎人海力布》《牛郎织女》

1. 学习课文《猎人海力布》

初步学习民间故事内容，可以了解民间故事特点，为后续创造性复述和缩写故事打好基础。

（1）结合课后第一题，要求学生用较快的速度默读，说说故事写了海力布的哪几件事。画个故事线索图：救白蛇—得宝石—救乡亲—变石头。

（2）试一试变换讲故事的人，指导学生学习改变一些表述的方式。用海力布的口吻和乡亲们的口吻来进行转述。

原 文	改 为 转 述
小白蛇说："敬爱的猎人，您是我的救命恩人，我要报答您。我是龙王的女儿，您跟我回去，我爸爸一定会好好酬谢您。我爸爸的宝库里有许多珍宝，您要什么都可以，如果您都不喜欢，可以要我爸爸含在嘴里的那颗宝石。只要嘴里含着那颗宝石，就难听懂各种动物说的话。" 小白蛇说："真的，但是动物说什么话，您只能自己知道，如果对别人说了，您就会变成一块石头。"	小白蛇说，她是龙王的女儿，她爸爸一定会好好酬谢我。我可以要她爸爸的宝库里的所有珍宝。如果我都不喜欢，可以要她爸爸含在嘴里的那颗宝石。把那颗宝石含在嘴里，就难听懂各种动物说的话。 但是动物说什么话，我只能自己知道，如果对别人说了，我就会变成一块石头。

2. 学习课文《牛郎织女》

（1）梳理故事情节，运用上一单元学过的提高阅读速度的方法阅读课文。

《牛郎织女（一）》《牛郎织女（二）》大约15分钟读完。

（2）引导学生交流故事主要内容。讨论如何策划《牛郎织女》连环画内容。设计分集内容，通过小组交流讨论，引导学生用概括小标题的方法，利用剧情梯或思维导图梳理故事的脉络，设计如何分集。

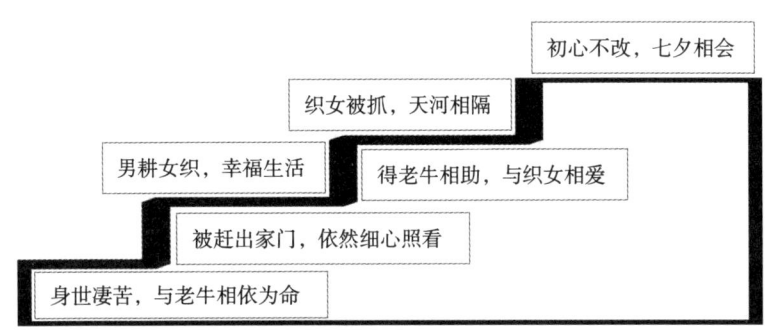

剧情梯

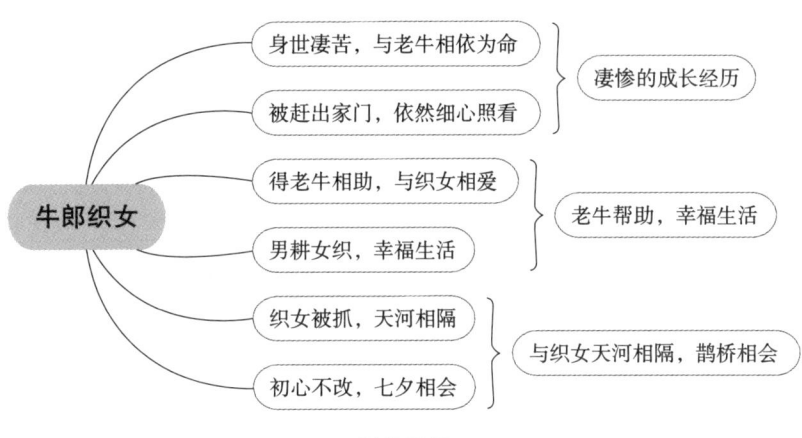

思维导图

活动二：阅读"快乐读书吧"推荐的民间故事

采取课内外相结合的方式，组织民间故事阅读活动。课下阅读每天30分钟，午间学生小组合作交流故事内容，选出最好的故事上台进行分享。推进阅读，确保阅读量。

为了方便交流，师生可以共同确定读书的时间和顺序。阅读计划表是学生读书行动的见证，是养成良好读书习惯的引领；阅读探究单则是学生细读和深入思考的见证，是保持阅读兴趣的动力来源。

《中国民间故事》阅读计划表

阅读篇目	阅读时间（分钟）	阅读收获
《孟姜女的传说》		
《赵州桥的传说》		
《十二生肖的故事》		
《真假夜明珠》		
《白娘子》		
……		

帮助学生确定读书顺序，先读中国民间故事（推荐《中国民间故事》这本书），再读欧洲民间故事和非洲民间故事。读懂中国民间故事的场景和情节，如故事的各个部分都写了什么？阅读后，试着梳理概括，用表格或思维导图的形式梳理故事的起因、经过、结果，还可以画出情节推进图。读懂民间故事中人物的特征和关系，可一边阅读一边写下故事中主要人物的重要信息，或者绘制人物性格特点图。

选择阅读同一个地区故事的学生可以组成阅读小组，交流读书心得。在阅读之前，可与小组同学一起制订一个阅读计划，然后再开启这段神奇的民间故事之旅，记录下自己阅读的时间和收获。

阅读探究单 1	
姓名：_____ 书名：_____	
日期：_____ 故事题目：_____	
故事情节	起因：
	经过：
	结果：
精彩语句	摘录想象神奇的精彩语句：

阅读探究单 2	
姓名：_____ 书名：_____	
日期：_____ 故事题目：_____	
主要人物	人物名字：
	人物性格：
	主要事件：
精彩语句	摘录描写人物的精彩语句：

任务二：讲民间故事

[任务目标]

（1）学习课文，初步接触民间故事，了解民间故事特点，把握故事内容，能根据要求，简要介绍故事。

（2）能够产生阅读中国民间故事以及欧洲、非洲等地区民间故事的欲望。

[学习活动]

活动一：小组合作，以海力布或乡亲们的口吻劝说乡亲们赶快搬家

学习课文之后，对民间故事内容已经有了初步的了解，民间故事特点也初步成型。再练习这部分的时候，可以先引导学生理清海力布劝说乡亲的两个过程——从"劝搬家"到"说实情"。再指导学生转换角色，分别站在海力布和乡亲们的角度展开想象，体会面对洪水即将侵袭，海力布和乡亲们之间的矛盾冲突。先让学生自选一个角度练习讲述，然后集中展示。其间可以让学生抓住机会，进行集体合作。

在把握课文主要内容的基础上，教师再抓住课文中的空白点引导学生进行角色扮演，创造性地复述故事。可以先让学生自选一个角度练习，然后集中展示，教师相机点拨。表演海力布劝众乡亲搬家的故事时，要侧重表现海力布内心的焦急和准备牺牲自己前的镇定；表演乡亲们述说自己得救的故事时，则要侧重表现人们的惋惜、悲痛之情。

此外，在这过程中练习详细复述故事，熟悉故事情节，让学生提前学会转述也为后续缩写进行铺垫。可以帮助学生生成创造性复述的关键点，如：海力布"劝搬家"时的三个词"急忙""焦急""急得掉下了眼泪"背后，海力布究竟怎么想的？进行角色的代入，让学生站在海力布的角度思考如何劝说。通过问题引导，帮助学生打开思路。再如，学生以乡亲们的口吻讲述时，可以引导学生变换角色进行思考。在此基础上，再以乡亲们的口吻讲述故事、丰富体验。让学生充分交流、讨论、展示，体会创造性讲民间故事的乐趣。

活动二：发挥想象，说说牛郎和老牛如何相处，和织女如何相识，小练笔合作交流

在经历了《猎人海力布》之后，学生已经对工坊合作有了初步的基础。并

且在上一单元的学习中接触了如何快速阅读课文。虽然课文篇幅很长,但是阅读速度快的学生可以在10分钟左右的时间内完成阅读。通过学习《牛郎织女》(一)(二),让学生自主发现故事中有想象空间的地方,教师通过问题化学习的方式在自主交流工坊内进行讨论。在这一过程中,学生可以通过想象先进行组内表演,后讨论。让之后的创造性复述更有画面感,也让学生更有代入感。

学生通过小组交流找到可以进行表演的内容,并加入自己的想象,借助表格进行辅助,使创造性复述更加合理。

情 节	牛郎(动作、语言、表情)	老牛(动作、表情)	……
兄嫂对他冷嘲热讽。	动作:_____ 语言:_____ 表情:_____	动作:_____ 表情:_____	

在这一步骤中,学生的想象需要符合故事情节,不能偏离故事情节,要运用生活化的语言,能大胆想象人物的动作、语言、神态、心理,使情节更生动、丰富。

活动三:学习园地中"交流平台"和"词句段运用"的内容

"交流平台"以《猎人海力布》和《牛郎织女》这两篇民间故事为载体,让学生在原有故事的基础上通过换一种人称亲切讲述故事、大胆想象合理增加情节、变换情节顺序妙讲故事等方式创造性地讲述民间故事,通过学习交流加深学生对本单元学习重点的理解和把握。

学习园地的教学安排在口语交际之前,"交流平台"引导学生运用梳理和总结的创造性复述故事的方法,方便后期开展民间故事会的活动。教学时,先引导学生回顾本单元的学习,自主默读创造性复述故事的要点,用笔勾画关键语句,梳理创造性复述故事的方法。

结合自己的阅读体会,交流在创造性复述故事中的心得和需要注意的问题。运用体会到的这些方法,为讲民间故事作准备。

"词句段运用"进一步提示了创造性复述故事的方法,教学时,可以先比较示例中的两个片段,找到不一样的地方,体会如何把简略的地方说具体。

活动四：组织民间故事会，运用学到的方法进行创造性复述。展开想象，评价同学们的创造性复述。

在活动四开始前先回顾创造性讲故事的方法，利用之前学到的方法讲故事。课堂上第一步用阅读链接，聚焦经典片段，让学生对民间故事产生兴趣。第二步"添油加醋"，展开故事细节，用表格的方式给同学们有一个创造性讲故事中"讲"的依据，先组内讨论初定"添油加醋"的话。第三步"手舞足蹈"，演绎故事画面，除了嘴里说的，手脚也不能落下，这次表格的制定可以师生合作，一起开展，将课堂交于学生。

好听的故事我来评（一）			
"添油加醋"了吗？	添加人物对话	★★★	符合人物特点，得一颗★ 贴合故事情境，得一颗★ 故事说得有创意，得一颗★
	添加人物形象	★★★	
	添加人物想法	★★★	
	添加事物描述	★★★	
好听的故事我来评（二）			
"手舞足蹈"了吗？	配上动作	★★★	符合人物特点，得一颗★ 贴合故事情境，得一颗★ 故事说得有创意，得一颗★
	配上表情	★★★	

教材结合课文的具体情境来说明怎么把故事讲生动，讲得有吸引力。小贴士列举了两种方法：一是丰富故事的细节，意味着要打开思路，从人物的身份、性格等方面想开去，设计与之吻合的情节，使讲述更生动；二是配上相应的动作和表情，这是在四年级上册"使用恰当的语气和肢体语言"基础上的进一步发展。体态语的加入，让人身临其境，使所讲故事取得好的效果。依据小贴士，师生合作形成创造性讲故事的评价标准。

任务三：推荐民间故事

活动一：介绍"海力布"石头的来历

给"海力布"这块石头写简介，就是要交代清楚它是怎么来的，在它身

上发生了哪些故事,这些故事的前因后果是什么,这些故事中涉及哪些人、物等。当然,写作时可以灵活变通,如原文中人物的语言,可以以转述的形式展现;原文中插入的文字,如果不影响文章中心的,可以删掉;原文中一些描述性的、抒发感情的文字,也可以删掉。最重要的是注意语言简洁,内容精练。

学生的思维能力形成的过程是学生不断思考,教师不断引导、修正、完善的过程。在教学的过程中,教师以"海力布是一个什么样的人"这个问题为主导,一方面让学生自读自悟、交流感受;另一方面,教师又围绕这个问题,就课文的不同内容提出不同的问题,以引导学生逐步探究,体会人物的精神品质。

活动二:设计《牛郎织女》连环画并配上文字

引导学生再次从整体上感知《牛郎织女》这一民间故事,为故事设计连环画,并配上相应的文字。

画面设计的文字可以作为连环画的配字,简洁又符合画面的主体。教学中以绘制连环画为目标,在上一任务的学习中,已经整理了故事的主要内容,在这一阶段中,学生将以更直观的方法展现故事。全班交流反馈,学生在比较中掌握缩写的方法,为后续的习作"缩写故事"奠定基础。

通过讲述故事,促进学生读书,培养学生的语感,帮助学生吸收和积累课文中的语言材料。通过指导学生给连环画配语言文字,让学生提高对语言文字的概括能力,初步学会缩写课文内容的方法。引导学生自主练习简述课文,并凝练自己的语言。发挥小组成员合作学习的优势,由组员们把各自简述的内容与课文原文进行比较,讨论各自的优缺点。

1. 创想连环,我来画

连环画又称连环图画、小人书等,是一种古老的中国传统艺术,在宋朝印刷术普及后最终成型。以连续的图画叙述故事、刻画人物,这一形式题材广泛,内容多样,是老少皆宜的一种通俗读物。

个人或者小组合作为《牛郎织女》这个故事创作连环画,并配上简短的文字,借助连环画讲述故事。

2. 连环画展会,谁是小画家

填写评价表格:

连环画星级评价	
故事完整	☆ ☆ ☆
情节连贯	☆ ☆ ☆
版面安排合理	☆ ☆ ☆
介绍语句通顺	☆ ☆ ☆
配图精美	☆ ☆ ☆
图文相符	☆ ☆ ☆
建议与评价：	

3. 师生共同评价

教师和学生进行共同评价，选出最佳连环画，进行连环画画家颁奖。

4. 观看电影，共同发现

欣赏赵晓春执导的国产动画片《牛郎织女》，和同伴说说电影与书中故事的不同之处与观影感受。

不 同 之 处	观 影 感 受

活动三：学习缩写方法，缩写《猎人海力布》或其他民间故事

学生通过将已经学过的课文与缩写后的文章对比的方式，总结缩写的方法，边提问边思考边总结学习缩写方法。让学生理解缩写是建立在尊重原意的前提下，强调以理解故事内容，提取主要信息为基础，保持原文的中心意思不变，保持故事情节的相对完整，保持人物原有特点并练习缩写。缩写就是把内容复杂、篇幅较长的文章压缩，而能保留其主要内容，使人一目了然。要把篇幅较长的课文缩成几百字的短文，并且还不能丢掉主要的内容，这就是缩写。

段、篇的缩写，其实就是段、篇中句子的缩写，这一环节，将缩写的几种类型以句子的形式进行训练，为缩段、缩文奠定了基础，降低了缩文的难度。这样学生明确了缩写的本质其实就是让内容更精炼，但文意文体不能改变。共同缩写有利于方法的集中指导，选择缩写则激发了学生的动笔兴趣，同时，将整篇文章分为几个部分缩写，有利于学生在有限的时间内进行有效的缩写实践。这样，化整为零，扶放结合，学生的兴趣和能力都得到了关注，课堂教学自然是高效的。

原　　文	缩　写　后
⑦海力布有了这颗宝石，打猎方便极了。他把宝石含在嘴里，能听懂飞禽走兽的语言，能知道哪座山上有哪些动物。从此以后，他每次打猎回来，分给大家的猎物更多了。这样过了几年。有一天，他正在深山里打猎，忽然听见一群鸟在议论着什么。仔细一听，那只带头的鸟说："咱们赶快飞到别处去吧！今天晚上，这里的大山要崩塌，大地要被洪水淹没，不知道要淹死多少人呢！" ⑧海力布听到这个消息，大吃一惊。他急忙跑回家对大家说："咱们赶快搬到别处去吧！这个地方不能住了！"大家听了感到很奇怪，住得好好的，为什么要搬家呢？尽管海力布焦急地催促大家，可是谁也不相信他。海力布急得掉下了眼泪，说："我可以发誓，我说的话千真万确。相信我的话吧，赶快搬走！再晚就来不及了！"有个老人对海力布说："海力布，你是我们的好邻居，我们知道你从来不说谎话。可是今天你让我们搬家，你总得说清楚哇。咱们在这山下住了好几代啦，老老小小这么多人，搬家可不容易呀！" ⑨海力布知道着急也没有用，不把为什么要搬家说清楚，大家是不会相信的。再一迟延，灾难就要夺去乡亲们的生命。要救乡亲们，只有牺牲自己。他想到这里，就镇定地对大家说："今天晚上，这里的大山要崩塌，洪水要淹没大地。你们看，鸟都飞走了。"接着，他就把怎么得到宝石，怎么听见一群鸟议论避难，以及为什么不能把听来的消息告诉别人，都原原本本照实说了。海力布刚说完，就变成了一块石头。	

缩写之后，教师先进行示范修改，再以小组工坊的形式进行集体修改。学生先自己缩写，再进行集体修改，通过头脑风暴的方式修改习作，最后以写作

工坊的形式来进行小组内修改，调动学生写作的积极性。帮助学生更好地学会缩写、学会修改文章。

评 价 标 准	做得好的地方	需要改进的地方
是否删减次要内容？		
是否摘录主要内容？		
是否概括主要情节？		
是否转述人物语言？		
故事情节是否连贯？		
语句是否通顺？		

学生课后可以继续完成《猎人海力布》的缩写，还可以试着缩写其他民间故事。

活动四：推荐民间故事

学习了缩写和创造性复述后，在班中举办民间故事推荐会。"快乐读书吧"推荐了中国、欧洲和非洲等地区的民间故事，学生可以自主选择最喜欢的。组建汇报小组，交流故事内容。组内推荐代表，全班分享故事。

学生分享故事。每组推荐一名代表，讲一讲自己喜欢的民间故事，看看能否做到吸引人、有创意。学生共同制定评价标准并选出最佳创意复述故事的评价标准。还可以举办简单的外国民间故事绘制连环画，交流展示。

1. 各显神通

读了这么多民间故事，请选择自己喜欢的故事，按自己喜欢的方式制作故事名片，然后和小组的同学交流。

中国民间故事推荐卡		外国民间故事推荐卡	
民间故事		民间故事	
推荐理由		推荐理由	

2. 读懂中外民间故事的异同

结合小贴士的提示,比较阅读,说说不同地区的民间故事的相同点是什么?为什么会有这些共性?不同点又是什么?这背后会有什么原因?学生以小组为单位推荐阅读书目或故事篇目,组内人人完成阅读探究单,进行交流。

阅 读 探 究 单
选择读过的两个中外民间故事,并将它们进行比较。它们有什么相似之处和不同之处?(故事情节模式、主人公性格特征、故事结局、表达的愿望)
故 事 一   故 事 二 故事题目: 故事题目: 主要内容: 主要内容:
相似之处:
不同之处:

3. 故事传承人

五(1)班要编一本《中外民间故事集》,因篇幅有限,每个故事限400字左右。请以自己喜欢的民间故事,制作一张缩写字数规划表,并举行民间故事分享会。

顺　序	原 文 情 节	缩写字数规划
故事起因		约( )字
故事经过		约( )字
故事结果		约( )字

缩写小锦囊:
忠于原文:故事主要情节、人物关系不变。
凝练语言:删繁就简,缩短篇幅。
缩写方法:摘录、删减、概括、改写。

4. 演员请就位

工坊合作，把课文改编为剧本，分配好角色，熟悉台词，感受表演与合作的快乐。在前一部分学习的基础上，学生已经知道了需要"添油加醋"地进行创造性复述，在这一阶段的学习中，可以试着表演完整的民间故事。让同学打分，选出自己心中的最佳故事。

《　　　》小剧场人员安排表					
导　演	编　辑	美　工	演员1	演员2	演员3
组织排练	研读故事，创作情节	道具制作	共读剧本，饰演角色	共读剧本，饰演角色	共读剧本，饰演角色

表演故事评价表	
符合原版故事	☆ ☆ ☆
生活化语言	☆ ☆ ☆
增加了动作、表情	☆ ☆ ☆
角色表演到位，性格鲜明	☆ ☆ ☆
我心中的最佳故事： 我的建议：	

领略世界优美风光
推广中国文化遗产 *
——部编版语文教材五年级下册第七单元整体教学设计

邹文荟

一、教材分析

部编版语文教材五年级下册第七单元围绕"世界各地"这一主题安排了《威尼斯的小艇》《牧场之国》《金字塔》这三篇课文，以及口语交际《我是小小讲解员》、习作《中国的世界文化遗产》和《语文园地》等教学内容。

阅读课文主要通过对异域风情的描绘，展示了世界各地丰富多彩的自然、人文景观的魅力，以此激发学生了解世界多元文化的兴趣以及想要去探索世界的欲望。口语交际的练习则进一步提升学生整理资料和讲解介绍的能力。本单元的习作任务是为中国的世界文化遗产写一篇推文，意在让学生从异域风情的体验转向家国情怀深层感悟，在对"中国的世界文化遗产"的深入了解中，提升民族自豪感，增强文化自信。

这些教学内容的学习都指向单元语文要素"体会静态描写和动态描写的表达效果""搜集资料，介绍一个地方"的落实。通过对教材的研读，各部分教材内容及教学要点安排如表1所示。

---

* 本文作者简介：邹文荟（1987—　），女，江苏徐州人。毕业于上海大学，创意写作专业。现任教于无锡市太湖实验小学。

表1 教材内容及教学要点

分 类	内 容	教 学 要 点	
阅读教学	《威尼斯的小艇》《牧场之国》《金字塔》	1. 体会静态描写和动态描写的表达效果。 2. 初步了解非连续性文本的特点，并能从中获取所需的信息。	
口语交际	我是小小讲解员	1. 能列出讲解的提纲，按照一定顺序讲述。 2. 能根据听众的反应，对讲解的内容作调整。	搜集资料，介绍一个地方。
单元习作	中国的世界文化遗产	能搜集资料，条理清楚地介绍一处自己感兴趣的中国的世界文化遗产。	
语文园地	交流平台	1. 能交流、总结对静态描写和动态描写表达效果的体会。 2. 能仿照例句，选择一个情景写句子，表现出景物的动、静之美。	

二、任务创设

　　教材以"听""说""读""写"四项基本能力的训练来组织单元教学板块，从"阅读学习"到"口语交际"再到"单元习作"这三个不同的板块之间具有较高的关联度。"阅读学习"为"单元习作"提供方法指导，"口语交际"则为"单元习作"提供材料支持，它们都紧扣单元人文主题，指向单元语文要素的落实。在找到单元内部学习材料的知识关联后，便可以围绕这个核心知识来设计一个可以统领单元各板块的主题学习任务。主题学习任务要能够利用好单元内的各项学习资源，将每一个板块的学习任务有序地串联起来，从而达到浑然一体的学习效果，避免了传统教学中单篇授课所造成的知识散乱的现象。

　　在大单元整体教学设计思路的统领下，结合创意写作对写作过程、合作学习、头脑风暴等方法的重视，我们设计了如表2所示的本单元的学习任务。

表2　第七单元的学习任务

主题	任务	子任务群	课时安排	学习活动
领略世界优美风光 推广中国文化遗产	向世界推广中国的世界文化遗产	任务一：了解中国的世界文化遗产，选出推荐对象	1~2	活动一：通过视频资料学习，让学生初步了解中国的世界文化遗产，并选出自己最感兴趣的一处
				活动二：就自己最感兴趣的这处世界文化遗产进行多渠道搜集资料，并依据搜集来的内容进行分类整理
		任务二：周游世界各国，学习文化推广	6	活动一：撰写脚本，制作宣传视频《威尼斯的小艇》
				活动二：撰写唯美短句，绘《牧场之国》系列明信片
				活动三：撰写《金字塔》导游词，作景点文化宣讲
		任务三：举办成果展，推广中国的世界文化遗产	1~2	活动一：选用最喜欢的宣传推广方式，来进行宣传资料的制作，做一名"中国的世界文化遗产"推广人
				活动二：举办国际旅游文化展，向世界推广中国

三、理念简述

本单元紧紧围绕如何"向世界推广中国的世界文化遗产"这个任务来统整单元学习内容。在学生进入单元学习之前，教师就要进行教学情境创设，并将本单元的学习任务呈现在学生面前。这样做一方面能够更好地触发学习动机，通过学习任务的驱动来为后面的学习活动的顺利展开奠定基础。另一方面，让学生能够带着明确的目标进入学习过程，让后面的每个学习任务都具有更强的指向性。

在创意写作教学中，"过程写作法"的使用让我认识到任何一篇文章都不是一蹴而就的，都是需要分阶段、按步骤有序地完成的。同理，本单元主题学习任务的完成也应该分阶段、按步骤进行。在任务一中，学生通过欣赏视频了解中国的世界文化遗产，并从中选出自己最感兴趣的一处作为推荐对象。接下来围绕推荐对象进行资料搜集和整理，这一学习活动的开展就为后期学习任务的顺利完成奠定了良好的材料基础。在任务二中，学生通过对意大利威尼斯、荷兰、埃及金字塔等地美丽景观的欣赏，学习到几种不同的文化宣传推广方式。在对课文的学习过程中将这种文化宣传推广方式进行实践，这就为后期宣传推广"中国的世界文化遗产"奠定了良好的方法和能力基础。这种活学活用、边学边用的方式有助于学生更好地掌握这些知识和本领。

"过程写作法"最后的一个环节是"发表/出版"，具有非常强的成果意识。因此，在任务三中，"举办国际旅游文化展，向世界推荐中国的世界文化遗产"这一活动也是对成果意识的强化。当然，这一活动能够成功、顺利举办，都要建立在前面两个任务完成的基础之上。任务一的资料搜集与整理为任务三提供了材料，而任务二则提供了方法支持。所以说，这三个任务是层层递推、逐步发展的，它们彼此紧密联系，缺一不可，体现了任务完成的过程性。

此外，创意写作活动的开展常常是在写作工坊内展开的，需要借助工坊成员之间的合作力量。在本单元的学习活动中，从资料的搜集与整理开始，就需要围绕共同的目标来组建合作学习小组。组内成员能够进行分工协作，此后的每一项学习活动也都是建立在小组合作的基础之上的。

四、教学设计

任务一：了解中国的世界文化遗产，选出推荐对象

[任务目标]

（1）通过视频观摩，让学生了解中国的世界文化遗产，培养对中华民族文化的认同感、自豪感。

（2）学生能够组内分工协作，就本组要介绍的一处中国的世界文化遗产进行资料搜集与整理。

[学习活动]

活动一：通过视频资料学习，让学生初步了解中国的世界文化遗产，并选出自己最感兴趣的一处

（1）借助网络视频资源给学生展示介绍中国的世界文化遗产。

（2）出示"中国的世界文化遗产"目录，引导学生说说他们曾去过哪些地方？并试着说一说自己的见闻和感受。

设计说明:在单元学习之初,就通过视频的展示让学生对中国的世界文化遗产有一个较为整体的认识,初步感受中国的地域辽阔、壮美,以及文化的博大精深,激发起对中华民族文化的认同感、自豪感。紧接着让学生就自己曾去过的地方进行交流,这一活动环节的安排是有意而为之——让学生在说的过程中意识到自己在介绍一处事物时语言表达上的不足,以引导他们深入思考:如何才能够更好地介绍这个地方?如何才能通过自己的介绍让同学们对这个地方也感兴趣,甚至产生也想去看一看的欲望?如此一来,学生就有了较为强烈的学习欲望,这就为后面学习任务的顺利开展做好了铺垫。

活动二:就自己最感兴趣的这处世界文化遗产进行多渠道搜集资料,并依据搜集来的内容进行分类整理

(1)以小组为单位,分别从"中国的世界文化遗产"目录中选择本组最感兴趣的一处,作为组内要了解和推荐的对象。

(2)小组合作:组内成员分工协作,利用书籍、报刊、网络等多种资源搜集相关资料,并依据内容进行分门别类整理。可以依据内容自主设计表格,例如:

中国的世界文化遗产中,我最感兴趣的是:_____		
照片、视频、海报等影像资料		
文字资料	地理位置	
	外观、结构	
	历史变迁	
	历史、故事	
	文化价值	
	……	
各类文创物品		
……		

设计说明:本单元的习作要求是"搜集资料,介绍一个地方"。自从三年级开始,语文教材已经开始引导学生如何搜集资料,并在后面的学习中逐步培

养学生搜集并整理资料的能力。本册教材则在之前的基础之上进一步提升了要求"将整理后的资料用自己的话写下来，也可以引用别人的话，但要注明资料来源"。我们不难发现教材在学生能力的培养上，呈现出一种螺旋上升的态势。

对相关资料的"搜集和整理"这一学习活动主要是在课外进行。当然，在资料搜集之前，可以就"需要搜集哪些方面的资料"这一问题在班级内展开头脑风暴，并绘制搜集内容表格。然后通过组内成员分工协作进行搜集并整理资料。这一学习活动在落实单元语文要素的过程中培养了学生团队协作的能力。

任务二：周游世界各国，学习文化推广

[任务目标]

（1）通过文本细读体会静态描写和动态描写的表达效果，能够使用动静结合的方法来介绍一个地方。

（2）初步了解非连续性文本的特点，并掌握迅速从中提取信息的能力。

（3）能够依据宣传视频、明信片、导游词等不同推广方式的需要，合理选择内容并撰写文案，从而更好地宣传介绍一个地方。

[学习活动]

活动一：撰写脚本，制作宣传视频《威尼斯的小艇》

（一）"读"中学

（1）默读课文，说说课文围绕小艇写了哪几方面的内容。

（2）逐层理解为什么小艇是"主要的交通工具"。

（3）文章既有静态的描写，也有动态的描绘，请找出相应的句子并以批注的方式在旁边写写自己的感受。

（4）结合课后阅读链接，比较三位作家描写威尼斯时在表达方法上的相似之处，学习其写法。

这三篇文章在表达上有何相似之处？			
文　　章	《威尼斯的小艇》	《威尼斯》	《威尼斯之夜》
游览途径地			
静态描写和动态描写			
作者的感受			

(二)"做"中学

(1) 让学生进入角色设定:如果你是一名导游,想要拍一段宣传视频发在视频号上,以吸引游客前来游览,请问你会拍哪一段呢?说说理由。

(2) 头脑风暴:为了让这个视频更具感染力、吸引力,如何来撰写相应的视频脚本呢?

(3) 小组合作:依据视频内容完成视频脚本的撰写。在信息技术老师的指导下练习给视频增加配音,最终达到视频、文案、配音完美结合的效果。

(4) 交流分享:每个小组将本组成果在班级内进行展示交流。

步 骤	脚本撰写指导要点(仅供参考)
想一想	想一想,怎样的视频内容更吸引游客?如何选择拍摄内容及文案?
找一找	根据影片内容,仔细阅读课文和阅读链接,并从文章中选取合适的文字内容。
理一理	根据视频要讲解的内容,理清讲解的思路,按照一定的顺序讲述。
选一选	当介绍的内容比较多而影片的时间有限时,学习取舍。
加一加	每部分介绍之间怎样加上过渡句,让内容衔接更自然?
练一练	完善并练习配音。

设计说明:本学习活动分为基础性知识的获得与高阶思维能力的培养与提升两个环节。"读"中学这一环节,将重点落在对文章写法的领悟上,通过对动态描写和静态描写的品读,让学生能够领悟到动静结合这一写法的妙处,让单元语文要素落到实处。在"做"中学这一环节,通过巧妙创设情境,让学生化身导游,在"做宣传视频"这一任务驱动下,通过积极参与拍视频(选视频)、撰写视频脚本、配音等这些学习活动,一方面激发了大家对本单元教材内容的学习热情,另一方面也将后面的学习内容前置,巧妙融合到前面的学习内容之中,拆解学习难点,以实现逐步攻克的目标。让学生在"做"中学的过程中实现学生高阶思维能力的发展与提升。

活动二:撰写唯美短句,绘《牧场之国》系列明信片

(一)"读"中学

(1) 通读全文,说一说文章围绕荷兰牧场描写了哪几幅画面?

画　面	场　　　景	时　间
画面一	绿色低地上，牛群在吃草	白　天
画面二	辽阔无垠的原野上，骏马在飞驰	
画面三	绿色草原上，羊群、猪群、小鸡等动物悠然自得	
画面四	傍晚，人们将牛奶运走	傍　晚
画面五	入夜后，牲畜都沉睡了	夜　间

（2）细读课文并思考：在作者眼中，真正的荷兰是什么样子的？试着进行批注式阅读，记录自己的阅读感受。

（3）概括作者眼中"真正的荷兰"的特点，并体会这句话反复出现的作用。

（二）"做"中学

（1）头脑风暴：荷兰牧场所呈现的一幅幅画面多像是一张张明信片呀！如果请你以绘制一组明信片的方式来宣传展示荷兰，请问你们小组会如何来设计呢？

（2）小组合作：结合课文内容为每一张明信片配上唯美短句，从而让这一组明信片构成荷兰牧场的多角度展示。

（3）交流分享：每个小组派一名代表到台上进行展示交流。

产 品 名 称	场景（单张内容）	唯 美 短 句
《牧场之国》也可以另取他名：	绿色低地上，牛群在吃草	
	辽阔无垠的原野上，骏马在飞驰	例：野草遮掩着运河 没有什么能够阻挡它们飞驰到远方 梦想也是……
	绿色草原上，羊群、猪群、小鸡等动物悠然自得	
	傍晚，人们将牛奶运走	
	入夜后，牲畜都沉睡了	

设计说明：这是继"撰写讲解词，制作宣传视频《威尼斯的小艇》"之后的又一创意活动设计。这一学习活动设计充分考虑到文章的特点——画面板块

清晰,景色优美,适合以画面呈现,同时又兼顾到学生普遍喜爱画画这一兴趣特点。

该设计以绘制系列明信片的方式来进行画面的选择、文案内容的设计。这一学习活动不仅有助于学生对课文内容的进一步深入理解,同时也培养了学生的创意写作能力。首先,要明确本组明信片的画面内容,就需要学生依据课文中描绘的几幅场景来进行判断和选择。其次,在绘制每一幅明信片的时候都是对当前场景的一次深入解读与领悟。在不同场景的绘制中,学生将从不同角度、更加全面、更加充分地感受荷兰牧场宁静、舒适、自由、安闲、静谧、沉寂的特点。最后,为明信片撰写唯美解说词则需要学生能够深入阅读文章内容,从文章中抓取最精彩的描写,并通过自己的加工创作,用简洁、优美、意蕴深长的语言予以呈现,这是对学生创意写作能力的进一步锤炼。

活动三:撰写《金字塔》导游词,作景点文化宣讲

(一)"读"中学

(1)对比阅读两篇短文,比较异同并完成表格。

《金字塔》		
短文名	《金字塔夕照》	《不可以思议的金字塔》
相同之处		
不同之处		
	……	……

(2)不同的文本在内容、表达方式、表达效果上都是有差异的,请谈谈你的收获。

(二)"做"中学

(1)头脑风暴:如果你是埃及文旅宣传形象大使,请结合课文内容并思考你会以怎样的方式来宣传介绍金字塔?说说这样选择的理由。

(2)小组合作:如果你是当地的一名导游,你会如何借助文中的这些材料来撰写导游词?

（3）交流分享：请每个小组推选出一名小导游来给台下这些来自世界各地的"游客"进行讲解介绍。

设计说明：本单元首次出现了非连续性文本形式的课文《不可思议的金字塔》。先是让学生在两篇短文的对比阅读中感受不同文本形式的各自特点，并发现在内容、表达方式上的差异性，尤其重在感受非连续性文本直观、简明的呈现形式。接着，通过头脑风暴的方式来构想出适合宣传介绍金字塔的方式。无论是旅游风光宣传图册还是撰写推文，让学生在思维的相互碰撞中激发出无限的创意。然后化身导游撰写导游词，这一学习任务设计就需要学生能够从文字、数字、图画等各种文本形式中提取所需的信息，并对信息进行有效整合、概括，从而加深对事物的认识与了解。这就极大地训练了学生合理、有序整理资料、安排讲稿内容的能力，从而将单元语文要素进一步落到实处。此外，学生在向"游客"解说的活动练习，也和后面教材"口语交际"的学习内容相融合，这种化零为整的学习方式既有效避免了传统教学中"阅读学习"与"口语交际"训练内容的割裂状态，又实现了两者的有机融合。

任务三：举办成果展，宣传中国的世界文化遗产

[任务目标]

（1）围绕"中国的世界文化遗产"这一主题，各小组能够利用组内成员已搜集并整理好的资料，并选择使用恰当的宣传方式来进行宣传资料的制作。

（2）通过模拟举办"世界旅游文化展，将中国推向世界"，进行小组成果展示，让学生充分感受语文学习的魅力，并在满满的成就感中增强继续探究学习的力量。

[学习活动]

活动一：选用最喜欢的宣传推广方式，来进行宣传资料的制作，做一名"中国的世界文化遗产"推广人

（1）头脑风暴：除了绘制系列明信片以外，围绕这处文化遗产还可以设计哪些不同的文创产品？

（2）小组合作：利用前面搜集整理到的资料，从宣传视频制作、文创产品设计、导游词撰写等不同方式中选择一种来进行宣传资料的制作。

设计说明：在前面的课文学习中，我们分别以《威尼斯的小艇》《牧场之国》《金字塔》这三篇课文为例，就"宣传视频制作""系列明信片绘制""导游词撰写与宣讲"这三种文化宣传推广方式进行了学习与训练。在既有的能力习得基础之上，让学生试着用学过的方法来介绍一处中国的世界文化遗产，在教学上由扶到放的设计安排，巧妙地让学生在学以致用中实现了知识的巩固、技能的提升。这一学习活动设计不仅实现了"阅读学习""口语交际""单元习作"三个板块学习的有效融合、高效融合，同时这种化零为整的组块式学习方式有效避免了知识获得的琐碎化、片面化，也符合组块记忆法的特点，更有助于学生对所学知识的牢固掌握。

活动二：举办旅游文化展，将中国推向世界

举办国际旅游文化展，邀请各小组参展。试着将组内的合作成果在展会上进行宣传推广，以吸引更多游客前来旅游参观、考察学习。

设计说明："借助搜集、整理的资料进行有重点的、具体的介绍，感受世界文化遗产的独特魅力"是本单元最终需要达成的任务目标。成果的展示与交流是本单元学习的重要环节。在班级内、校园中均可以为学生搭建交流展示的平台，比如可以模拟国际旅游文化展会现场，邀请各小组参展，并在展会上将组内的成果进行介绍与宣传推广。这一做法既将单元语文要素落到了实处，同时又让学生在广阔的空间中展示学习成果，享受成功的愉悦和合作的快乐。如此一来，对于学生而言语文的学习绝不是枯燥乏味的事情，而是一件充满趣味性、挑战性的高阶思维学习活动。教师通过对学习活动的创意设计，在激发学生语文学习兴趣的同时还能够提升学生语文核心素养，又何乐而不为呢？

感受幽默智慧　提升思辨表达*
——部编版语文教材五年级下册第八单元整体教学设计

来怡敏

一、教材分析

部编版语文教材五年级下册第八单元围绕"风趣与幽默"这一主题，编排了《杨氏之子》《手指》《童年的发现》三篇课文，以及口语交际《我们都来讲笑话》、习作《漫画的启示》和《语文园地》等教学内容。

本单元的语文要素是"感受课文风趣的语言"。风趣的语言除了生动有趣、使人发笑之外，往往还能让读者在一笑之余有所回味，意在让学生体会课文极具趣味性的语言，激发学生学习语言的热情和兴趣，进一步提升学生的语言品鉴能力。口语交际引导学生收集、讲述内容健康、积极向上的笑话，进一步感知风趣的语言所富有的感染力和表现力，感受笑话给大家生活带来的欢乐，同时养成良好的讲述与倾听的习惯。本单元的习作要求是"看漫画，写出自己的想法"，意在引导学生观察漫画，看懂漫画的内容，将内容和从中获得的启示清楚地表达出来，培养学生观察、想象与思辨的能力。

这些教学内容紧紧围绕本单元语文要素，通过对教材的研读，各部分教材内容及教学要点安排如表1所示。

---

* 本文作者简介：来怡敏（1996—　），女，上海人。毕业于南京财经大学。现任教于上海大学附属学校。

表1 教材内容及教学要点

分类	内容	课时	教学要点
课文	杨氏之子	2	1. 认识25个生字，读准1个多音字，会写18个字，会写9个词语。 2. 正确、流利地朗读课文，背诵《杨氏之子》。 3. 能体会课文中语言的风趣，并结合生活实际，说出自己的阅读感受。 4. 能摘抄课文中风趣的语句。 5. 能仿照《手指》一文的表达特点，从人的五官中选一个，写一段话。
	手指	2～3	
	童年的发现	1～2	
口语交际	我们都来讲笑话	1	1. 能讲述两三个收集到的笑话，避免不良的口语习惯。 2. 能用心倾听别人讲笑话，做一个好的听众。
习作	漫画的启示	2	1. 能写清楚漫画的内容和可笑之处。 2. 能借助标题或提示语，联系生活，写清楚从漫画中获得的启示。
语文园地	交流平台	2	1. 能交流、总结本单元课文内容有意思、语言风趣的特点。 2. 能体会例句把事物比作人、把人比作事物来描写情景的表达特点，并能选择情景仿说。 3. 能体会先概括后举例的段落表达方法，并能照样子写一段话，表达自己的想法。 4. 能了解颜体楷书的基本知识，初步感受《颜勤礼碑》等颜体书法的魅力。 5. 朗读、背诵关于"为人"的五条名言。
	词句段运用		
	书写提示		
	日积月累		
合计		10～12	

二、任务创设

教材以"听""说""读""写"四项基本能力的训练来组织单元教学板块，从"阅读学习"到"口语交际"再到"单元习作"这三个不同的板块之间具有较高的关联度。"阅读学习"为"单元习作"提供方法指导，"口语交际"则为"单元习作"提供材料支持。它们都紧扣单元人文主题，指向单元语文要素的落实。在找到单元内部学习材料的知识关联后，便可以围绕这个核心知识来设计一个可以统领单元各板块的主题学习任务。主题学习任务要能够利用好单元内的各项学习资源，将每一个板块的学习任务有序地串联起来，从而达到浑然一体的学习效果，避免了传统教学中单篇授课所造成的知识散乱的现象。

在大单元整体教学设计思路的统领下，结合创意写作对写作过程、合作学习、头脑风暴等方法的重视，我们设计了如表2所示的本单元的学习任务。

表2　第七单元的学习任务

主题	任务	子任务群	课时安排	学 习 活 动
感受幽默智慧 提升思辨表达	学会用幽默的语言表达自己的想法	任务一：收集笑话和漫画，体会幽默讽刺的艺术	1～2	活动一：收集有趣的笑话和漫画，初步感受幽默讽刺的语言艺术
				活动二：小组合作，将收集到的笑话和漫画表演或拍摄出来
		任务二：学习古今中外大家的幽默方式，表达自己的想法	6	活动一：撰写剧本，演一演《杨氏之子》课本剧
				活动二：模仿《手指》表达特点，选取人的五官之一，画一幅连环画——《五官的自述》
				活动三：开一场以童年为主题的脱口秀，用幽默的方式介绍自己的童年故事
		任务三：展示成果，学会用幽默的方式表达自己的想法	1～2	活动一：选用最喜欢的方式，如画漫画、演课本剧、拍摄短视频、讲脱口秀等来对近期身边发生的事表达看法，并向校文学社报刊投稿，或参加学校脱口秀比赛
				活动二：举办幽默大会，展示大家的成果

三、理念简述

本单元紧紧围绕"学会用幽默的语言表达自己的想法"这一任务，重新调整了课文顺序，设计学习活动，将后面口语交际《我们都来讲笑话》和习作《漫画的启示》的任务进行前置。在学生进入单元学习之前，教师就要进行教学情境创设，并将本单元的学习任务呈现在学生面前。这样做一方面能够更好地触发学习动机，通过学习任务的驱动来为后面的学习活动的顺利展开奠定基础。另一方面，让学生能够带着明确的目标进入学习过程，让后面的每个学习任务都具有更强的指向性。

　　在创意写作的教学中，任何一篇习作都是需要分阶段、按步骤有序完成的，将这个理念运用到本单元的学习任务中，我们也应该分阶段、按步骤有序地开展。在任务一中，学生通过收集有趣的笑话和漫画并上台讲笑话或表演漫画剧场，初步体会幽默讽刺的语言艺术，这一学习任务的开展让学生能在学习课文之前就先体验幽默讽刺的艺术，提前营造了幽默风趣语言的氛围，为后续的学习任务开展做了铺垫，打下了基础。在任务二中，学生通过欣赏古今中外大家的语言艺术，再学习不同的幽默表现形式来表达自己的想法，为后期的成果展示奠定了良好的方法和能力基础。

　　"过程写作法"最后一个环节是"发表/出版"，具有非常强的成果意识。因此第三个任务需要学生自行开展"幽默大会"，通过幽默的语言和形式来表达生活，或者对身边事的看法。这一活动的顺利进行是建立在前两个任务完成的基础上，前两个任务为第三个"幽默大会"的举办提供了方法支持。所以三个任务是层层递进、逐步发展的，它们的关系是紧密相连、缺一不可的，这充分体现了任务完成的过程性。

四、教学设计

任务一：收集笑话和漫画，体会幽默讽刺的艺术

[任务目标]
（1）课外收集并筛选合适的笑话和漫画，感受其他表达方式的趣味性，激发学生学习语言的热情和兴趣。
（2）学生组内分工协作，把收集到的笑话或漫画通过表演的方式演绎出来。

[学习活动]
活动一：收集有趣的笑话和漫画，初步感受幽默讽刺的语言艺术
（1）网上收集有趣的笑话短视频、表演短视频给学生展示。

（2）小组内讨论自己收集的笑话或漫画内容是否积极向上。

设计说明：学习之初通过有趣的视频信息吸引学生，初步感受幽默风趣的表达方式带来的轻松和思考。当下短视频盛行，而风趣幽默的视频内容永远是稀缺资源，真正深入人心的高级幽默必定是来源于对生活的认真观察。幽默不是低俗，高质量的幽默能让人在会心一笑之余产生对生活的思考。挑选优秀的视频内容可以引导学生了解笑话和漫画的特点和讲笑话、画漫画的意义，筛选出"好"的笑话或漫画，为后期演绎甚至原创出好内容做好铺垫。

活动二：小组合作，将收集的笑话或漫画表演或拍摄出来

（1）小组为单位，寻找有趣且内容积极向上的笑话或漫画，或自主原创内容，作为小组表演内容。

（2）小组合作：从选内容、分配角色，到讨论人物的语言、动作、神态，再到服装、道具的选择，需要学生多方面的综合素养。学生小组讨论需要一个主持人，主持人引导大家发言，协调统一意见，组员需要清楚表达自己的意见，认真听取别人发言，尊重大家的共同决定。可以根据评价表评价每个同学的表现：

分 工	主 持 人	组 员
要 求	1. 提出讨论任务，说明讨论的标准。 2. 引导每个人发表意见。 3. 意见不统一时，组织协商，听取最合理的意见，形成一致的看法。	1. 清楚地表达自己的想法。 2. 认真听取别人的意见。 3. 尊重大家的共同决定。
表 现	☆ ☆ ☆	☆ ☆ ☆

设计说明：将本环节活动内容分步实施，逐层加深，学生在大量的语言实践活动中平等对话，多边互动，语言获得实实在在的发展，各项综合能力得以真真切切的提升。与此同时，交给学生主持讨论的方法，引导学生清楚地表达自己的意见，并能够听取最合理的意见，尊重大家共同的决定，提升口语交际的品质。教师放手让学生自主设计内容，由扶到放，以法导练，学以致用，提升能力，同时也为接下来的活动任务打下基础。

任务二：学习古今中外大家的幽默方式，表达自己的想法

[任务目标]

（1）体会古今中外大家的幽默表达方式，能仿照其语言特点来写话。

（2）结合生活实际，用幽默的方式来表达自己的生活感受。

（3）能够依据拍摄幽默短视频、画连环漫画、讲脱口秀等不同幽默形式的需要，合理地选择内容并撰写文案，从而更好地达到令人发笑、引人思考的目的。

[学习活动]

活动一：撰写剧本，演一演《杨氏之子》课本剧

（一）"读"中学

（1）正确、流利地朗读课文。背诵课文。

（2）能借助注释了解课文的意思，体会杨氏之子的机智与幽默。

（3）感受杨氏之子风趣、充满智慧幽默的语言，并学会运用这种语言进行表达。

（二）"演"中学

（1）学生思考：如果你要拍摄一个短视频来演《杨氏之子》的故事，你会如何突出有趣的地方呢？说说理由。

（2）头脑风暴：为了让这个视频更吸引人，如何来撰写相应的视频脚本呢？

（3）小组合作：依据讨论结果完成视频脚本的撰写。在信息技术老师的指导下练习给视频增加效果，最终达到视频、文案、配音、特效完美结合的效果。

（4）交流分享：每个小组将本组成果在班级内进行展示交流。

设计说明：本学习活动分为基础性知识的获得与高阶思维能力的培养与提升两个环节。"读"中学这一环节，将重点落在对文章语言特点的领悟上，让单元语文要素落到实处。"演"中学这一环节，通过巧妙创设情境，让学生化身博主，在"拍摄幽默视频"这一任务驱动下，学生通过积极参与表演内容、拍摄视频、撰写视频脚本、配音这些学习活动，不仅过了一把戏瘾，品味成功的快乐，同时也让观看的同学享受到学习的乐趣。之后引导学生进行评价，再次激活了学生的思维，提高学生的思辨能力和评价能力。

活动二：模仿《手指》表达特点，选取人的五官之一，画一幅连环画——《五官的自述》

（一）"读"中学

（1）了解五根手指的作用，体会课文风趣的语言。

（2）感悟作者笔下的五根手指分别与生活中的哪些人有相似之处。

手　指	姿　态	性　格	作　用	启　发
大拇指	形状不美、身体矮胖、头大而肥、构造简单	肯吃苦、默默奉献	扶住琴身、抵住水、按住血、扳住重物、翻书页、揿电铃	
食　指				
中　指				
无名指、小指				

（3）会仿照课文的表达特点，从人的五官中选一个，画一幅连环画——《五官的自述》。

（二）"画"中学

（1）头脑风暴：不同的五官有不同的性格特点，你能不能挖掘出他们的优缺点，让他们好好介绍一下自己。

（2）与美术老师配合，指导学生画一幅属于自己的《五官的自述》连环画。

（3）交流分享：举办漫画欣赏会，将大家的作品进行展示。

设计说明：这是继"撰写剧本，演一演《杨氏之子》课本剧"之后的又一创意活动设计。这一学习活动设计充分考虑到文章语言的特点——本文语言表达的方法多样，感染力强最为典型的是全文将手指这一寻常事物当作人来写，赋予他们各自鲜明的外形特点和性格特征，用生动的连环画来表现最是相得益彰。

活动三：开一场以童年为主题的脱口秀，用幽默的方式介绍自己的童年故事

（一）"读"中学

（1）通过作者发现胚胎发育规律的过程，体会作者童年的探索趣味。

（2）感受作者自嘲式的语言风格，讲述自己童年的"发现"。

（二）"说"中学

（1）头脑风暴：如果你要参加一档脱口秀演出，主题是"童年的发现"，你打算怎样向观众讲你童年的故事，怎样才能给人留下深刻印象？

（2）撰写文稿，小组里试讲，根据组员建议再修改。

（3）交流分享：举办"童年的发现"主题脱口秀，观赏的同学要做好文明的捧场观众。

设计说明：脱口秀是当下年轻人热衷的娱乐方式，其语言特点和本文自嘲式的语言风格相似，表演者用幽默风趣的语言将生活中的感受表达出来，是很好的语言训练方式。笔者设计活动时与本篇文章内容相结合，让学生在有趣的活动形式中迸发无限的创意。要获得观众的好评，需要在内容上好好下功夫，选择能和观众高度共情的内容，并灵活掌握自嘲式语言风格。同时，基于脱口秀的即时表演性，表演者需要把握好演讲的节奏，调动起全场的情绪，这将会是对学生高阶能力的综合培养。

任务三：展示成果，学会用幽默的方式表达自己的想法

[任务目标]

（1）围绕"幽默风趣的语言"这一主题，各小组能够将之前几个活动中学会的方法形式灵活运用，创造出新的内容。

（2）通过举办"幽默大会"，进行小组成果展示，让同学们充分感受语文学习的魅力，并在满满的成就感中增强继续探究学习的力量。

[学习活动]

活动一：选用最喜欢的方式，如画漫画、演课本剧、拍摄短视频、讲脱口秀等来对近期身边发生的事表达看法，并向校文学社报刊投稿，或参加学校脱口秀比赛

（1）头脑风暴：近期生活中有什么特殊感悟？它们可以用哪种合适的幽默方式表达出来？

（2）小组合作：从各种幽默形式中选择最适合本组内容的方式，或演一演，或讲一讲，或画一画，将近期生活感受用幽默的方式表达出来，给人以启示。

活动二：举办幽默大会，展示大家的成果

举办"幽默大会"，撰写活动方案，设计活动海报，邀请各小组甚至其他班级参加。

设计说明：幽默是一种表达方式，其核心是更好地表达自己的想法和感受。成果的展示与交流是本单元学习的重要环节。在班级内、校园中均可以为学生搭建交流展示的平台，比如可以举办幽默大会，集中展示各小组的成果，甚至可以将本班的活动范围辐射至整个学校，邀请更多班级来观看。举办大会所需的活动方案的制定、活动海报的设计等，都可以作为学生能力提升的阶梯。每个学期布置这样一个综合性的任务，既将单元语文要素落到了实处，同时又让学生在广阔的空间中展示学习成果，享受成功的愉悦和合作的快乐。如此一来，对于学生而言语文的学习绝不是枯燥乏味的事情，而是一件充满趣味性、挑战性的高阶思维学习活动，何乐而不为呢？

围绕中心意思写[*]
——部编版语文教材六年级上册第五单元整体教学设计

王　丹　许黎颖

一、教材分析

小学语文课本共有八个习作单元,从三年级到六年级统一编写,都以培养习作能力为核心,每个习作单元组合要素包括单元导言、两篇精读课文、交流平台、初试技巧、两篇习作例文、习作训练六大板块,呈现出"从读到写、读写结合"的序列化编排思路。

部编版语文教材六年级上册第五单元是习作单元,以"围绕中心意思"为主题,习作中的每一项内容的安排,目的都指向习作能力的培养。两篇精读课文《夏天里的成长》和《盼》,从不同文体、不同题材帮助学生在阅读中体会围绕中心意思写的方法;"交流平台"是结合对精读课文的分析,梳理总结课文的写作方法;"初试身手"是提供了一个学习的"支架",让学生初步尝试围绕中心选择合适的材料,进行表达练习;两篇"习作例文"一篇写人、一篇写景,从不同角度为学生习作提供范例,体会写法。最后,单元习作以"围绕中心意思"为主题,选择感受最深的汉字写一篇习作。

这些教学内容都指向本单元的语文要素"体会文章是怎样围绕中心意思来写的"和习作要求"从不同方面或选取不同事例,表达中心意思"。通过对教材的研读,各部分教材内容及教学要点安排如表1所示。

---

* 本文作者简介:王丹(1973—),女,江苏无锡人。毕业于齐齐哈尔大学,经济管理专业。现任教于无锡市尚贤融创小学,高级教师,副校长。许黎颖(1996—),女,江苏徐州人。毕业于淮阴师范学院,汉语言文学专业。现任教于无锡市尚贤融创小学,科研中心副主任。

围绕中心意思写

表1 教材内容及教学要点

分 类	内 容	学 习 要 点
阅读教学	《夏天里的成长》	1. 会写22个字，会写23个词语。 2. 通过学习课文，把握文章的中心意思。 3. 联系课文内容，体会不同文体、不同题材的文章如何围绕中心意思写的方法。
	《盼》	
交流平台		结合精读课文，交流围绕两篇文章的中心意思，作者如何选择材料，并将重要部分写详细、写具体的方法。
初试身手		通过学习支架，尝试围绕中心意思，一是对已提供的材料进行判断选择；二是依据给出的题目，思考围绕中心从不同方面或选择不同事例进行选材。
习作例文	《爸爸的计划》	自主阅读习作例文，通过旁批明确作者围绕"爱订计划的爸爸"选择多个事例，运用"一般性罗列、选择典型事例描写、选一个重点事例具体写"的表达方法。
	《小站》	
单元习作		1. 以"感受最深的汉字"为话题，能确定表达的中心意思，并拟出提纲，从不同的方面或选取不同的事例写。 2. 迁移运用多种方法围绕中心写具体、写详细。 3. 同伴交换习作，针对是否围绕中心意思写清楚，做出适当评价并修改习作。

二、任务创设

习作单元教材以"听""说""读""写"四项基本能力的训练来组织单元学习活动板块，六个板块之间具有梯度关系，层级式递进，逐步落实单元目标。就需要精准定位习作单元的核心知识，设计一个可以统领单元各板块的主题学习任务。

这个核心知识就是习作单元的"大概念"，是对习作单元技能解决和掌握的重要的、可迁移性的观点。"大概念"对整个单元的教学资源和习作活动具有整合和贯通的作用。

"如何围绕中心意思来写"这个基本问题直接指向和突出"大概念"，统领设计单元主题学习活动。重组、整合单元内学习资源，将每个板块的学习任务进行有序串联，设计有效读写活动，打通知识间的联系，促进习作方法的理

解、运用和迁移，从而达到知行合一的学习效果，避免传统教学中单篇授课所造成的知识散乱的现象。

在"大概念"整体教学设计思路的统领下，我们设计了如表2所示的本单元的学习任务。

表2　第五单元的学习任务

主题	任务	子任务群	课时安排	学习活动
发现汉字的魅力 讲好自己的故事	向小朋友讲汉字的故事	任务一：围绕一个词，描述一种画面	1~2	活动一：把握单元——提炼单元大概念
				活动二：学习文本——品读例文习方法
				活动三：迁移习作——以评寻新促提升
		任务二：围绕一个字，讲述一种心情	6	活动一：梳理课文明结构
				活动二：回顾课文学写法
				活动三：紧扣中心写具体
		任务三：围绕一个中心，把意思说清楚	1~2	活动一：整理材料精准练
				活动二：精读例文习方法
				活动三：完善结构谋全篇

三、理念简述

《义务教育语文课程标准（2022版）》明确指出：学生在积极的语文实践活动中积累和建构，并在真实的语言文字运用中展现出来，是文化自信的综合体现，是语言文字的运用，是思维能力的综合体现，是义务教育语文课程的核心素养。面对新课标的要求，一些教育工作者意识到不能再以"覆盖"式的教学来培养学生了，而应以精炼的、可迁移的知识来引导学生走向可持续发展和终身学习，他们在泰勒、维果斯基、布鲁纳等教育家的研究基础上提出了"大概念"，也就是围绕一定项目或主题来组织语文实践活动。

习作单元"大概念"，是指在教材的习作单元中，隐藏在具体的人文主题和语文要素背后更为本质、更为核心的概念或思想。基于"大概念"理念的统编教材习作单元教学能帮助学生搭建语文学科的认知框架，并能将概念迁移和运用以现实问题。

"过程写作法"强调将写作过程分为几个阶段，即自主选题、寻找素材、理清结构、完成初稿、合作互评、修改定篇、创新表达。

本单元将习作"大概念"与过程写作法相结合，通过教师引导点拨、学生自主合作的方式，开展习作单元整体教学，让学生从学习学科知识走向学习科素养，从熟练技能走向未来生活。

四、教学设计

任务一：围绕一个词，描述一种画面

[任务目标]

（1）整体把握单元内容，明确单元学习目标。了解什么是立意，知道不同体裁的文章都要围绕中心意思写。

（2）通过重点研学例文，理解从不同方面选取典型事物确定立意，并把文段写具体，写充分。

（3）选择一个方面，按照一定顺序把片段写充分，并通过多元评价修改片段。

课前交流：同学们，老师跟毕业的学生一直用微信、QQ保持着联系。（出示照片）看，这是我发给他们一年级时的一张班级的集体合影，我给这组照片命名为"缘"，因为师生相识相遇是妙不可言的缘分。（出示照片）这是学生发给我的照片，在区汉语言文字大赛中因无缘决赛，他们给这组照片命名为"憾"。（出示照片）这是他们在运动会上的风采，如果请你们给这组照片命名，会用哪个字？（帅、拼、毅等）

小结：中国汉字有着丰富的文化内涵，每个汉字的背后都有一个独特的故事。下周我们学校将有幼儿园大班的小朋友进校参观，那你能给他们讲好自己的汉字故事吗？让我们走进第五单元去学一学。

设计说明：本板块以生活情境切入，引导学生发现汉字的内涵，激发学生对汉字的兴趣。再创设一个真实的学习任务，让学生担任汉字推广大使，既充分激发了学生学习的能动性，又培养了学生的民族自豪感。

[学习活动]

活动一：把握单元——提炼单元大概念

（1）本单元的习作主题是什么？

（2）为什么要围绕中心意思写？梁·萧统说："以立意为宗，不以能文为本。"那么，什么是立意？

（3）如何围绕中心意思写呢？纵观第五单元文章，不论是精读课文还是习作例文，不同体裁的文章都要围绕一个中心意思来写。

（4）这节课我们就来学习如何立意，把文章写充分。

设计说明：首先，在学习本单元之初，就让学生通过单元的整体阅读和单元导语对单元有个总体的认识。这种教学方法促使学生主动开展单元学习，在脑海中形成单元的整体面貌。其次，初步了解本单元是一个习作单元，单元各个部分的内容是学习表达的材料，最终指向习作。让学生在学习本单元课文时有明确的意思：要通过阅读文章寻找名家的写作密码，进而指导自己的习作。如此一来，学生就从被动的学习者变成主动的发现者，最终成为自主的探究者。

活动二：学习文本——品读例文习方法

（一）整合文本——明立意 选典型 写全面

1. 出示例文《夏天里的成长》

（1）找中心句，明确中心意思。

夏天是万物迅速生长的季节。

（2）围绕"夏天是万物迅速生长的季节"，作者是从哪几个方面来写的？都写了哪些事物？

引：荷叶是夏天常见的植物，作者为什么不写它，而选了竹子、苞蕾这样的植物来写呢？

小结：这些都是夏天里长得快的植物，选择这样的典型植物就写出了夏天万物迅速生长。

（3）探究学习：为什么最后还要写"人"呢？

小结：万物既包括了有生命的、没有生命的事物，也包括人；不同阶段的人也在成长，提升了立意。

2. 小结

作者不管是写有生命的，还是没有生命的，都选取了典型事物，从有生命的、没有生命的、人这样的不同方面，把夏天里的成长表达得很全面，同时还提升了立意。

3. 迁移写作

一年之计在于春，春天是一个万物生长的季节；而秋天则是一个收获的季节，请你任选一个季节，围绕中心意思，思考从哪些方面能表达出这个季节的特点，并画出思维导图。

（二）细读文本——学例文　品语言　写充分

以《夏天里的成长》为例，品读文本学方法：如何把构思写充分。

（1）聚焦例文，学习写具体。

聚焦课文的第二自然段，作者是怎么写出事物快速生长的？

典型事物：瓜藤、竹子、高粱，还有苞蕾、苔藓、草坪菜畦、小猫小狗小鸡小鸭。

时间词：一天长几寸、一夜多出半节、昨天、今天、明天、几天、个把月

小结：作者选择长得快的典型事物，用上时间词作为连接，就把这么多动植物的快速生长介绍得有顺序了。

（2）聚焦例文，学习写独特。

聚焦课文的第三自然段，你在哪里感受到了作者独特的视角和新鲜的语言？

视角独特：平时很少关注到的，铁轨在长，柏油路也在长。

新鲜语言：排比句式，变的是大自然的景物，而不变的是都在不停地长。变的是长的状态，而不变的是语言的结构。

（3）文本对读，感悟新角度。

聚焦梁衡的《夏感》片段，你还在哪里感受到了作者独特的视角和新鲜的语言？

独特视角：把夏天比作一幅画，先写春之色、秋之色，最后写夏之色，凸显夏天色彩的特点。

新鲜语言："如……如……"

设计说明：《夏天里的成长》是本单元的第一篇精读课文，与其他单元阅读课文所承担的阅读要素的功能不同，它的作用主要是指向习作表达，即作者是如何围绕中心意思写的。所以，教师在教学中不必全篇精读剖析，应该着眼选择不同事物突出夏天万物生长的特点，带领学生发现围绕一个中心意思可以

从不同方面展开来写的方法，初步领会提升立意，并初试身手设计习作思维导图。接着，教师引导学生走进经典片段，通过朗读感悟语言的新鲜、视角的独特，并通过补充材料《夏感》一文的片段，吸收语言养料，提升言语表达的独特美。

活动三：迁移习作——以评寻新促提升

（1）学生根据导学单中的两个思维导图，选择其中最想写的一个方面，尝试运用时间词把不同方面事物写得有顺序，运用新鲜语句来写出事物的特点。

（2）习作点评。

（3）教师总结：这节课，我们通过学习《夏天里的成长》这篇课文，知道了作者的写作秘诀：如何围绕中心意思写，可以从不同的方面选择典型事物写具体，用上时间词更让表达有顺序，独特的视角和新鲜的语言可以让表达更生动。

设计说明：在学习完文章后及时总结写法，并活学活用当堂实践，大大提升了课堂效率。此外，习作从框架到片段再到全篇，既符合学生的写作规律，还能降低学生写作的畏难情绪，一课得一段美文，一课知表达密码，最后完成单元习作便水到渠成。

任务二：围绕一个字，讲述一种心情

[**任务目标**]

（1）体会作者是如何围绕一个字"盼"写清楚的，感受作者的心理活动描写可以突出中心的表达效果。

（2）深入探究动作、语言、环境等细节描写的作用，体会选取不同事例，也可以把重要事情写生动、写具体。

课前交流：教师讲述自己的童年趣事。生活中处处有美，这个"美"可能是喜，可能是悲，可能是泪，也可能是悔，还可能是盼。那这节课老师就带着大家走进著名女作家铁凝的文章《盼》，看看她是如何围绕"盼"字将重要事例写具体的。

设计说明：兴趣是最好的老师。本次习作的基点是源于生活，讲述自己的童年事；具身感受，寻找自己的童年乐，产生共情，写出学生自己的个性文章。而课前交流的环节由教师分享自己的故事，旨在引发情感共鸣，开启学生心扉，勾起对同类情感的美好回忆，为接下来的畅所欲言做铺垫。

[学习活动]

活动一：梳理脉络明结构

（1）"盼"是贯穿全文的一条情感线索，以"盼"为题更能表现人物内心的真实情感。那么，作者围绕"盼"字写了哪几个事件？重点写了哪件事？快速浏览课文，完成思维导图。

交流：盼变天—盼出门—盼雨停—盼如愿

（2）迁移运用绘导图，模仿《盼》，围绕"悔"字回忆自己的一件最后悔的事，并设计思维导图。

（3）小结：借助思维导图，呈现完整的故事情节。

设计说明：本环节，引导学生回顾围绕"盼"所写到的事例。引导学生关注四个事例，分析并知晓作者选用的不同事例都能紧紧围绕"盼"这一中心展开，四个事例的使用能将"盼"这一中心表达得更全面、更生动。继而，学生迁移运用，设计"悔"的思维导图，当堂检测学生的学习效果，进一步巩固了围绕中心选择不同事例的写作策略。

活动二：回顾课文学写法

怎么把这份"悔"写具体，写出自己的真情呢？再次回顾课文，看看作者又是如何通过重点事例的描写，写出作者蕾蕾的"盼"呢？

（一）聚焦心理，感受情感变化

（1）聚焦第一盼，作者是怎么写出蕾蕾的"盼"呢？

交流：心理描写——焦急

（2）像这样的心理描写是贯穿在整篇文章中的，你能找到其他三个事件对应的心理描写吗？

交流：盼下雨——期待；盼出门——兴奋；盼雨停——担心；盼如愿——激动

（3）小结：蕾蕾的心情是有波澜的，这样的情感线给故事情节推波助澜，使得普通的故事变得一波三折，更加吸引人。

（二）聚焦环境，体会生动细节

（1）围绕一个"盼"字，我们走进了作者的内心世界，感受到作者蕾蕾复杂的心理变化。那作者还写到了哪些细节，让你感受到蕾蕾的"盼"呢？

交流：动作、语言、环境等细节描写

(2)小结：作者铁凝用心理描写、动作语言描写、环境烘托等细节描写的方法，把重点事例写具体、写生动，将真情表露得淋漓尽致。整篇文章用一个"盼"字，但却处处让人感受到"盼"。

（三）回归整体，感悟布局之妙

(1)思考：既然作者围绕小主人公盼穿上新雨衣写了四个事例，为什么不把其他三个事例也写具体呢？

(2)小结：有详有略，有主有次，才会重点突出。正如本单元"交流平台"中所言：在围绕一个中心意思表达时，要将重要部分写详细些、具体些，才能给读者留下更深刻的印象。

设计说明：习作教学时，教师总希望学生笔下刻画的人物能"形神兼备"，情感能自然流露。但现实却是：六年级大部分学生已经能正确运用人物的语言、动作、神态等描写使人物具有"形"，却较少能够运用心理描写让人物具有"神"。学生笔下的人物形象往往缺乏立体感，情感的流露也不够自然真实。本环节着眼于课后习题，巧设学习任务，聚焦学习重难点。"不愤不启，不悱不发"，在学生多次思维火花碰撞和交流后，教师破译并归纳作者的"写法秘密"，有"曲径通幽"之感，也有"柳暗花明"之悟。紧接着，教师引导学生回归整体，再次回顾四个事例，感受作者布局之妙，体会文章有主有次，把重点部分写具体的重要性。寻到了写作法宝，学生恍然大悟，跃跃欲试，自然就有了下一个教学环节。

活动三：紧扣中心写具体

(1)请大家根据《那一刻，我后悔极了》的思维导图，选择一个片段，运用本节课所学方法写具体、写生动，写出人物的内心。

(2)师生互评。

(3)总结：今天这节课，我们一起学习了围绕一个中心意思，可以通过心理描写、动作语言、环境烘托的方法，将重点事例写具体，从而表真情。

设计说明："纸上得来终觉浅，绝知此事要躬行"，拿到了写作方法的钥匙不代表就掌握了写作方法。学习写作策略，最重要的是将这些策略灵活运用到表达之中。所以"得法"后，更重要的是要"用法"，在"用法"的过程中，真正实现学以致用，活学活用，举一反三。在练笔和评价中，时刻紧扣"写出情感变化"和"景物烘托"两个重要的表现心理活动的描写手法，最后让学生在汇报交流中提升写作能力。

任务三：围绕一个中心，把意思说清楚

[任务目标]

（1）通过"初试身手"，学习如何围绕中心意思选材并发现素材之间的逻辑关系。以"忙碌的早晨"为话题，练习选材和布局谋篇。

（2）通过习作例文一，补充学习略写的方法并迁移运用。

（3）综合运用本单元习得的写作方法，自主选材完成一篇习作。

课前交流：通过学习，大家知道了围绕中心意思确定立意，并从不同的方面或者选取不同的事例来写全面，把重要事例写充分、写具体。这节课我们一起走进习作例文《爸爸的计划》，学习如何围绕中心选择材料，有主有次地写清楚。

[学习活动]

活动一：整理材料精准练

（一）梳理材料

（1）围绕"戏迷爷爷"这个题目可以选用哪些材料？并说说这样选择的理由。

在选择材料的时候，要注意围绕中心意思选材。

（2）比选材更难的是对材料的分类和梳理，围绕"戏迷爷爷"所选用的这些材料你们会分类吗？

可以从"看戏""学戏""演戏"这三个方面对材料进行梳理、优化重组。

（3）这三个顺序能否调换一下？

从"看戏"到"学戏"再到"演戏"，是一个层层递进、逐步深入的过程。

（二）绘制导图

（1）同学们是否都学会了如何围绕中心意思选材呢？下面，就让我们一起来练一练。围绕"忙碌的早晨"这个中心，你能想到哪些事例？

（2）拿出课堂学习单，试着分别从家中、路上、校园这三个方面对所选事例进行分类，完成思维导图。

（3）交流。

小结：同学们已经学会了围绕一个中心意思选择恰当事例，并且还能对事例进行合理地分类梳理，从而让这些事例从不同的方面来表达我们的中心意

思。如此一来，我们文章的整体框架就有了，整体思路非常清晰明了。

设计说明：整个单元设计，学生先由经典文本体会写作方法，再借课堂交流归纳方法，接着用"初试身手"中提供的素材进行片段练习或实践活动。本环节借助"初试身手"进一步补充习作盲点，即选材不仅要关注适合与否，还要关注选材之间的逻辑性。从理论到实践，学生在运用所学的习作方法练笔时会遇到很多新的问题。习作例文贴近学生生活实际，模仿与借鉴习作例文中的写作方法是解决学生习作问题的有效途径。

活动二：精读例文习方法

（一）选取重点定详略

一篇精彩的文章不仅要中心明确、选材恰当、条理清晰，还要做到详略得当。在日常的写作当中，你通常会选择怎样的事例作为重点描写的内容呢？

交流：对于重要的内容我们要进行详细的、具体的介绍，那么其他内容我们就需要略写。

（二）关注课例学略写

（1）过渡：对于如何写详细、写具体，老师经常会讲到。但是如何把略写部分写好？如何把略写部分安排得有条理、有章法？

（2）聚焦习作例文《爸爸的计划》中的第一、第二段，读读看，同样是略写，这两个段落所采用的略写方式有何不同？

小结：在这里，略写事例我们学习了两种方式。一种是对许多事例进行简单罗列；另外一种是列举两三个事例，每个事例分别用一两句话说清楚。

（三）仿写片段重迁移

（1）试着给学习任务一中的这些事例定主次，哪个事例要详细介绍？在旁边标出两颗星；哪些事例只要说清楚就可以了？请选择两个在旁边标出一颗星；剩下的这些事例只做简单罗列。

（2）定好了详略，就请同学们用上两种不同的略写方式来完成这两个片段。

（3）交流。

设计说明：习作例文模块提示了一些可参考的方法、表达规律，即文本是怎样紧扣"爸爸爱订计划"这一中心意思写清楚的方法：首先，一般性罗列；其次，选取经典案例描写；最后，选择重点事例具体写。本环节重点补充学习略写事例的习作方法。这样，学生可以通过学习、探究例文，对例文怎样表达中心意思的方法有一个更加清晰的认知。

活动三：完善结构谋全篇

在今天的习作课上，咱们一起学习了如何围绕中心意思来选择材料；学习了如何借助思维导图来梳理文章素材、理清文章思路；一起学习了如何选择要介绍的重点事例以及略写事例的两种方法。课后请大家综合运用本单元所学的表达方法，挖掘汉字的内涵，为幼儿园的小朋友讲述你的故事。

设计说明：语文运用是一种习惯、技能，要经过一定的模仿、实践才能够逐步形成。因此，在习作教学中要注重例文的应用，引导学生有效模仿、实践，最终转变为自己创作。在品析与感悟环节，学生就能够结合例文习得习作方法、列出习作提纲。在习作中遇到问题时，学生能够回顾例文，寻找可模仿、学习的地方，修改完善自己的习作。至此，有了方法的归纳与梳理，有了片段的实践与反思，学生能将精读课文与习作例文中习得的叙事方法综合运用到写作实践中去，为完成习作打下了扎实的基础。

巧设任务情境，表达真情实感[*]
——部编版语文教材六年级下册习作单元整体教学设计

顾灯燕

一、教材分析

部编版语文教材六年级下册习作单元的主题是"让真情自然流露"，语文要素是"体会文章是怎样表达情感的""选择合适的内容写出真情实感"，围绕语文要素，教材编排了两篇精读课文《匆匆》《那个星期天》，交流平台，初试身手，两篇习作例文《别了，语文课》《阳光的两种用法》，以及习作《让真情自然流露》。

两篇精读课文主要让学生体会文章是怎样表达情感的，《匆匆》侧重于用诗一般的语言直接表达内心的情感；《那个星期天》把情感融入人、事、景中；交流平台将两篇课文中表达情感的方法进行总结；初试身手训练学生将情感融于景物之中；两篇习作例文通过批注和课后题，引导学生进一步感受可以怎样表达真情实感；最后的习作是将习得的表达真情实感的方法落实到自己的语言运用中，记录日常生活，表达自己的真实感受。

这些教学内容都指向语文要素"体会文章是怎样表达情感的""选择合适的内容写出真情实感"的落实。通过研读教材，本单元教材内容及教学要点安排如表1所示。

---

[*] 本文作者简介：顾灯燕（1983— ），女，江苏靖江人，毕业于南通大学，创意写作专业。现任教于无锡市东绛实验学校，校务管理中心副主任。

表1 教材内容及教学要点

分类	教学内容	教学要点
阅读教学	《匆匆》 《那个星期天》	1. 了解课文内容，体会作者表达的情感。 2. 能联系课文内容，感悟作者表达情感的方法。
	交流平台 初试身手	1. 能结合课文内容，交流表达真情实感的方法。 2. 能选择一两个情境，运用把情感融入景物之中的方法写几句话。
习作例文	《别了，语文课》 《阳光的两种用法》	1. 能选择合适的内容，把内容写具体。 2. 能真实自然地表达自己的情感。
	习作	

二、任务创设

从表1的教学内容和教学要点中不难发现，本单元属于"文学阅读与创意表达"学习任务群，主要引导学生在语文实践活动中，通过整体感知、联想想象，感受文学语言和形象的独特魅力，获得个性化的审美体验；了解文学作品的基本特点，欣赏和评价语言文字作品，提高审美品位；观察、感受自然和社会，表达自己独特的体验与思考，尝试创作文学作品。

在大单元整体教学设计思路的统领下，结合创意写作对写作过程、合作学习、头脑风暴等方法的运用，我们设计了如表2所示的本单元的学习任务。

表2 习作单元的学习任务

主题	任务	子任务群	课时安排	学习活动
我的情感小怪兽	撰写剧本，拍摄生活微情景剧，运用多种方法表达真情实感	任务一：萃取素材，生成情感主题	1	活动一：观看视频，了解情感体验 活动二：头脑风暴，回忆生活点滴
		任务二：范文引路，学习表达情感	4	活动一："我是演员"，以独白的方式演绎作者的情感

续表

主题	任务	子任务群	课时安排	学习活动
我的情感小怪兽	撰写剧本，拍摄生活微情景剧，运用多种方法表达真情实感	任务二：范文引路，学习表达情感	4	活动二："我是导演"，捕捉演绎表现"我"心情的画面
				活动三："我是特约评论员"，评论例文中表达情感的方法
		任务三：撰写剧本，尝试实战创作	3	活动一：初试身手，环境随"心"变
				活动二：小试牛刀，真情善表现
				活动三：大展拳脚，情境巧再现

三、理念简述

本单元的主题是"让真情自然流露"，在校园生活、家庭生活中，师生之间、同学之间、亲子之间每时每刻都在流露着情感，这些情感是真实的、自然的，都是源于日常生活的，而用文字表达这种真情实感，对于学生来说充满挑战。体会文章表达情感的方法，学会选择合适的内容写出真情实感，是学习本单元的关键，因此，本单元设计了"以'我的情感小怪兽'为主题，以日常生活点滴为内容，借助微情景剧，表达自己的内心情感"这一情境任务，驱动整个单元的学习。

根据作家工坊的写作教学流程，第一步，脑力激荡，因此，我设计的第一个任务是"萃取素材，生成情感主题"，学生进行头脑风暴，捕捉自己的校园生活或家庭生活点滴，感受当时内心的情感变化。通过任务二，学习课文及习作例文中表达真情实感的几种不同的方法，任务三是完成剧本撰写，尝试拍摄微情景剧。

四、教学设计

任务一：萃取素材，生成情感主题

[任务目标]

知道人类不同的情感体验，通过头脑风暴，回忆不同情感体验的生活点

滴，并尝试表达。

[学习活动]

活动一：观看视频，了解情感体验

观看视频《我的情绪小怪兽》，了解人平时有哪些情感，当有这些情感时分别是什么感受。

活动二：头脑风暴，回忆生活点滴

根据不同的情感体验，联系平时生活点滴，小组内说一说印象最深刻一次。其他学生评价，思考：哪些同学的讲述能够引起共鸣，哪些同学的不能，为什么？

设计说明：在单元学习之初，通过视频让学生知道平时有哪些情感体验，通过头脑风暴回忆产生这些情感体验的生活点滴，并尝试着说一说。学生在说的过程中会遇到障碍，教师要引导他们深入探究：怎样才能真切地表达这种情感，让别人感同身受。激发学生学习的欲望，产生强大的内驱力，为后面的学习任务的开展做好铺垫。

任务二：范文引路，学习表达情感

[任务目标]

（1）通过独白的方式演绎《匆匆》，感受直抒胸臆的情感表达方式。

（2）寻找《那个星期天》一文中能够体现"我"心情变化的画面，了解情感的变化可以通过描写的方式表达。

（3）评论《习作例文》，巩固表达情感的三种方式：通过具体事例表达情感；通过内心独白直接表达情感；将情感融于人景之中。

[学习活动]

活动一："我是演员"，以独白的方式演绎作者的情感

（1）让学生进入角色设定：我是一名演员，需要将朱自清的对时光流逝的感慨用独白的形势表达出来。你会选择文中哪一段作为独白。

（2）头脑风暴：为了让独白更有表现力、感染力，在演绎的时候该注意哪些方面？

（3）小组内表演，互相评价，选出小组最佳参加班级竞赛。

 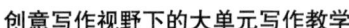

评价要素	评价标准	星级
有声	语音响亮，正确清晰	
有法	注意节奏，停顿得当	
有情	情感真挚，有感染力	

（以上操作步骤仅供参考）

活动二：“我是导演”，捕捉演绎表现"我"心情的画面

（1）让学生进入角色设定：如果我是一名导演，到《那个星期天》一文中找到能体现"我"内心情感的句子，用笔画出来读一读。

（2）作为导演，你将如何将这种抽象的情感表现出来，以课文中的文字为剧本，在信息技术老师的指导下尝试拍摄视频。

（3）交流分享：每个小组将本组成果在班级内展示交流。

步骤	视频拍摄指导要点
找一找	找一找文中哪一段最能表现"我"的内心情感
想一想	怎样将抽象的情感表现出来，让观众看了感同身受
试一试	尝试拍摄视频，通过人物的语言、动作、神态来体现情感
加一加	加上周围环境，能达到画龙点睛的效果

（以上操作步骤仅供参考）

活动三：“我是特约评论员”，评论例文中作者表达情感的方法

如果你是特约评论员，请你对比阅读两篇习作例文，根据已有学习经验比较两篇课文在表达情感上的异同，并完成表格。

课文	《别了，语文课》	《阳光的两种用法》
相同之处	内容源于日常生活，用具体事例表达情感，情感真实、自然	
不同之处	内心独白直接表达情感	围绕一条主线表达情感
	选择合适的材料表达情感	

（以上操作步骤仅供参考）

设计说明：通过角色设定的方式，将学生代入到特定的角色中，完成相关任务，激发学生主动参与的积极性。《匆匆》这篇课文侧重于直接抒情，文中多处运用比喻、拟人、排比等修辞手法表达了作者对时光流逝的遗憾，文笔细腻，这样的表达方式适合用朗诵的方式表达，所以让学生代入演员的角色，以独白的方式演绎，体会作者的情感，感受作者表达情感的独特方式。而《那个星期天》一文，作者将情感通过一件具体的事例表达出来，通过人物的描写以及环境衬托表现人物情感的变化，这样的表达方式更适合用想象画面的方式体现，所以教师让学生代入到"导演"的角色中，以导演的视角想象该如何拍摄，在想象中感受文中"我"的情感变化。

任务三：撰写剧本，尝试实战创作

[任务目标]

（1）通过情景式阶段训练，让学生将学到的表达真情实感的方法运用到语言中。

（2）通过拍摄视频的方式，重现当时的画面，把内在的情感体验转化为外在的语言表达，再转变为当时的生活场景，从而让学生明白，作文的素材就是来源于日常生活。

[学习活动]

活动一：初试身手，环境随"心"变

（1）比较句子，学习借景抒情：

出示"初试身手"中的两段话，思考有什么区别？

交流归纳：都是写花儿和小鸟，但表达了完全不同的情感，第一段是高兴，第二段是伤心，这就叫借景抒情，通过描写周围的环境，表达作者的情感。

（2）到课文中寻找借景抒情的句段，总结要表达作者的情感，景色该怎样写？

交流归纳：要联系具体的情境取景，善用拟人等修辞手法，多种感官参与。

（3）联系生活，选择一个场景，从心情"好"与"不好"两种状态分别写一写。

活动二：小试牛刀，真情善表现

（1）思维导图，总结方法：

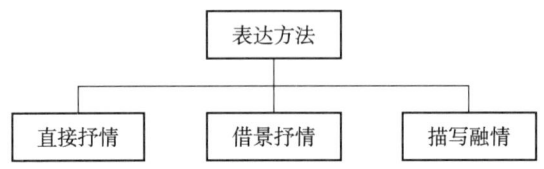

（2）提供情境，撰写剧本：

"双减"政策后，学校实行了晚托服务，圆圆在学校完成了所有的家庭作业，兴高采烈地背着书包回到家，正想看会电视，妈妈说："宝贝，我们做一会儿数学，不多，就两页。"做完数学，妈妈又说："我们练一会英语口语。"接下来又是做语文阅读理解，等到全部完成，已经九点钟了，该睡觉了。

根据上述情境，尝试撰写剧本，要求运用所学方法表达圆圆的情感变化，情感流露真实自然。

（3）设置标准，交流修改。

评 价 标 准	星 级
按照习作思路写清情感变化	
直接抒情	
借景抒情	
描写融情	
情感真实，自然流露	

（以上操作步骤仅供参考）

设计说明：运用思维导图的方式总结情感表达的三种方法，为学生接下来的习作提供了支架，是习作思路和情感表达的工具。剧本写完的修改环节要围绕本次学习目标设置评价标准，做到"教—学—评"一体化，同时修改方式要多元化，自主修改和他人意见互相结合。

活动三：大展拳脚，情境巧再现

（1）根据剧本，在信息技术老师的帮助下拍摄微情景剧

（2）组内观看视频，头脑风暴，提出改进意见。

评价标准：一是剧中人物的语言、动作、神态等能否表现人物情感；二是有无环境的镜头，是否能表现人物情感。

（3）根据意见汇总，修改剧本，再次拍摄。

设计说明：最后根据剧本拍摄微情景剧，其实是对剧本的一次再创作，是对剧本的一次反思回望。在拍摄的过程中，学生会根据具体的情境判断哪里需要进一步改进，使剧本更为成熟。同时将剧本拍摄成视频，学生看到最后的微情景剧其实就是生活中的点滴小事，也自然明白，其实作文素材是来源于生活的。

· 初中部分 ·

吟四季美景　品生活情怀[*]
——部编版语文教材七年级上册第一单元整体教学设计

杜晓雨

一、教材分析

部编版语文教材七年级上册第一单元的课文包括三篇现当代散文和四首古诗词。三篇散文都是写景抒情的名家名篇：朱自清的《春》，以生动形象的笔法，多层次、多角度地描写一个特定时令的景象；老舍的《济南的冬天》，描写和赞美了一个地方在一个季节里的风貌；刘湛秋的《雨的四季》，则不限于一时一地，而是描写大自然四季里多姿多彩的雨的形象。四首古代诗词，或观沧海，或慰友人，或泛江河，或诉秋思，所描写的景色和所抒发的情感各异，但都很精彩。这些古今名篇描绘了优美的四时之景，抒发了真挚热烈的情感，营造了美好而深远的意境，构思精巧，语言精致，值得好好欣赏体会。

本单元学习的是写景抒情的诗文。所谓写景抒情，就是把自然万物、人工景观或民俗风貌等当作主要描写对象，抓住景物特点，按照一定的写作顺序，运用多种方法，写出它们的形声色味、姿态情态等特征，重在表达作者情感。表达既有诗情，又有画意，"登山则情满于山，观海则意溢于海"，正所谓"一切景语皆情语"。

本单元的写作"热爱生活，热爱写作"，旨在帮助学生理顺生活与写作的关系，引导学生留心生活、观察生活、悉心体会，力求在写作中表达自己对自然、社会、人生的感受、体验和思考。学会运用课文中对比、比喻、拟人等手法进行写作，掌握借景抒情的写作手法。

---

[*] 本文作者简介：杜晓雨：（1999—　　），女，辽宁铁岭人。毕业于华中师范大学，教育学专业。现任教上海大学附属学校。

本单元教学内容的学习指向单元语文要素"体会借景抒情写作手法的表达效果"。通过对教材的研读，各部分教材内容及教学要点安排如表1所示。

表1 教材内容及教学要点

分类	内容	教学要点
阅读	《春》 《济南的冬天》 《雨的四季》 《古代诗歌四首》	1. 积累生字词，背诵名句、名段、名篇，并尝试在写作时自然而然地引用。 2. 深入学习比喻的修辞手法。懂得欣赏比喻给文章带来的美感，引导学生借鉴模仿，吸收化用于自己的写作中；掌握比拟这一修辞手法的要领。 3. 掌握朗读要领，把握好重音和停连的朗读技巧，知道哪些字词句要重读，哪些可以轻读；知道哪些词语、句子之间要停或要连。引导学生将朗读建立在理解的基础上，体会文辞的优美和情味。 4. 感受课文中丰富多彩的景物之美，激发对大自然的热爱，提高对语言文字的鉴赏能力。要让学生充分感受课文的景物描写，进而理解景物描写背后的深意。 5. 明确写作与生活的关系，增强用语言文字表达思想感情的信心。
写作	热爱生活，热爱写作	

二、任务创设

在大单元整体教学设计思路的统领下，结合创意写作对写作过程、合作学习、头脑风暴等学习方法的运用，我们设计了如表2所示的本单元的学习任务。

表2 第一单元的学习任务

主题	任务	子任务群	学习活动
吟四季美景品生活情怀	自行选择一篇写景抒情散文，认真品析文章的语言和情感，借助重音和停连等朗诵技巧，展示自己对文章的感悟	任务一：学生自读课文，扫清文字障碍，整体感知文章内容	活动一：默读本单元的所有文章《春》《济南的冬天》《雨的四季》《古代诗歌四首》，扫清文字障碍
			活动二：大声朗读文章，了解文章大意，把握基本内容，初步感受文章所写景物及其特点，体会作者情感

续表

主题	任务	子任务群	学习活动
吟四季美景品生活情怀	自行选择一篇写景抒情散文，认真品析文章的语言和情感，借助重音和停连等朗诵技巧，展示自己对文章的感悟	任务二：教师精讲《春》《济南的冬天》《古代诗歌四首》，分析理解文本，揣摩文本语言，把握作者情感	活动一：带领学生对《春》《济南的冬天》某一段落进行品读、赏析，总结提炼方法。让学生对照任务清单先自主学习，独立思考
			活动二：小组合作，讨论交流，完成相应任务
			活动三：在教师的指导下，讨论交流，在内容理解的正确性和语言表达的精准性方面进行完善
		任务三：学生学习朗读技巧，掌握重音和停连，练习朗读	活动一：学习朗诵技巧，在理解文本的基础上，初次尝试朗读
			活动二：思考朗诵技巧处理的异同对情感表达的影响，再次朗诵文本感悟情感
			活动三：小组内展示朗诵，互评调整
		任务四：拓展延伸朗读篇目，开展班级朗读会	活动一：根据班级学生实际情况，可以选择以小组为单位自选篇目或小组抽签选定篇目
			活动二：小组成员合作完成对文本的解读和朗诵技巧的处理
			活动三：推荐组内一名学生代表本组进行朗诵展示

三、理念简述

在本单元的学习过程中，我们将重点培养学生的阅读理解能力和语言表达能力，通过对多篇写景抒情文章的赏析，引导学生深入体会文章背后所蕴含的思想情感。同时，我们会教授并巩固朗读技巧，让学生通过朗读感受自己的体验和感悟。

为了实现这一目标，需要将单元视为一个整体，打通课与课之间的界限，进行系统化、连贯性的教学设计。通过引导学生热爱生活、热爱写作，培养他们观察生活、感悟生活的习惯，激发对自然、社会、人生的思考。

在此背景下，我们将对单元的写作主题"热爱生活，热爱写作"进行深入探讨。这一主题旨在让学生明确生活与写作之间的紧密联系，从而培养他们主动观察、主动思考的习惯。我们还将帮助他们学习和运用课文中对比、比喻、拟人等手法进行写作，进一步提升写作技巧。同时，借景抒情的写作手法也将作为重点内容进行教授和训练。

通过这样的教学设计，我们期待学生能够在本单元的学习过程中，不仅提升阅读理解能力和语言表达能力，还能在写作方面有更大的突破，真正实现热爱生活、热爱写作的目标。

首先，设计一个真实情境中的自带动力的单元核心任务：年级即将开展"吟四季美景 品生活情怀"朗诵会，作为参赛选手，你需要自行选择一篇写景抒情散文，认真品析文章的语言和情感，借助重音和停连等朗诵技巧，展示自己对文章的感悟。在此单元核心任务下设计单元核心问题：怎样有感情地朗诵文本？

其次，引导学生围绕单元核心任务，在核心问题的驱动下展开四个阶段的学习活动。

第一阶段：自读课文，扫清文字障碍，整体感知文章内容；第二阶段：精讲《春》《济南的冬天》《古代诗歌四首》，分析理解文本，揣摩文本语言，把握作者情感；第三阶段：学习朗读技巧，掌握重音和停连，练习朗读；第四阶段：拓展延伸朗读篇目，开展班级、年级朗读会。

四、教学设计

任务一：学生自读课文，扫清文字障碍，整体感知文章内容

学生在该阶段首先默读本单元的所有文章《春》《济南的冬天》《雨的四季》《古代诗歌四首》，扫清文字障碍。要求做到：掌握朗读要领，重点学习重音停连等知识，通过朗读，深入体会诗文的思想感情。教师利用以下评估证据检验学生的学习效果：百词闯关——即针对本单元字词的音形义进行的闯关设计，学生检测后，90分以上为合格，不合格可以重复进行检测，直至合格。

设计说明：此环节有助于学生夯实字词基础，广泛地进行理解、积累，并在不断的重复检测中，提高字词掌握的熟练度，在基础知识积累中获得成就感，激发学习语文的兴趣。

学生大声朗读课文，了解文章大意，把握基本内容，初步感受文章所写景物及其特点，体会作者情感。速读课文后，利用下面的表格完成对课文的初步感知。

课　　文	景　　物	景物特点	抒发的情感
《春》			
《济南的冬天》			
《雨的四季》			
《观沧海》			
《闻王昌龄左迁龙标遥有此寄》			
《次北固山下》			
《天净沙·秋思》			

任务二：教师精讲《春》《济南的冬天》《古代诗歌四首》，分析理解文本，揣摩文本语言，把握作者情感

教师先带领学生对《春》《济南的冬天》某一段落进行品读、赏析，总结提炼方法。然后让学生对照任务清单先自主学习，独立思考，在课本上进行圈点批注（可借助的学习资源：作家简介与创作背景、经典解读、视频资料、赏析手法等相关知识）；再小组合作，讨论交流，完成相应任务；最后在教师的指导下，讨论交流，在内容理解的正确性和语言表达的精准性方面进行完善。

设计说明：此环节通过精讲《春》《济南的冬天》《古代诗歌四首》，重点突破学生对文本的理解和鉴赏。指向核心素养的教学，应该帮助学生在欣赏文学作品的过程中，先对文本有正确的理解，再引导学生形成自己的情感体验，进而领悟作品的内涵。

任务三：学生学习朗读技巧，掌握重音和停连，练习朗读

学习朗诵技巧（学习资源：朗读技巧说明；朗读脚本示例；重音、停连等知识），在理解文本的基础上，初次尝试朗读。借助视频和音频资料（如《朗读者》《见字如面》《声临其境》视频和央广网朗读音频）等，感悟名家朗诵技巧，对比自己和名家的朗诵，思考朗诵技巧处理的异同对情感表达的影响。再次朗诵文本感悟情感。小组内展示朗诵，互评调整，互评时建议采用以下语言表述形式："这段文本写了……，侧重表达了作者的……情感，所以需要运用……的朗诵技巧。"班级内进行朗诵展示，全体师生分别点评，完善朗诵技巧。

设计说明：此环节旨在引导学生在反复朗诵对比中，激发学生的朗诵兴趣，培养学生自主学习的意识和习惯，帮助学生掌握朗诵的方法和技巧，为学生创设有利于自主、合作、探究学习的环境。同时也要尊重学生的个体差异和个性化的情感解读，鼓励学生选择适合自己的学习方式和个性化的朗诵表达。

任务四：拓展延伸朗读篇目，开展班级朗读会

本次朗读会旨在让学生感受四季的美丽与韵味，提高朗读技巧，培养文学鉴赏能力，根据班级学生实际情况，可以选择以小组为单位自选篇目或小组抽签选定篇目。小组成员合作完成对文本的解读和朗诵技巧的处理。推荐组内一名学生代表本组进行朗诵展示。小组间利用"评价量表"进行互相打分点评，推荐1～2名学生代表班级参加年级朗诵会。

朗读评价标准：

非常满意（9～10分）：朗读内容紧扣主题，选材得当，表现出四季的鲜明特征；朗读技巧纯熟，语音标准，语调抑扬顿挫，情感表达准确、自然，让听众充分感受到四季之美。

比较满意（7～8分）：朗读内容基本符合主题和要求，表现出四季的一定特征；朗读较为流畅，语音基本准确，情感表达较为充分，但可能在某些方面存在一定瑕疵。

一般（5~6分）：朗读内容基本符合主题和要求，但表现力一般；朗读水平一般，语音基本过关，但情感表达欠缺，需要进一步提高。

不满意（4分以下）：朗读内容与主题不符，或朗读出现严重错误，影响听众理解。

拓展延伸朗读篇目：《春风》（老舍）、《春风》（林斤澜）、《夏夜》（叶梓）、《海滨仲夏夜》（峻青）、《秋颂》（罗兰）、《北国秋叶》（薛尔康）、《白马湖之冬》（夏丏尊）、《雪》（余秋雨）。

姓　　名	读音准确	文本理解	感情基调	技巧方法	整体台风

设计说明：此环节旨在引导学生在自主合作学习的基础上，通过对文本进行反复研读、推敲、揣摩，调整朗诵技巧和方法的运用，体验合作与成功的喜悦；提高对作品的鉴赏能力；尝试用声音个性化表达对文本和情感的解读，激发对大自然、对人生的热爱。

五、写作实践

导语：秋天是个多彩的季节，秋高气爽，黄叶翻飞，大自然向我们展示了另一番多彩的景致，如今我们已经走进秋的天地，让我们来感受它给我们带来的美韵。

课堂教学设计：

（一）教学目标

（1）帮助学生深入理解秋天的内涵与特点，提高写作素材的积累；

（2）教授学生秋天的写作技巧，提升学生的写作能力；

（3）通过小组协作与展示，培养学生的团队合作精神和口头表达能力。

（二）教学内容

（1）分析秋天的特点及其在文学作品中的表现；

（2）学习秋天的写作技巧，如情景交融、寓情于景等；

（3）小组协作，运用所学技巧描述秋天，完成一篇写景散文。

（三）教学方法

（1）讲解、讨论与示范相结合；

（2）小组协作与个人创作相结合；

（3）课堂展示与评价相结合。

（四）教学步骤

1. 引入（10分钟）

通过播放秋天的图片和音乐，引导学生进入秋天的情境。提出问题：你们眼中的秋天是什么样子的？激发学生的兴趣和思考。

2. 分析（25分钟）

选取几篇描写秋天的文学作品，如《故都的秋》《秋思》等，与学生一起分析秋天的特点，如秋高气爽、黄叶翻飞、收获等。总结秋天的写作技巧，如情景交融、寓情于景等。

3. 写作（30分钟）

小组协作，运用所学技巧描述秋天，完成一篇写景散文。教师巡视指导，帮助学生解决写作中的困难。

4. 展示与评价（25分钟）

每组选取一至两篇作品进行课堂展示，全班一起评价，肯定优点，指出不足，教师提供建议和改进方向，最后选出最佳作品，予以鼓励。

（五）教学评价

（1）观察学生对秋天内涵与特点的理解程度；

（2）分析学生在写作中运用所学技巧的情况；

（3）评价学生在小组协作中的参与度和口头表达能力；

（4）检查学生的写作成果，以及是否达到了教学目标。

设计说明：本环节旨在通过观察和描写秋天的美景，培养学生的审美情趣，让学生感受到大自然的美丽和和谐；增强学生的情感表达能力，更好地表达自己对秋天的情感和感受；通过观察和描写秋天的景色，引导学生关注自然环境。

叙平凡人物睹风采　学细节描写显生动*
——部编版语文教材七年级下册第三单元整体教学设计

叶婉芸

一、内容简介

部编版语文教材七年级下册第三单元围绕"凡人小事"这一主题安排了《阿长与〈山海经〉》《老王》《台阶》《卖油翁》这四篇课文，以及写作"抓住细节"和"名著导读"等教学内容。

本单元选编的四篇课文，都是关于"小人物"的故事。四篇文章涉及人生的多个方面，互相配合，有助于深化学生对"怎样做人"的认识，也有助于启发学生更理性、更积极地看待身边虽然平凡且有弱点，但在他们身上又常常闪现优秀品格的光辉的普通人。这些人物引导人们在现实生活中向善、务实、求美。阅读这些课文，需要让学生在整体感知课文内容的基础上，加强文本细读，读懂作者投射在"小人物"身上的情感态度。习作要求是抓住细节，意在引导学生了解细节描写及常见类型，培养学生发现生活中的细节，理解细节描写在写作中的作用，学习细节描写的方法，最后完成习作《照片里的故事》。名著导读探究小人物祥子的悲剧对我们当下的启示，意在引导学生对经典作品反复阅读，学会运用"圈点与批注法"，勾画出作品的重点、难点、疑点，逐步解决问题，遵循由易到难的顺序，把握名著的内容。

这些教学内容的学习都指向单元语文要素"学习注重熟读精思""从标题、详略安排、角度选择等方面把握文章重点""从开头、结尾、文中的反复及特别之处发现关键语句，感受文章意蕴"的落实。通过对教材的研读，各部分教材内容及教学要点安排如表1所示：

---

* 本文作者简介：叶婉芸（1995—　），女，浙江慈溪人，毕业于扬州大学汉语国际教育专业。现任教上海大学附属学校。

表1　教材内容及教学要点

分类	内容	教学要点
阅读教学	《阿长与〈山海经〉》 《老王》 《台阶》 《卖油翁》	1. 了解熟读精思的方法，学会从标题、详略安排、角度选择等方面把握文章的重点，提高整体把握文章的结构层次能力。 2. 加强文本细读，关注细节描写以及前后内容的内在联系，把握平凡人物身上闪光的品格，体悟凡人小事背后的深层意蕴。 3. 了解叙事性作品的共性，体会不同文体在阅读欣赏中的差异性，获得阅读欣赏叙事作品的经验和方法。
单元习作	抓住细节	1. 了解细节描写及常见类型，理解细节描写在写作中的作用。 2. 学习如何捕捉生活中的细节，描写生动的细节。 3. 注意在写作中运用细节描写来刻画人物、表达情感。
名著导读	《骆驼祥子》圈点与批注	1. 品读经典细节，学习有目的地圈点勾画、批注点评。 2. 结合背景知识，分析祥子的人生悲剧产生的原因，探讨祥子的悲剧对我们当下的启示。 3. 指导选取探究专题，完成读书报告并交流。

二、任务创设

教材注重读写结合，"阅读"与"写作""名著导读"之间存在着较高的关联度，"阅读"板块为"写作"板块和"名著导读"板块提供了方法指导，三个板块紧扣单元的人文主题，指向单元语文要素的落实。在大单元整体理念关于提高学生的学习效果、培养学生的独立性、培养学生的研究能力、培养学生的创新思维能力的设计思路统领下，结合创意写作中的头脑风暴法、合作学习法、过程写作法等，设计了如表2所示的本单元的学习任务。

表2　第三单元的学习任务

主题	任务	子任务群	课时安排	学习活动
叙平凡人物睹风采 学细节描写显生动	学会运用细节描写刻画真实典型生动的人物形象	任务一：走近平凡人物，了解照片故事	2	活动一：寻找身边的平凡人物，选出或拍下自己感兴趣的一张照片 活动二：采访照片中的人物，了解照片背后的故事

续 表

主题	任 务	子任务群	课时安排	学 习 活 动
叙平凡人物睹风采 学细节描写显生动	学会运用细节描写刻画真实典型生动的人物形象	任务二：目睹人物风采，学习细节描写	4	活动一：描绘《老王》的人物形象，抓住真实的细节，刻画老王形象
				活动二：把握《台阶》中的主题，讨论最能反映"父亲"性格特征的细节
				活动三：品读《卖油翁》中的关键词句，捕捉生动的细节描写，展现人物的态度和心理
				活动四：讲述《阿长与〈山海经〉》的故事情节，学习运用真实典型生动的细节，描写长妈妈的形象
		任务三：举办分享会，体会人物的闪光品格	2	活动一：结合人物的肖像、语言、动作、心理描写，运用生动的细节描写刻画照片中的人物形象，完成习作《照片里的故事》
				活动二：举办照片里的故事分享会，把照片和故事编辑成册

三、理念简述

本单元紧紧围绕"叙平凡人物睹风采，学细节描写显生动"这个主题来统领单元学习内容。在学生进入单元学习前，教师就要将本单元读写结合的理念传递给学生，让学生明确教学目标，并将本单元的学习任务呈现给学生，让学习任务更具指向性。

在创意写作教学中，过程写作法让教师明确将写作教学贯穿到写作过程的每一个阶段，使学生得到全面的指导和帮助。本单元学习任务的完成也需要拆分步骤，让学生了解一篇习作的完成不是一蹴而就的，而是环环相扣的，有助于发展学生的思维能力。任务一学生通过寻找生活照中的平凡人物，并从中选取自己感兴趣的一张照片，接下来通过对照片中的人物进行采访了解，引导学生使用创意写作中的头脑风暴法，以小组为单位探讨罗列适合采访的有效问题，了解照片背后的意蕴，有助于培养学生关注细节、发现细节的意识，为后期的学习任务开展奠定良好的基础。任务二的四个活动结合课文，将读写紧密结合，运用创意写作的合作学习法，在工作坊成员的合作学习下，对课文的相关内容进行品析，加深学生理解细节描写在写作中的重要作用，并学会运用细节描写塑造人物形象，迁移到自己的行文中，使照片中的人物形象更显鲜活。在任务三中，可以结合学校实际，采取合适的方式举办成果分享会，创意写作的过程写作法，最后一个环节就是"出版/发表"，因此，分享会的举办在加强学生成果意识的同时培养学生的创作者意识和读者意识。让学生在读中学、在学中写，克服对写作的恐惧感，拥有写作的积极性。

四、教学设计

任务一：走近平凡人物，了解照片故事

[任务目标]

（1）寻找身边的平凡人物，关注身边的小人物。

（2）头脑风暴，就需要采访的问题进行筛选，关注照片中的细节，了解照片背后所蕴含的故事。

[学习活动]

活动一：寻找身边的平凡人物，选出或拍下自己感兴趣的一张照片

（1）在相册、家庭、学校、社区中寻找感兴趣并想深入了解的一位人物。

（2）挑选或拍摄这个人物有意义的一张照片。

设计说明：在单元初期，让学生自己选择想要去了解的人物，激发兴趣，打破学生对最后完成习作的恐惧感。这个活动的安排，以兴趣入手，对于照片的选择或拍摄的过程，也是一个筛选过程，同时可以梳理想要表达的故事框架和结构，为后续学习任务的顺利展开做好铺垫。

活动二：采访照片中的人物，了解照片背后的故事

（1）以小组为单位，讨论采访方向，拟定采访大纲。

（2）组内成员分工协作，分别负责人物的采访、记录、整理、拍摄等工作。

采访大纲示例			
采访对象：		采访方式：	
采访地点：		采访时间：	
问题一：	请问拍摄这张照片时您多大？		
问题二：	请问您当时为什么会做照片中的动作/工作？		
问题三：	请问您当时抱着怎样的心情做这件事？		
……	……		

设计说明：对相关人物的采访大纲，可以就"如何在有效的问题内抓住照片中的细节提问，了解照片背后的故事，感受人物形象"在班级内展开讨论，并运用思维导图的形式将同类问题归纳总结，形成采访大纲。这一学习活动在引导学生关注细节的基础上培养了学生的团队协作能力。

任务二：目睹人物风采，学习细节描写

[任务目标]

（1）了解熟读精思的方法，学会从标题、详略安排、角度选择等方面把握文章的重点，提高整体把握文章的结构层次能力。

（2）加强文本细读，关注细节描写以及前后内容的内在联系，把握平凡人物身上闪光的品格，体悟凡人小事背后的深层意蕴。

[学习活动]

活动一：描绘《老王》中"老王"的人物形象，抓住真实的细节，刻画老王形象

（1）梳理老王与作者一家之间的主要事件，认识作者笔下的车夫"老王"。

老王与作者一家的珍贵情谊	
老王为"我"做的事	① 送冰上楼放入冰箱，冰比前任送的大一倍，冰价相等
	② 送默存上医院不收车费
	③ 临终前把稀缺的香油和鸡蛋送来"我"家

"我"为老王做的事	① 坚持按原价付送冰的钱
	② 坚持付送默存上医院的车费
	③ 常坐老王的三轮，照顾他的生意，与老王说闲话
	④ "我"女儿送老王鱼肝油，治好了他的夜盲症
	⑤ 坚持付他送来的香油和鸡蛋的钱

（2）品读《老王》中描写老王形象的典型段落与语句，理解老王身上闪耀的人性之美。

（3）结合时代背景，解读老王临终前赠送香油和鸡蛋的丰富内涵（老王为什么要送香油和鸡蛋？或者说作者究竟做了什么事，特别值得老王临终前送"大礼"呢？），剖析老王的"不幸"。

（4）小组合作画出老王的形象。

设计说明：本学习活动意在让学生明晰特殊年代中闪光的人性之美。《老王》将复杂而深刻的感情隐藏于平淡和含蓄的语言之中，在解剖老王的人物形象时，需要引导学生深入品析语言，从细节中推究，有助于提升学生运用言语思维理解语言文字的能力。活动的最后小组合作根据分析的文本内容画出老王的形象也是从理解到加深印象的过程，同时，绘画的过程中能进一步引导学生寻找细节，把握细节，将老王这个小人物生动地展现在大家眼前。从而提升学习效果，减少学习负担。

活动二：讨论《台阶》中的主题，讨论最能反映"父亲"性格特征的细节

（1）围绕"修高台阶"这一核心事件梳理文章层次，概括父亲的主要行为。

（2）小组讨论，抓住父亲言行的细节，品析父亲这一人物的性格特征，并概括从中看到的"中国式父亲们"的普遍特质。

《台阶》中父亲细节描写梳理表				
相关细节	父亲形象	父亲情感	作者情感	中国式父亲们的共性特点

设计说明：自读课文《台阶》是一篇小说，以第一人称讲述了"父亲"建新屋修高台阶的故事，用丰富的细节塑造了小人物"父亲"的形象，引发了读者对物质追求与精神追求错位现象的多元思考。在设计活动时，要注重自读课文与教读课文在教学方式上的区别，更需要关注教师的"引导"作用，提供给学生阅读文章的策略，比如"父亲细节描写梳理表"，引导学生在讨论中关注父亲的人物形象，甚至可以交流生活中自己的父亲形象，理解不同的时代、文化背景下父亲的不同形象，更全面地剖析小说中父亲的性格特征。

活动三：品读《卖油翁》中"卖油翁"的关键词句，捕捉生动的细节描写，展现人物的态度和心理

（1）借助注释与工具书翻译课文，疏通文意。

（2）在把握课文基本内容的基础上，捕捉描写人物的重点语句，对比文中两个主要的人物形象。

《卖油翁》中人物形象对比			
写作手法	相关词句	陈尧咨	卖油翁
动作描写			
神态描写			
语言描写			

（3）揣摩关键语句，感受人物的心理和态度。

（4）通过小组合作演绎《卖油翁》这一故事，体会小故事中蕴含的大道理、大智慧。

设计说明：《卖油翁》是一篇笔记小说，运用生动、简洁的细节描写，讲述了卖油翁向陈尧咨演示倒油绝活这一充满智慧的小故事，深入浅出地阐明了熟能生巧的道理。文言文学习是学生的难点，因此这一活动的设计旨在拉近学生与文言文之间的距离。揣摩文中的关键语句，对比出文中关键人物"陈尧咨"和"卖油翁"的不同人物形象，最后通过演绎这则小故事的形式，让学生加深对人物的理解，同时也是对学生是否真正理解故事内涵的检验。故事的成功演绎除了对课文的理解，还需要学生拓宽视野，加入自己的理解与创新,每组从不同角度进行演绎,有效培养学生的创新思维能力。

活动四:讲述《阿长与〈山海经〉》中的故事情节,学习运用真实典型生动的细节,描写"长妈妈"的形象

(1)概括文中与阿长有关的主要事件,理解阿长这一人物形象。

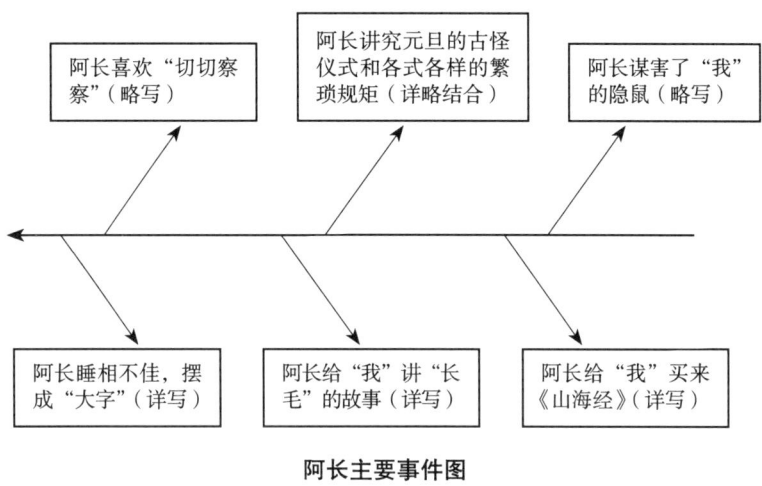

阿长主要事件图

(2)梳理事件中令作者印象深刻的细节,解析背后的意蕴。

每件事中"我"印象最明晰的细节是什么?通过这些细节,"我"想表达什么(人物特征/我的情感态度)	
①	意蕴:
②	意蕴:
③	意蕴:
……	……

(3)运用恰当的言语与肢体语言,讲述"长妈妈"的故事。

设计说明:《阿长与〈山海经〉》这一回忆性散文采用欲扬先抑的手法,深情地回忆了作者儿时的保姆阿长,表达了对这位命运不幸却仁厚善良的女性的感激和怀念之情。鲁迅的文章篇幅都比较长,在学习活动的设计时,需要做减法,引导学生抓住与阿长相关的主要事件,通过分析关键语句,体会作者用词用语的巧妙。同时需要注意提醒学生，不要只从当代人的角度来看待这些事以及阿长这一人物，还要从一个没有文化的、不幸的农村女人和一个关爱"我"的保姆的角度来理解，读出荒诞可笑背后的苦难与希冀。最后的故事讲述活动可以让学生加深印象，更理解阿长，同时锻炼学生的概括能力，提高语文素养。

任务三：举办分享会，体会人物的闪光品格

[任务目标]

（1）结合课内学习的如何运用细节描写刻画生动的人物形象，完成习作。

（2）通过举办分享会，进行个人成果展示，让同学们充分了解照片背后的故事。

[学习活动]

活动一：结合人物的肖像、语言、动作、心理描写，运用生动的细节描写刻画照片中的人物形象，完成习作《照片里的故事》

（1）梳理课文中细节描写的原则与方法，学会运用生动的细节刻画人物形象。可以根据内容设计表格梳理，例如：

细节描写的原则	真　实	真实的细节是对生活细致观察的结果。如《老王》中杨绛对老王送香油和鸡蛋来"我"家时的描写："直僵僵地镶嵌在门框里""简直像棺材里倒出来的"，可能会令人觉得害怕，不过写出了作者当时那种真切的感觉，让人难忘。
	典　型	细节贵在精而不在多，要善于抓住最能反映人物性格特征的细节来写。如《台阶》中过年时结束一年劳作的父亲洗脚时"要了个板刷在脚上沙啦沙啦地刷"，水盆里"是一盆泥浆"，父亲觉得洗干净了的脚"轻飘飘的没着落"等细节，很好地表现了父亲的勤劳能干。
	生　动	细节描写用语要生动、简洁，让读者如见其人，如睹其物，如临其境。如《卖油翁》中写卖油翁观看陈尧咨射箭时的表情和动作，只用"睨"和"微颔"两个动词就惟妙惟肖地表现了他不以为然的态度和心理。
	……	

续 表

细节描写的方法	肖像描写	《老王》中对老王送香油和鸡蛋来"我"家时的详细肖像描写，表现了老王病重临终的状态。
	动作描写	《台阶》中父亲"两手没处放似的""尽力把胸挺得高些……无法挺得高"等动作描写细腻地表现了父亲当时的神情状态。
	语言描写	《阿长与〈山海经〉》中阿长买来《山海经》后一声高兴的呼喊——"哥儿，有画儿的'三哼经'，我给你买来了"，活化了阿长开朗的性格。
	心理描写	《阿长与〈山海经〉》中写"我"收到《山海经》时激动的心情用"似乎遇着了一个霹雳，全体都震悚起来"，生动的表现了"我"当时的惊讶。
	环境描写	《台阶》中写父亲坐在老屋台阶上在桃树荫下休息时写了"别人家高高的台阶"旁栽着柳树，柳枝摇来摇去，"却摇不散父亲那专注的目光"，通过环境描写暗示了父亲的内心世界。
	……	

（2）完成习作《照片里的故事》，要求叙述故事条理清晰，对照片中的细节做出生动具体的描写。

【小贴士】 细节描写

细节，指人物、景物、事件等表现对象的富有特色的细小环节。细节描写通常是指抓住生活中细微而又具体的典型情节，进行生动细致地描绘，具体渗透在对人物、景物或场面的描写之中。

设计说明：在前面的课文学习中，我们分别以《阿长与〈山海经〉》《老王》《台阶》《卖油翁》为例，品味了作者运用生动的细节描写，塑造人物形象。引导学生在此基础上运用所学方法完成习作，学以致用，对自己照片故事中的人物进行细腻而生动的刻画。这一学习活动设计不仅将课文进行了系统的梳理，避免了学生只学单篇课文的情况，同时将阅读与写作紧密结合，更有助于学生养成迁移学习的思维品质。

 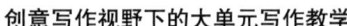

活动二：举办照片里的故事分享会，把照片和故事编辑成册

举办照片里的故事分享会，邀请学生将成果在分享会上进行展示。分享会后可以以小组为单位将照片与故事编辑成册，以便学生互相学习。

设计说明："通过细节描写塑造人物形象，表达真实情感"是本单元最终需要达成的任务目标。创意写作中过程写作法的最后一步也是展示写作成果，开展分享会这一活动既可以激励学生完成习作，又可以培养学生的口语表达能力。在分享会后，以小组为单位将照片与故事编辑成册，让学生享受分享的喜悦和成为作家的快乐。如此，语文学习不再是枯燥无味的，而是有趣又有所得的。

山川灵秀，于阅读中感受
情思寄托，于纸笔间相逢*

——部编版语文教材八年级上册第三单元整体教学设计

徐翔鹄

一、教材分析

部编版语文教材八年级上册第三单元围绕"山川风物"这一主题安排了《三峡》、《短文二篇》(《答谢中中书》《记承天寺夜游》)、《与朱元思书》、《唐诗五首》(《野望》《黄鹤楼》《使至塞上》《渡荆门送别》《钱塘湖春行》)这几篇课文，以及习作《学习描写景物》等教学内容。

这个单元所选的诗文，都是我国古代歌咏自然山水的优秀篇章。我国幅员辽阔，地大物博，有着美不胜收的山水资源。我国古人很早就善于欣赏山水之美，《诗经》中有很多描绘自然风物的诗句；《庄子·知北游》中云："山林与！皋壤与！使我欣欣然而乐与！"到魏晋南北朝时期，对山水之美的欣赏上升为审美的自觉，文人们流连山水之中，用心灵观察、体悟自然风物之美，发现独到的审美趣味，或者寄情山水，排遣人生的种种苦闷与无奈，由此产生了一批模山范水、体察自然之趣的诗文。这些诗文大都以描写景物为主，融入作者细腻的情思，情景交融，具有很高的审美价值。

郦道元的《三峡》先写三峡总体形势，再抓住季节特点，分别写夏天、冬春之时和秋天各个不同季节的景象。文章布局自然，思路清晰，以凝练生动的笔墨，描绘了三峡雄奇险拔、清幽秀丽的景色。

《短文二篇》选入两篇风格迥异的写景短章，表现出不同的艺术风格。《答谢中书书》以清俊的笔触具体描绘了秀美的山川景色，传达自己与自然相融合

---

* 本文作者简介：徐翔鹄（1995— ），女，山西人，毕业于上海师范大学，汉语国际教育专业。现任教于上海大学附属宝山外国语学校。

的生命愉悦，体现了作者酷爱自然、乐在林泉的情趣；《记承天寺夜游》如一篇短小的日记，记述了作者夜游承天寺的经历，创造了一个清幽宁静的艺术境界，传达出作者复杂微妙的心境。

《与朱元思书》一文，以书札的形式，描绘了富阳至桐庐一百余里秀丽的山水景物。文章骈散相间，清新隽永，历历如绘，是六朝山水小品中的佳作。

《唐诗五首》选入从初唐至中唐的五首唐人律诗，有五言，有七言。诗歌或写田园风光，抒发诗人孤独、彷徨之情；或写登临之景，抒发诗人吊古伤今、思念家乡之情；或描绘塞外雄浑壮阔的景象，表现对个人荣辱浮沉的达观之情；或摹写诗人辞亲远游所见景象，表达对故乡的依依惜别之情；或点染西湖早春气象，表现诗人内心的喜悦之情。五首诗的遣词造句、意境格调各有特点，值得认真品味。

这些教学内容的学习都指向单元语文要素"反复诵读，借助联想和想象，感受山川风物之灵秀，体会作者寄寓其中的情怀""获得美的享受，净化心灵，陶冶情操"的落实。通过对教材的研读，各部分教材内容及教学要点安排如表1所示。

表1 教材内容及教学要点

分 类	内 容	教 学 要 点
阅读教学	《三峡》 《短文二篇》 《答谢中中书》 《记承天寺夜游》 《与朱元思书》 《唐诗五首》 《野望》 《黄鹤楼》 《使至塞上》 《渡荆门送别》 《钱塘湖春行》	1. 借助注释和工具书，提高自主阅读古诗文的能力，整体感知内容大意，积累常见文言实词和虚词。 2. 反复诵读，借助联想和想象，仔细品味诗文，感受山川风物之灵秀，体会作者寄寓其中的情怀。 3. 学习写景方法，从不同角度赏析景物特点。 4. 从古人歌咏山水的优美篇章中获得美的感受，净化心灵，陶冶情操，激发对祖国山川的热爱，培养高尚的审美情趣。
单元习作	学习描写景物	1. 养成观察的习惯，学习从多个方面观察景物的方法，通过观察抓住景物的特征。 2. 尝试运用多种手法，结合各种感官的感受，从不同角度描写景物。 3. 体会情景交融的感染力，尝试描写景物时恰当地融入情感，使景物鲜活起来。

二、任务创设

本单元是本套初中语文教材的第一个文言诗文单元，要在七年级分散学习的基础上，根据课文的共同特点，抓住写景抒情这条主线，实施单元整体教学。八年级教材以"读""写"能力的训练为主要任务进行组材，"阅读学习"为"单元习作"提供了方法指导，因此教师要十分注重读写之间的联系和读写转换的训练。在找到单元内部学习材料的知识关联后，便可以围绕这个核心知识来设计一个可以统领单元各板块的主题学习任务。主题学习任务要能够利用好单元内的各项学习资源，将每一个板块的学习任务进行有序的串联，从而达到浑然一体的学习效果，避免了传统教学中单篇授课所造成的知识散乱的现象。

在大单元整体教学设计思路的统领下，结合创意写作对写作过程、合作学习、头脑风暴等方法的重视，我们设计了如表2所示的本单元的学习任务。

表2 第三单元的学习任务

主题	核心任务	子任务群	课时安排	学 习 活 动
山川灵秀，于阅读中感受 情思寄托，于纸笔间相逢	班级创办主题班刊，请你为此次活动写一篇文章并投稿	任务一：感受自然之美，领悟作者情怀	1	活动一：走进《三峡》，感受四季变换
			2	活动二：展信欢颜，共赏山川奇美
			2	活动三：游山历水，体悟情思寄托
		任务二：精选语言形式，精炼词语表达	2	活动一：分析比较，总结提炼
				活动二：看图写话，生生互评
		任务三："窗外"声色萌动，纸间妙笔生花	1	活动一：审清题意，交流写作
			2	活动二：师生合作，共同评价

三、理念简述

本单元活动设计以"山川灵秀，于阅读中感受；情思寄托，于纸笔间相逢"为主题，创设情境"班级创办主题班刊，请你为此次活动写一篇文章并投稿"这个任务来统整单元学习内容。主题的设计鲜明地指向了单元教学目标：

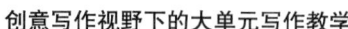

一是仔细品味诗文，感受山川风物之灵秀，体会作者寄寓其中的情怀；

二是体会情景交融的感染力，尝试描写景物时恰当地融入情感，使景物鲜活起来。

情境任务的创设首先将本单元的学习任务呈现给学生，不仅能有效提升学生的学习兴趣，激发学习内驱力，而且可以通过任务驱动式教学法开展有效的学习活动。学生带着明确的目标进入学习过程，可以让后面的每个学习任务都具有更强的指向性。

创意写作教学十分注重"过程写作法"，写作任务的完成要基于阅读赏析、提炼总结和模仿实践。因此，本单元主题学习任务的完成是按照学生学习知识的过程，分阶段、按步骤进行开展的。在任务一中，每个学习活动也都基本依循"阅读赏析—提炼总结—模仿实践"这条学路进行创设。学生先通过教师的指导学会阅读描山绘水的文言文的基本学习路径，再学习该篇文言文的特色写作手法，读懂作者的写作意图；接着总结提炼、分析比较单元所选诗文在写作上的异同；最后从不同角度进行模仿实践，完成相应的学习任务。在任务二中，通过两个学习活动进一步强化学生提炼总结的能力和语段仿写的能力，为最终的写作任务提供丰富的素材并打下更坚实的基础。

"过程写作法"最后的一个环节是"发表/出版"，具有非常强的成果意识。因此，核心任务的创设也重在让学生积极投稿，完成班刊的创办。在任务三中通过强化审题、观察记录、筛选材料、完成写作、评价修改等环节，让学生能够积极地参与到写作实践中来，使得作文的学习真正落实到每一个学生身上。

当然，整个学习活动的展开还离不开团队的合作。本单元的学习活动首先要围绕共同的目标组建学习小组（写作工坊），组内成员要有明确的分工，每一位成员都要积极参与到学习任务中去，组长与组员要能够各尽其职、认真负责，这样才能使学习活动达到较为理想的效果。

四、教学设计

任务一：感受自然之美，领悟作者情怀

[任务目标]

（1）借助注释和工具书，整体感知内容大意。

（2）反复诵读，借助联想和想象，感受山川风物之灵秀，体会作者寄寓其中的情怀。

（3）学习从不同角度赏析景物特点。

（4）从古人歌咏山水的优美篇章中获得美的感受，净化心灵，陶冶情操，激发对祖国山川的热爱，培养高尚的审美情趣。

[学习活动]

活动一：走进《三峡》，感受四季变换

1. 阅读感知

（1）三峡景物总体上有什么特点？

（2）三峡景物在不同季节各有怎样的特点？

季 节	选 取 景 物	特 点
夏天	江水	大、急、险，一泻千里，峻急雄壮
春冬之时	水、草木、悬泉瀑布、山	水宁静清澈，柏树奇形怪状
秋天	猿啸	清寒肃杀，秋意悲凉

再次朗读全文，思考下列问题：

- 三峡景物是按什么顺序呈现的？
- 为什么要按照这样的顺序来写三峡景物呢？
- 为什么不按照春夏秋冬四季时序来写三峡景物呢？

（3）作者通过介绍三峡传递了怎样的思想情感？

2. 制作明信片风景墙

（1）选取一处景点，寻找或拍摄不同季节的照片，为每一张图片设计标语，凸显图片中的景物特征。

（2）将两到四张图片进行组合，制作成一张明信片。

思考下列问题：

- 从季节的角度进行细致观察：景物在不同季节具有怎样的特征？
- 不同季节的特征是否需要通过不同的景物展现出来？
- 季节的时序如何安排？这样安排的目的是什么？

季　节	选取景物	特　点	标　语

设计说明：本学习活动分为阅读感知和制作明信片风景墙两个环节。在《三峡》课文的学习中，首先将重点落在对文章写法的领悟上，通过赏析三峡景物的总体特点和在不同季节时各自的特点，让学生领悟到同一景物在不同的季节或时间有不同的特征；其次，通过分析三峡景物的写作顺序，让学生初步感知文章结构与作者想表达的思想情感之间的紧密关联，从而让单元语文要素落到实处。在制作明信片风景墙环节中，首先通过巧妙创设情境，让学生身临其境，激发学生的写作热情；给学生提供问题与表格的支架，让学生在阅读感知的基础上进行仿写练习；同时也让学生首先体会到，想要写出同一景物在不同季节的特征，必须要进行细致的观察，为后面的习作实践进行铺垫。

活动二：展信欢颜，共赏山川奇美（答谢中书书、与朱元思书）

1. 阅读感知

聚焦课文2～5句，思考下列问题：

- 作者选取了哪些景物进行描写？
- 这些景物具有怎样的特点？

层　次	景　　物	角度/手法	特　点
第一层	"高峰入云，清流见底。"	视觉："高""清" 夸张："入云" 仰视："高峰"；俯视："清流" 静态描摹	巍峨 清澈
第二层	"两岸石壁，五色交辉。青林翠竹，四时俱备。"	观景点：一叶扁舟之上 视觉："五色" 动态点染："交辉"	山石险峻美丽 绿意盎然 瑰丽之美
第三层	"晓雾将歇，猿鸟乱鸣；夕日欲颓，沉鳞竞跃。"	时间段："晓""夕" 化静为动："将歇""欲颓" 以动衬静、听觉："乱鸣" 局部描摹："猿鸟""沉鳞"	清幽宁静 蓬勃美好

2. 总结梳理

结合前两篇课文的学习，梳理写景手法与角度。

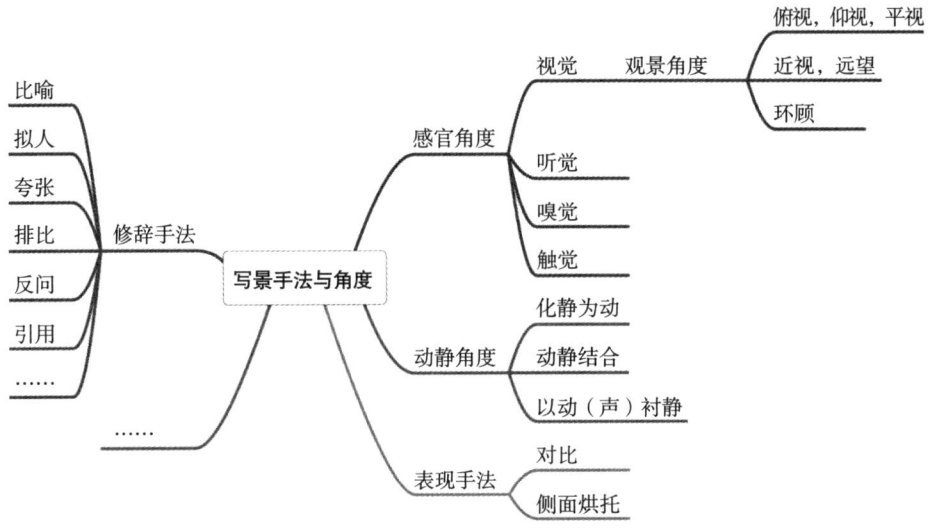

3. 小组学习

参考《答谢中书书》的学习路径，分小组合作学习《与朱元思书》。

（1）提出核心问题：作者具体写了富春江山水哪些景物，山水的"独绝"体现在哪里？

（2）各小组选取某一角度分析所写景物的特点：

_____（字/词）从_____角度/使用了_____方法，写出了_____（景物）的_____特点。

（3）各小组交流汇报，共同完成表格。

选取景物		特点	
		水	山
手法/角度	感官角度		
	观察视角		
	动静角度		
	修辞手法		

4. 仿写实践

选取一种景物,从不同的角度思考,景物分别有怎样不同的特征?

选取景物	手法/角度	特　　点
	感官角度	
	观察视角	
	动静角度	
	修辞手法	

设计说明:本学习活动分为阅读感知、总结梳理、小组学习和仿写实践四个环节。《答谢中书书》作为本单元的第二篇教读课文,重点在于赏析作者从不同角度观察景物、运用多种手法表现景物特点的写作方法。在总结梳理这一环节,通过小结《三峡》和《答谢中书书》的写景方法,让学生提炼出写作时常用的观景角度和手法,为学生的描写提供支架。在小组合作学习这一环节中,结合前两篇课文想学习和总结,让学生自己提炼出赏析景物描写的支架,进行小组合作,交流汇报,共同完成自读课文《与朱元思书》的学习。在仿写实践环节中,让学生进行由读到写的转换,为正式的习作实践提供思路和素材,并提升思维能力。

活动三:游山历水,体悟情思寄托(记承天寺夜游、唐诗五首)

1. 教读体悟

教师教读《记承天寺夜游》,带领学生体会诗人"情由事发,触景生情",把握事、景、情三者之间的关系。

(1)根据表达方式,给文章划分层次:第一层第1~3句,叙写群友夜游,第二层第4句,描写澄澈月色,第三层第5~7句,议论抒怀。

(2)读第一层,思考下列问题:

- 作者为何夜游,与谁同游,怎样夜游?
- 夜游时心情变化如何?

(3)读第二层,思考下列问题:

- 作者怎样写月色?
- 月色有什么特点?

- 月色与作者的心境有何关联？

（4）读第三层，思考下列问题：
- "闲人"二字的含义是什么？
- "闲人"隐含了作者怎样的情感？

2. 合作自读

分小组自学《唐诗五首》，按照相同的学习路径赏析诗歌，完成表格的填写。

篇　目	事	景	背　景	情
《记承天寺夜游》	承天寺夜游	月色空明澄澈	苏轼被贬黄州	赏月的欣喜 漫步的悠闲 贬谪的悲凉 人生的感慨与洒脱旷达
《野望》	望山村傍晚秋景	静谧、清冷、闲适的生活气息	辞官隐居	无法排遣的惆怅、孤独、抑郁之情
《黄鹤楼》	登楼远眺	明朗日景，朦胧晚景	还乡途中	漂泊异地的伤感、思念故乡的情怀
《使至塞上》	出使边塞，战事繁忙	塞外风光奇美壮丽，苍茫辽阔	以监察御史身份出使凉州	孤寂、抑郁、漂泊不定；慷慨悲壮，达观
《渡荆门送别》	乘船出蜀	辽远开阔，奇幻壮丽	出蜀前往楚国故地游览	出发时兴致勃勃，远离时思念家乡、依依不舍
《钱塘湖春行》	游览西湖早春美景	宁静，生机盎然	任杭州刺史	游览西湖美景的喜悦之情

小结：景物描写除抓住景物的特征外，还要注重情景交融。

描写景物要学会融情于景，把自己的思想感情融于景物之中，使景物鲜活起来，达到情景交融的效果。所以当我们观察景物时，既要抓住景物特征，也要关注内心感受，及时记录，以便在描写景物时能够做到融情于景。

3. 思考实践

结合以上课文的学习路径，思考下列问题：
- 什么事情引发你产生怎样的情感？
- 在这样的情感下，你关注到了什么景物？这些景物具有怎样的特征？

创意写作视野下的大单元写作教学

- 景物的特征是否使你的情感产生了变化？如果有，那么情感变化的过程是怎样的？
- 你会采用哪些语言形式来进行描写？

事	情	景	语言形式

设计说明：本学习活动分为教读体悟、合作自读和思考实践三个环节。《记承天寺夜游》作为本单元的第三篇教读课文，重点在于体会作者"情由事发，触景生情"，把握事、景、情三者之间的关系；学习这些文本时，还要结合作者的写作背景感受作者的情感变化以及想要表达的思想感情。由此，也为合作自读这一环节提供了有效的学习支架，充分发挥学生的主观能动性，进行小组合作，交流汇报，共同完成《唐诗五首》中写景类诗歌的学习。在思考实践环节中，继续让学生进行由读到写的转换，初步体会情景交融的感染力。

任务二：精选语言形式，精炼词语表达

[任务目标]

（1）通过观摩视频，让学生初步感受运用不同的词句准确描述景物的特征。

（2）通过总结、比较课文写法，让学生体会描写同一景物时，不同的语言会体现出不同的特征及情感。

（3）学习从不同角度观察景物，并运用多种手法描写景物，写出景物特征。

[学习活动]

活动一：分析比较，总结提炼

在第三单元的诗文中，挑选出每篇文章中的相同景物，比较分析作者这样的写法想体现出景物怎样的特征、表达怎样的情感。

258

景物	篇 目	手法/角度	特 征	情 感
山	《三峡》	夸张/仰望、环视	山势连绵，高峻	敬畏，赞叹
	《答谢中中书》	夸张/仰视	巍峨，气势磅礴	喜爱
	《与朱元思书》	想象、拟人、化静为动/仰视、远观	山势的雄奇高峻 大自然的蓬勃生机	归隐林泉享受美景的愿望
	《野望》	叠词、对偶/远望	秋意浓厚，环境静谧、清冷	无法排遣的彷徨、孤独和苦闷之情
	《渡荆门送别》	化静为动	开阔宏大	意气风发

设计说明：本学习活动通过分析比较课文中对同一景物的描写，体会作者想表达的情感不同时，观察到的景物特征也不一样，从而所选用的语言也就有了区别。这一活动的设计，能让学生更深刻地体会到"思想决定语言，语言体现思想"这一思维模式，在后续进行写作实践时，学生可以有的放矢，有针对性地选择恰当的语言和语言形式来描写景物、表达情感。

活动二：看图写话，生生互评

（1）小组合作，选取小组内一个成员的明信片，以场景中的同一个景物为观察对象，每个成员运用不同的语言形式描写该景物的特征，但不可直接点明所写景物。

（2）小组展示时，让其他小组的成员来分析该语句想要表现的景物特征。

（3）由小作者判断其他组成员的分析是否正确，如果不正确，则需要对自己的语句进行修改。

选取景物	描写语句	小 作 者	是否正确

设计说明：这一学习活动为了激发学生的积极性和创造性，采取了小组之间互相"猜谜"的形式。这一过程，既能锻炼学生分析语言的能力，也能锻炼学生精炼用词的能力。

任务三："窗外"声色萌动，纸间妙笔生花

［任务目标］
（1）学习从不同角度观察景物，并运用多种手法描写景物，写出景物特征。
（2）学习运用情景交融的写作手法表达情感。

［学习活动］
活动一：审清题意，交流写作
1. 审题

《窗外》这个题目确定了固定的观察点是窗户，但并没有明确是何处的窗户，所以首先应明确立足何处的窗户进行观察。接着再选择观察的范围，可以将窗户当作一个画框，只描写画框内的风景，也可以将视野扩大至窗外能看到的所有景物；可以选取窗外景物的一个局部进行细致的描绘，也可以整体勾勒把握全局。

之后多角度仔细观察并记录，可以用思维导图的方式梳理观察内容，确定选材范围，做好观察记录并填写观察记录表。

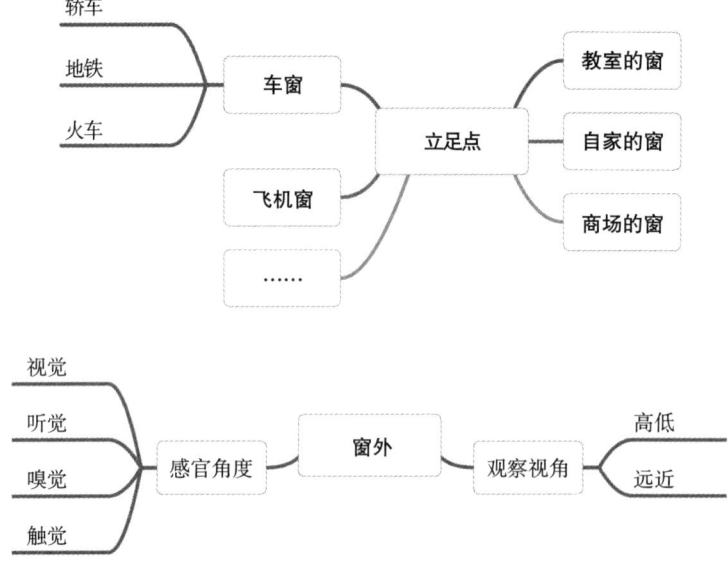

我们可以从多个角度观察窗外的景物,首先可以通过自身所处的位置确定观察视角的高低远近。接着可以调动多种感官,全方位地感受景物。如可以从视觉角度,观察街道、建筑物等的样式、自然景物的颜色、种类以及行人、动物等;可以从听觉角度,细听窗外的汽车路过的声响、人们聊天的声音、鸟鸣与犬吠;还可以从嗅觉的角度,细嗅窗外植物的香气,或是飘来的食物的气味等。除以上角度外,还可以从其他角度进行补充。

观 察 记 录 表			
立 足 点	观察视角	感官角度	景物特点

2. 课堂交流

学生交流窗口观察时获得的最为深切的某一点感受。教师通过"哪些景物使你产生了这种感受?"引导学生选取自己要描写的景物,感受景物不同一般的特点。

根据反思、交流,从课前完成的观察记录表中选取写作素材,并再次明确景物的特点以及自己所要表达的感情,完成"写作任务1"的填写。

写作任务单1	
我最深切的感受是_____	
给我带来这种感受的景物有_____	
景 物	特 点

每一处景物都有与众不同的特点,即使是同一景物,在不同的季节,不同的时间段、不同天气中也会呈现出不同的姿态。可以在"写作任务单1"的基

创意写作视野下的大单元写作教学

础上继续思考并填写"写作任务单2":

写作任务单2		
我最深切的感受是 _____ 给我带来这种感受的景物有 _____		
时间/季节/天气……	景　物	特　点

在完成以上学习任务单之后,我们可以选择继续深入描绘其中多个景物,也可以选择描绘其中一个景物明确详略和顺序,可以根据所写内容的不同,填写不同的写作任务单。

如果写多个景物时,需要思考以下问题并填写多个景物任务单:

- 哪些景物需要详写?哪些景物可以略写?
- 景物之间有怎样的关系?用怎样的顺序来写?
- 这些景物共同构成怎样的环境?营造怎样的氛围?

写作任务单3 (多个景物)		
景　物	详略安排	写作顺序

如果写单个景物,则需要思考以下问题并填写单个景物任务单。

- 这个景物最为突出的特征是什么?
- 哪些特征需要详写?哪些特征可以略写?
- 描写时使用怎样的顺序?

写作任务单3 （单个景物）			
景　　物	特　　征	详略安排	写作顺序

确定了写作内容，明确了材料主次、详略安排以及内容的顺序之后，可以通过列出写作提纲的方式确定文章的结构，最终完成作文写作。

设计说明：正式的写作首先要进行审题，这一步可以提前让学生进行头脑风暴，自主完成思维导图。在经历了前两个学习任务的有效推进之后，学生已能明确知道对于事物的细致观察是写出景物特征的第一步，因此可以在课前再布置学生填写观察记录表，为课堂上的任务单的填写准备好素材。课堂上的交流环节，教师主要带领学生根据已有的素材不断反思，选取最想要表达的中心思想和与之匹配的景物来进行写作。

活动二：师生合作，共同评价

（1）教师以一篇学生习作为例，带领学生共同制作作文五星评价量表。

序号	评价内容	五星评价	评　价　标　准
1	中心明确，所写景物特点能够表达自己的情思感悟，有明确表达自己情思感悟的语段	☆☆☆☆☆	1. 景物特点与情思感悟的联系不紧密，得1颗星； 2. 景物特点与情思感悟有紧密的关联，得2颗星； 3. 有明确表达自己情思感悟的语段，加1颗星； 4. 能够展现独特的情思感悟，加1颗星； 5. 能够做到所写景物特点与情思感悟完美融合，文质兼美，得5颗星。
2	文章详略得当，结构合理，多个材料之间有内在逻辑关联	☆☆☆☆☆	1. 文章详略不当，主次不明，得1颗星； 2. 文章有明显详写的内容，且与中心紧密关联，得3颗星； 3. 多个材料之间有内在逻辑关联且合理，得5颗星。

续表

序号	评价内容	五星评价	评价标准
3	语言表达连贯，能够灵活运用多角度多手法观察、描写景物，准确且生动地写出景物特点	☆ ☆ ☆ ☆ ☆	1. 语言表达不连贯，得1颗星； 2. 语言表达连贯，加1颗星； 3. 语言表达连贯，运用多种角度、手法描写刻画，加1~2颗星； 4. 语言表达连贯，语言的层次清晰，运用多种角度、手法描写刻画，且能准确写出景物特点，得5颗星。
4	积极参与小组讨论，对评选作品表达个人观点并提出合理建议，推选出班级优秀作品提交上报	☆ ☆ ☆ ☆ ☆	1. 参与小组讨论，发表个人观点，得1颗星； 2. 参与小组讨论，发表个人观点，并陈述合理的分析，得2颗星； 3. 参与小组讨论，发表个人观点，陈述合理的分析，并为该作品提出1~2条改进建议，得3颗星； 4. 参与小组讨论，发表个人观点，陈述合理的分析，并为该作品提出3条以上有效改进建议，得4颗星； 5. 参与小组讨论，发表个人观点，陈述合理的分析，并为该作品提出3条以上有效改进建议，且本组内调教的优秀作品在班级内数量最高，得5颗星。

（2）小组合作，依照"五星评价量表"，完成组内学生习作的评价。

设计说明：传统的评价方式是由教师给出分数，写几句评语，学生只能大概了解自己在班级中的情况，但是无法准确评判自己文章的好坏，且对于文章的修改没有明确的方向。而评价量表的设计，既有直观的五星评价等第，也有四个不同维度的评价标准，再通过生生间互评提出修改建议，能让每一个学生找到修改自己作文的方向和方法，也能让每一个学生参与到习作的学习中，使得作文的学习真正落实到每一个学生身上。

知对象　明顺序　会读会写说明文*
——部编版语文教材八年级下册第二单元整体教学设计

张育萍

一、教材分析

部编版语文教材八年级下册第二单元的课文都是阐释事理的说明文，分别是《大自然的语言》《阿西莫夫短文两篇》《大雁归来》和《时间的脚印》。其中《大自然的语言》和《阿西莫夫短文两篇》是教读课文，《大雁归来》和《时间的脚印》是自读课文；另外，还有习作《说明的顺序》和综合性学习"倡导低碳生活"。

本单元所选的四篇阅读课文，涉及物候学、地质学、生态学等领域。作者善于将各类自然科学的知识联系起来，综合阐明现象背后的科学道理。本单元的写作任务是"学习说明的顺序"，引导学生在梳理课文行文思路的基础上，学习说明文根据说明对象和说明内容，采用合理的说明顺序进行写作的方法，并能够有条理地将说明对象和说明内容表述清楚。本单元的综合性学习内容是"倡导低碳生活"，意在引导学生尊重自然、顺应自然、保护自然。

由此可见，使用合理的说明顺序解说科学道理，是本单元的主要学习内容。通过对教材各部分内容的研读，本单元的教材内容及教学要点安排如表1所示。

---

* 本文作者简介：张育萍（1986—　），女，浙江嘉善人，毕业于湖州师范学院，汉语言文学专业。现任教于上海大学附属嘉善实验学校。

表1 教材内容及教学要点

分　类	内　　容	教　学　要　点
阅读教学	《大自然的语言》 《阿西莫夫短文两篇》 《大雁归来》 《时间的脚印》	1. 读懂文章阐释的说明事理，明确说明对象； 2. 理解作者是怎样根据说明对象来选择说明顺序的； 3. 探究合理的说明顺序对说明对象的表达作用。
单元习作	说明的顺序	1. 明确说明对象及说明内容； 2. 围绕说明对象或说明内容，使用合适的说明顺序，有条理地阐释说明对象或说明内容。
综合性学习	倡导低碳生活	1. 搜集资料，了解"低碳生活"，树立环保意识； 2. 确定宣传内容，根据宣传内容，安排合理的说明顺序，撰写宣传文稿，倡导低碳生活。

二、任务创设

本单元教材，围绕"科学道理"和"说明顺序"编排学习内容。其中"阅读教学"部分，所收录的课文都是按照一定的说明顺序向读者阐释自然现象背后的科学道理。"写作"部分是对说明顺序的理解和运用；"综合性学习"关注的是我们周围生活的变化，更为学生写作指明了获取素材的途径和写作中需要注意的方面，即按照一定顺序进行写作。三个板块紧密相连，"阅读"为"写作"提供了方法指导，"综合性学习"则不仅为"写作"提供素材支撑，也检验了学生能否正确运用说明顺序。因此，在设计单元学习任务的时候，要关联这三个板块的内容，围绕核心知识，调配单元内各项资源，使单元学习过程构成一个学习整体。基于此，教师为学生设计了单元学习任务——为学校低碳主题宣传周活动撰写一篇宣传稿，向全校师生进行低碳宣传。

在大单元整体设计思路的统领下，结合创意写作对写作过程、合作学习等方法的重视,我们设计了如表2所示的本单元的学习任务。

表2 第二单元的学习任务

主题	任务	子任务群	课时	学习活动
低碳,让生活更美好!	采用合适的说明顺序,对宣传内容进行解说,写成宣传稿,向全校师生进行低碳宣传	任务一:了解"低碳"生活,确定宣传内容	2	活动一:了解"低碳"的概念,确定小组宣传内容
				活动二:就选定的宣传内容,搜集并整理相关资料
		任务二:品读作家作品,理清说明顺序	5	活动一:探究本单元四篇课文的说明对象
				活动二:通读本单元四篇课文,梳理行文思路,理清说明顺序
		任务三:梳理习作素材,撰写宣传文稿	2	活动一:制定《写作评价量表》
				活动二:撰写宣传文稿
				活动三:小组评价修改,评选优秀文稿
		任务四:开展宣传活动,传递低碳理念	1～2	活动一:采用自己喜欢的方式进行低碳宣传形式设计
				活动二:举办主题宣传周活动,向全校师生进行低碳宣传

三、理念简述

以写作任务群整合单元教学,围绕特定的写作目标,把阅读和写作有机统整起来,创建真实的写作表达情境,引导学生在完成写作任务的过程中,重构阅读和写作知识,使写作有法可依、有章可循。本单元以"撰写宣传文稿,倡导低碳生活"为主要任务,在学生进入单元学习之前进行情境创设,向学生呈现本单元的学习任务,以此激发学生的学习动机,并且以此任务驱动的方式为后面学生学习活动的顺利开展奠定基础。另一方面,任务情

境的创设，能使学生带着明确的目标进入学习状态，使接下来的学习活动更加具有明确性和指向性，也更能够激发学生的学习兴趣和在学习活动中的主动性。

在语文学习活动中，阅读和写作始终是紧密相连的。完成一篇作文，需要建立在一定的写作动机和语文素养的基础上。在大单元整合教学背景下，将整个单元的学习内容进行统整，能更好地关联单元各板块内容，使单元内读写任务融为一体。而整个学习过程，始终以活动任务的形式贯穿，引导学生在探究的过程中实现知识的习得和运用。

本次创意写作活动的任务，是为学校的低碳宣传周撰写一篇宣传文稿。在"任务一"中，教师组织学生了解什么是"低碳"，并以小组合作的形式，联系生活实际，确定各组的宣传内容。接下来，学生围绕所确定的宣传内容进行资料的搜集和整理。这一学习活动的开展，将为后期学习任务的顺利完成奠定良好的材料基础。在"任务二"中，学生通过对本单元四篇阅读课文的研读探究，梳理行文思路，探究说明顺序。在这一过程中，引导学生理解恰当的说明顺序对说明对象或说明内容的表达作用，这将为后期宣传稿的撰写奠定良好的方法基础。这种学以致用的方式，将有助于学生更好地提升语文核心素养。在具备了材料和方法的基础上，学生就可以顺理成章地进行写作。为了能让学生的写作更具有指向性，在"任务三"中，教师还将引导学生结合本单元的学习，围绕说明顺序进行归纳总结，制定《写作评价量表》，并实施写作。学生根据《写作评价量表》，对自己和同伴的习作进行评价，找出成功的地方进行肯定，指出不足的地方进行修改，从而体现教学评的一致性。由于"过程写作法"具有很强的成果意识，因此在"任务四"中就可以通过"校园低碳宣传周"活动，强化写作活动的成果意识。当然这一活动能够成功、顺利地举办，都需要建立在前面三个任务完成的基础上。在整个学习过程中，四个任务是紧密相连、层层推进的。因此，在实施的过程中，要注意任务的连贯性和完整性。

此外，创意写作活动很重视同伴之间的合作互助。在本单元的学习活动中，不管是宣传内容的确定、资料的搜集整理，还是习作的评价，都是在小组合作学习的基础上开展的，组内成员相互协作、共同完成，在思想的交流中，碰撞出智慧的火花。

四、教学设计

任务一：了解"低碳"生活，确定宣传内容

[任务目标]
（1）理解低碳生活的概念和重要性。
（2）围绕"我生活的环境"这一话题，确定宣传内容。
（3）根据所选的宣传内容，搜集绿色低碳生活的宣传材料。

[学习活动]

活动一：了解"低碳"的概念，确定小组宣传内容

（1）请学生自读课本上"资料夹"内容，了解什么是"低碳"。

（2）请学生畅谈"我生活的环境"发生了怎样的变化？为什么会发生这样的变化？

设计说明：在单元学习之初，向学生呈现单元任务，能让学生更加明确本单元的学习要求。本单元编排的课文，主要是从自然现象中探究事物的内在规律。在活动中，引入低碳这一概念，引导学生对低碳生活有一个整体的认知。在明确低碳概念的基础上，引导学生对自然生活予以关注，探讨自己对自然生活的发现，让学生在"说"的过程中，意识到自己语言表达的不足，并深入思考：如何有条理地将自己的所知、所感、所想表述出来。从而使学生产生较为强烈的学习欲望，为接下来的学习任务的顺利开展做好铺垫。

活动二：就选定的宣传内容，搜集并整理相关资料

（1）以小组为单位，确定本组的宣传内容。

（2）根据本组所确定的宣传内容，以小记者活动的形式，组织学生开展外出采风活动。走出校园，实地考察，用笔记录，用相机拍摄，获取直接资料，记录自己的感受。

（3）围绕确定的宣传内容，查阅相关知识。从相关权威网站搜集最新、最可靠的数据，也可以从地理课本、百科全书中查找相应的介绍，还可以访问专业人士，咨询相关学科的老师。

（4）对搜集来的资料进行整理归纳。

我们的宣传点：		
相关的照片等影像资料		
文字资料	现状	
	发生的变化	
	变化的原因	
	……	
……		

设计说明：将小记者活动和语文学习活动相结合，引导学生在采访活动中开展综合性学习，走出校园，实地考察生活，用相机和笔记录下自己的所见所闻所感。同时，这一活动的设置，将帮助学生实现课本学习和课外生活的相互关联，激发学生的探究兴趣，也为学生的写作活动积累素材。同时，在落实语文任务的过程中，培养学生的团队协作能力。

任务二：品读作家作品，理清说明顺序

[任务目标]

（1）阅读文本，明确说明对象，梳理说明内容。

（2）理清文章的说明顺序，知道合理的说明顺序的作用。

[学习活动]

活动一：探究本单元四篇课文的说明对象

（1）本单元都是阐释事理的说明文，学生自读四篇课文，筛选主要信息，探究各篇文章所阐明的事理。

（2）以小组为单位，合作讨论，分析并明确各篇课文的说明对象。

设计说明：本单元的四篇阅读课文都是阐释科学道理的事理说明文，涉及物候学、地质学、生态学等领域。阅读这类事理说明文，学生需要学会筛选主要信息，读懂文章阐释的事理。《大自然的语言》主要阐释的是物候现象及成因、意义；《阿西莫夫短文两篇》则通过恐龙的足迹和被压扁的沙子，阐释

不同科学领域之间是紧密相连的;《大雁归来》看似写的是大雁，潜在的说明对象是"自然状态下的生命"，呼吁人与自然要和谐相处;《时间的脚印》通过说明岩石记录时间的方法和内容，揭示认识岩石这一奇异功能所具有的重要意义。这些事理说明文的说明对象相对比较抽象，学生很难从阅读中直接发现，需要学生筛选文中的主要信息进行归纳。而这一活动的设置，是为下一个活动——理清文章的说明顺序作铺垫，从而引导学生意识到，说明顺序的选择是建立在具体的说明对象或说明内容的基础上。学生只有弄清楚各篇文章的说明对象或说明内容，才能更好地理解合理的说明顺序对说明事物或事理特征的作用。

活动二：通读本单元四篇课文，梳理行文思路，理清说明顺序

（1）阅读《大自然的语言》，圈画出关键语句，补充完成思维导图。

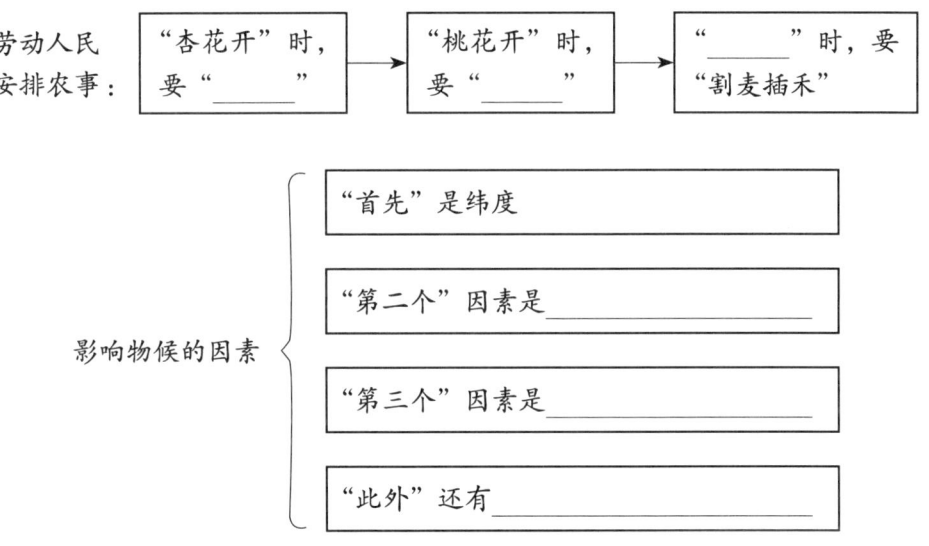

结合以上的内容，我的发现是：课文先按照_____的先后顺序排列，再按照_____依次排列，条理非常清晰。

（2）自读课文《阿西莫夫短文两篇》《大雁归来》《时间的脚印》，圈画出表示逻辑层次的关键语句，整理课文的思维导图。

（3）比较阅读四篇课文说明顺序的异同，理解根据不同的说明对象或说明内容选择合理的说明顺序对表现事物或事理特征的作用。

设计说明：理清文章的说明顺序、筛选主要信息、读懂文章阐释的事理，

是本单元的重要学习目标。《大自然的语言》这一课，为了介绍清楚物候现象及成因、意义，作者主要安排了从现象到本质、由主到次的说明顺序；《阿西莫夫短文两篇》通过南极洲发现恐龙化石证明"板块构造"理论，以及通过被压扁的沙子的形成原因和特性等，说明外星球的撞击是导致恐龙灭绝的主要原因，两篇短文都说明了各学科之间是紧密相连的。《大雁归来》为了引起人们对"自然状态下的生命"的关注，按照大雁迁徙的过程顺序，采用描写和抒情的笔法，展现大雁的灵动，表达对自然生物的喜爱之情，呼吁人类关爱生命，实现人与自然和谐相处的美好愿景；而《时间的脚印》为了阐明读懂岩石记录的重要意义，按照读者的认知顺序，先是引出岩石是大自然记录时间的重要方式之一，继而详细阐释岩石记录时间的方法，最后总结全文，揭示读懂岩石记录时间的意义。其中，在阐释岩石记录时间的方法时，先讲非生物的例子，再讲生物化石的例子；而在介绍非生物的情况时，又是先讲侵蚀作用对岩石的破坏，再讲新岩石的生成，最后讲地壳活动在岩石上留下的印记……由此可见，各篇课文因说明对象或说明内容的不同，使用的说明顺序也是不同的。

在这项活动中，因为《大自然的语言》是一篇十分典型的事理说明文，同时又是本单元的教读课文和起始课文。因此，对这篇课文，教师以引导的方式，带领学生逐步理清文章的说明顺序。而其他三篇阅读课文则是引导学生在本文的学习基础上，以小组合作的方式进行自主探，并理清说明顺序。

当学生对各篇文章的说明顺序有了一定把握的基础后，引导学生以比较阅读的方式进行分析探究。比较四篇课文因说明对象或说明内容的不同而采用的不同的说明顺序，让学生知道合理的说明顺序有助于充分表现事物或事理本身的特征，符合人们认识事物或事理的规律。同时，这项活动将为学生在写作任务中根据不同的说明对象或说明内容，合理选择说明顺序奠定基础。

任务三：梳理习作素材，撰写宣传文稿

[任务目标]

（1）根据前期的活动，梳理习作素材。

（2）根据说明对象或说明内容，选用合适的说明顺序，撰写宣传文稿。

（3）交流评价，选出优秀宣传文稿。

[学习活动]

活动一：制定《写作评价量表》

（1）根据本单元的学习，以小组为单位，归纳并明确说明文写作的要求，即明确说明对象和说明内容，使用合适的说明顺序，使说明条理清晰、逻辑严谨。

（2）班级交流探讨，根据本次写作要求，制定《写作评价量表》。

评 价 细 则	分 值
（1）确定恰当的说明对象	10分
（2）写出环境的变化之处	10分
（3）说明发生变化的原因	30分
（4）使用恰当的说明顺序，逻辑严谨、条理清晰	30分
（5）语句通顺，无错别字	10分

注：另外10分用于教师对评价者的评价。

《义务教育语文课程标准（2022年版）》中明确指出："要充分尊重学生的主体地位，关注学生在兴趣、能力和学习基础等方面的个体差异，引导学生开展自我评价和相互评价。"根据以上理念，教师应围绕本单元的学习任务和要求，引导学生进行学习要点的归纳并制定《写作评价量表》，这一活动既是对说明顺序这一学习要点的复习巩固，又将为写作提供方法指引，使学生对本次作文要求更加明确，提升学生核心素养，体现教学评的一致性。

活动二：撰写宣传文稿

（1）学生根据本小组所选定的宣传内容和搜集的资料进行构思，列出自己的写作提纲。

（2）向组内成员陈述自己的写作思路，重点说明根据自己的写作内容，采用什么说明顺序，组内成员相互评点、修改。

（3）完善自己的写作思路，撰写宣传文稿。

设计说明：在"作家工坊"写作教学模式中，学生合作学习发挥着重要的作用，学生聚在一起，畅所欲言，集思广益，这对学生写作思路的打开具有很好的作用。学生在下笔之前，向同伴口述写作思路，这一过程既是对自己的

写作思路的梳理,同时也是同伴之间思想的交流。在《写作评价量表》的指引下,学生之间的合作交流将更加具有目标性和指向性,学生下笔也就更加从容了。

活动三:小组评价修改,评选优秀文稿

(1)以《写作评价量表》为指引,小组交流讨论,互相评价,给出修改意见。重点引导学生关注说明对象、说明内容和说明顺序的选择。

(2)根据他人建议修改完成终稿,在班级内进行展示,评选出最佳宣传文稿。

设计说明:采用恰当的说明顺序阐释说明对象,进行宣传稿的撰写,是本单元最终需要达成的任务目标。而反馈又是"写作工坊"模式中十分重要的环节。一方面,学生在评阅和修改同伴作文的过程中增强了对文体、优秀作文应具备的要素的深刻认识;另一方面,作文修改信息的及时反馈,对提高学生的作文水平能起到很大的帮助。在这一活动中,学生以《写作评价量表》为依据,在作文的写作以及修改、评价的互动中,加深了对"说明的顺序"的辨别、理解和运用。

任务四:开展宣传活动,传递低碳理念

[任务目标]

围绕"低碳,让生活更美好!"这一主题,各小组利用组内成员整理好的资料和已经成文的宣传稿,采用恰当的方式进行宣传。

[学习活动]

活动一:采用自己喜欢的方式进行低碳宣传形式设计

(1)头脑风暴:为了让自己的文稿更加有说服力,你会将它设计成什么样的形式进行宣传?

(2)小组合作:以小组为单位,整理前期搜集的照片等材料,确定一种形式进行制作。

设计说明:上海大学葛红兵教授把创意写作界定为"人类以写作为活动样式,以作品为最终成果的一种创造性活动"。可见,写作最终是要以成果的形式呈现的。在这一活动中,教师引导学生以"使文稿更有说服力"为目标进行宣传展示,鼓励学生对自己的作文进行个性化设计,充分尊重学生的主体性

和创意性，增强学习活动的趣味性，激发学生的学习热情。

活动二：举办主题宣传周活动，向全校师生进行低碳宣传

（1）开展"低碳，让生活更美好！"主题宣传周活动。

（2）鼓励学生将自己的作品在校园内进行多样化展示，如文稿展示或集会宣讲等。

设计说明：成果展示是本次创意写作的重要环节，教师可以将学生的创意成果在校园内展出，让学生在成果展示中获得满满的成就感。这种寓教于活动的形式，将极大地增强学生的学习内驱力，提升学习自信力和文化自信力。

游山水，知人文，学写游记*
——部编版语文教材八年级下册第五单元写作教学设计

张 玲

一、教材分析

"文章是案头之山水，山水是地上之文章。"旅游也是一种"阅读"，是打开世界的另一种方式。旅游中，我们不仅可以领略山水风光、人文胜迹，还可以感受当地的风土人情。这种旅游经历，让我们丰富见闻、增长知识、开阔眼界。用文字记录这种旅游经历便是游记。游记可以拓宽我们的视野、增长我们的见识、启发我们的思想，让我们不出门便能自由地看世界。作家徐迟说："游记，这实在是一种了不起的文学体裁。"所以，阅读游记、学写游记既是语文学科的要求，也是学生自身成长的需求。

部编版语文教材八年级下册第五单元围绕游记这一主题安排了《壶口瀑布》《在长江源头各拉丹冬》《登勃朗峰》《一滴水经过丽江》这四篇课文，以及习作《学写游记》等教学内容。这几篇游记缩写的景物都各有特点，或雄浑壮美（《壶口瀑布》），或奇绝险远奇（《登勃朗峰》），或纯净自然（《一滴水经过丽江》）。写法也各具特色，有整体观照，也有细节刻画，描写景物，表达情感，写法比较典型，又都表现了作者的情，更重要的是它们都传达出作者对人生、生命的某种感悟与思考。

本单元的习作任务是学写游记。意在让学生从风土人情的体验转向家国情怀深层感悟，一篇优秀的游记至少包含三方面内容：一是"所至"，即交代游踪；二是"所见"，即描写景物；三是"所感"，即抒发感受、表达思考。学生通过学习四篇课文，模仿其篇章结构和写作手法进行创作，写出自己的游览

---

* 本文作者简介：张玲（1989— ），女，安徽桐城人，毕业于北京第二外国语学院，比较文学与世界文学专业，硕士。现任教于上海大学附属学校。

经历，抒发独特的情思。

本单元教学重点是"通过学习课文掌握游记散文的核心知识、体裁特征，自主创作游记并在创作中发现自己"。通过对教材的研读，各部分教材内容及教学要点安排如表1所示：

表1 教材内容及教学要点

分类	内容	教学要点
阅读教学	《壶口瀑布》 《在长江源头各拉丹冬》 《登勃朗峰》 《一滴水经过丽江》	1. 了解游记的特点，把握游记的基本要素，熟悉游记的写法。 2. 感知文章所写的景物的特点，体会作者寄寓在景物中的情感，理解作者对景、人事的感悟与思考。 3. 揣摩品味课文的语言，欣赏、积累精妙的语句，领会游记多样化的语言风格。
单元习作	学写游记	把游览时的所见之景、经历和感受写下来

教材内容与教学要点，我们还梳理的本单元的核心素养与核心写作知识（表2），梳理本单元教学目标、游记散文的文体特质和核心教学价值后，确定了如表3所示的本单元写作教学目标。

表2 核心素养与核心写作知识

核心素养	核心知识
语言运用	1. 学习游记要素、体裁特征，通过对四篇游记精妙的用词、句式、修辞、表达方式等方面的批注式阅读，把握四篇游记独特且各具风采的言语形式。 2. 能够运用精准的词语、多变的句式、丰富的修辞、恰当的表达方式，描摹自己所见之景，记录自己的游览经历和感受，乃至感悟与思考。
思维能力	1. 掌握游踪写法，通过研读景与情、景与理融通的语句或段落，把握游记组材与主题的关系。 2. 学写游览方案，对基本方法有清晰把握，并能合理恰当运用。
审美创造	学会欣赏优美的景物，获得审美体验，建立人与自然的审美关系，能够在游记中写出独特的体验，点出所得到的教益或受到的启发。
文化自信	收集和运用相关的文化素材，提升文章思维高度，加深文章思想深度，思考个人如何借助游记这种形式传播中国文化，让世界更好地了解中国。

表3 第五单元写作教学目标

第五单元写作总目标之语文要素目标	知识技能目标： 1. 通过研学课文，梳理把握写作游记的基本知识。 2. 初步尝试游记片段写作，在"所至"实践中掌握写作游记的技巧。 3. 在升格修改过程中深入理解"所见""所感"的有机融合，做到自然贴切。 人文主题目标： 1. 对世界有自己的观察思考和深刻认知，能发现所写之地对自己成长的意义，重新发现自己和认识自己。 2. 体认景物传达的文化内涵，弘扬中国文化与精神。

二、任务创设

在大单元整体教学设计思路的统领下，结合创意写作，通过梳理写作过程、合作学习、头脑风暴等，完成一篇游记的写作任务，本单元的学习任务设计如表4所示。

表4 第五单元的学习任务

主 题	任务	子任务群	课时安排	学 习 活 动
争做旅游达人 跟我一起去旅行	学写游记	任务一：研读四篇课文，了解游记特征	2	活动一：掌握游记包括的三个要素，即所见所闻所感，绘制游踪图
				活动二：勾画文章中景与情、景与理融通的语句或段落，理清游记组材与主题的关系
				活动三：阅读四篇课文，把握游记独特的言语形式，体会个性化言语中表达的独特情思
		任务二：开展游上海活动，撰写游记	2	活动一：小组合作，通过实地考察和视频资料学习，让学生初步了解上海名胜，并选出自己最感兴趣一处
				活动二：就自己最感兴趣的这处景点进行多渠道搜集资料，并依据搜集来的内容进行游记素材整理

游山水，知人文，学写游记

续 表

主 题	任务	子任务群	课时安排	学 习 活 动
争做旅游达人 跟我一起去旅行	学写游记	任务二：开展游上海活动，撰写游记	2	活动三：撰写游记，要重点关注游记的顺序、写景的角度和方法，并适当融入人文要素和真情实感
		任务三：成果展示与制作	2	活动一：举办"跟我一起去旅行"游记分享会，选出"旅游达人"
				活动二：将"旅游达人"的游记在班级微信公众号/《梦想笔尖》校刊发表

三、理念简述

本单元紧紧围绕如何"学写游记"这个任务来驱动单元学习内容。单元整体设计的核心任务是根据自己的旅游经历创作一篇游记，并举办班级"阅山水　知人文"游记分享会。单元整体学习推进的过程中，既要关注本单元的人文主题，也要关注本单元独特的言语形式及其背后独特的人文风情和作者情思。任务一是梳理每篇课文的游览路线和所见之景，并分析组材与主题之间的关系，初步掌握游记的特点，同时还要引导学生理清游记所写之景与作者所要表达的主题之间的关系，探究作者在组材方面的独到之处，有意识地培养学生的思维整合能力。帮助学生把握游记独特的言语形式，体会作者对文化、生命、人生、历史的独特感悟与思考。任务二是以小组为单位搜集资料，实地考察游览，以独特的旅游经历为素材，创作游记，重点引导学生将所学游记知识进行内化理解与外化实践，形成有效的语言文字运用实践。写作过程中，要重点关注游记的顺序、写景的角度和方法，并适当融入人文要素和真情实感。任务三是分享评价，在"争做旅游达人　跟我一起去旅行"游记分享会开展过程中，教师一方面要引导学生利用新技术、新手段，帮助自己更加有效地表达，从而体现语文学科的综合性、时代性的特点，另一方面还要着力引导其他学生对分享者的分享进行适时恰切的评价，并提出有价值的改进意见和建议，提升学生的审美鉴赏与创造能力。

任务一"课文学习"为任务二提供了思路和方向，前两个为任务三提供了材料。所以说，这三个任务是层层递推、逐步发展的，它们彼此紧密联系，缺一不可，体现了任务完成的过程性。

此外，创意写作活动的开展常常是在写作工坊内展开的，需要借助工坊成员之间的合作力量。在本单元的学习活动中，任务一是学习课文，掌握游记特征。后面从资料的搜集与整理开始，就需要围绕共同的目标来组建合作学习小组。组内成员利用假期，打卡一处心仪的上海景点，采集信息进行分工协作，在此后的每一项学习活动也都是建立在小组合作的基础之上的。

四、教学设计

任务一：研读四篇课文，了解游记特征

[任务目标]

（1）研读四篇课文，圈画时间、地点和视角转换的关键词句，用简笔画、导图或结构图等形式制作游踪线路图，也可借助计算机制作动态游踪线路图（动画）。

（2）默读四篇课文，通过研读景与情、景与理融通的语句或段落，理清游记组材与主题的关系。

[学习活动]

活动一：掌握游记包括的三个要素，即所见所闻所感，绘制游踪图

（1）以《壶口瀑布》《一滴水经过丽江》为例：

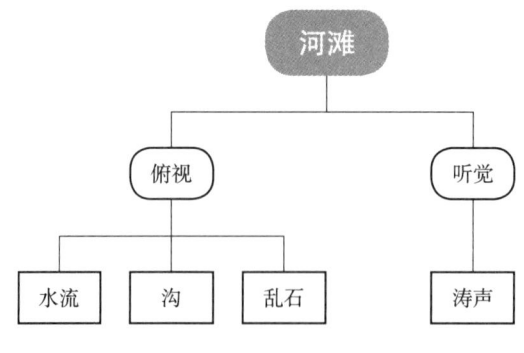

《壶口瀑布》雨季游踪图

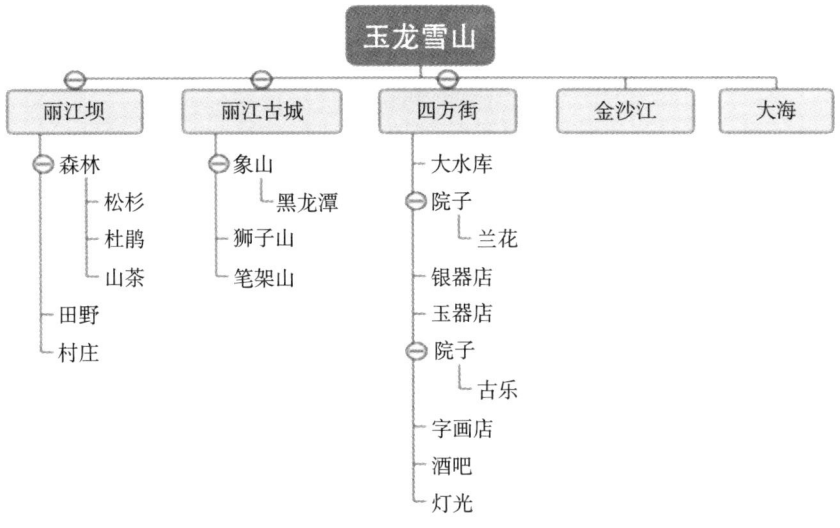

《一滴水经过丽江》游踪图

（2）自主完成每篇游记的游踪图，小组研讨完善并在最佳绘图的基础上，整合修改出一幅小组游踪图，在全班展示。各小组分别为其他组打分并填写《游踪图考量表》。

游踪图考量表

评价标准	等　　级	备　　注
能准确圈画作者游览地点、时间或角度转换的词语	☆☆☆☆☆	1. 准确圈画极个别词语，得1颗星 2. 准确圈画大部分词语，得2～3颗星 3. 准确圈画全部词语，得4～5颗星
能根据圈画的内容设计绘制游踪图	☆☆☆☆☆	1. 能独立绘制简单的游踪图，得1颗星 2. 能绘制比较完整、细致的游踪图，得2～3颗星 3. 能绘制可用计算演示的动态游踪图，得4～5颗星

设计说明：教师要在引导学生梳理文章写作思路的过程中，训练学生抓住关键词句提取信息的能力，并通过课文范例，帮助学生把握游踪安排、写景角度和方法等游记写作的一般规律，着力提升学生的概括思维能力。

活动二：勾画文章中景与情、景与理融通的语句或段落，理清游记组材与主题的关系

以《壶口瀑布》为例，可借助以下问题把握组材特点并填写《景情关联考量表》。

（1）找出景与理融通的语句并适当分析：

黄河博大宽厚，柔中有刚；挟而不服，压而不弯；不平则呼，遇强则抗；死地必生，勇往直前。正像一个人，经了许多磨难便有了自己的个性：黄河被两岸的山、地下的石逼得忽上忽下、忽左忽右时，也就铸成了自己伟大的性格。

这里由叙述、描写转入议论，既写黄河，又写人生：铺陈展示黄河勇往直前的姿态，引出对于人生磨难与个性的思考，顺理成章地写出黄河"伟大的性格"。

（2）为了体现黄河"伟大的性格"，作者选取了壶口瀑布哪些景点进行了描写？圈画出这些景点，并批注其与主题的关系。

明确：作者选取雨季的河滩、枯水季的河心等景点。

批注1：选取雨季的瀑布，通过描写水势之大，突出黄河磅礴的气势，撼人心魄的壮美。

批注2：选取枯水季的河心，通过写黄河水冲撞石壁的千姿百态，联系到人的各种感情，进而想到了人的博大包容的胸怀，写出黄河宁折不弯、坚韧刚强、勇往直前的精神。

景情关联考量表

评价标准	等级	备注
能勾画出景与情、景与理融通的语句或段落，并进行适当分析。	☆☆☆☆☆	1. 能勾画出1处相关的语句或段落，得1颗星 2. 能画出2~3处相关的语句或段落，有一定分析，得2~3颗星 3. 能勾画出全部相关的语句或段落，分析较为具体深入，得4~5颗星
能理解所选之景与表达情感、事理之间的关系，并进行准确批注。	☆☆☆☆☆	1. 能圈画出与表达情感、事理密切相关的景，得1颗星 2. 能大致理解所选之景与表达情感、事理之间的关系，并进行简单批注，得2~3颗星 3. 能理解所选之景与表达情感、事理之间的关系

设计说明：引导学生理清游记所写之景与作者所要表达的主题之间的关系，探究作者在组材方面的独到之处，有意识地培养学生的思维整合能力。

活动三：阅读课文，把握游记独特的言语形式，体会个性化言语中表达的独特情思

依据不同的文本特质，批注四篇游记中精妙的用词、句式、修辞、表达方式等，从言语形式角度把握景物特点和作者情思的融合点。

（1）**用词**：四字词、叠词、口语化的词、生动形象的词、精准表达的词、幽默活泼的词、情感色彩浓烈的词、典雅凝练的词等；

（2）**句式**：对称句式、长短句结合、独词成句、陈述句、疑问句、感叹句等句式选用；

（3）**修辞**：比喻、拟人、排比、夸张、反复等；

（4）**表达方式**：叙述、描写、抒情、议论等；

（5）**标点**：如破折号、省略号、问号的妙用；

（6）**表现手法**：对比手法、虚实结合、引用资料和名言名句等；

（7）**其他**：独句成段。

范例1：河水从五百米宽的河道上排排涌来，其势如千军万马，互相挤着、撞着，推推搡搡，前呼后拥，撞向石壁，排排黄浪霎时碎成堆堆白雪。（《壶口瀑布》）

批注：运用大量四字词，使音韵和谐，表达凝练。"千军万马""推推搡搡""前呼后拥"等形象生动的比喻和拟人，"排排涌来""排排黄浪""堆堆白雪"等整齐的叠词、极具画面感的颜色词和生动的比喻，写出了瀑布浊浪汹涌之势。

范例2：阳光使这位身披白色披风的巨人变化多端：融雪处裸露出大山黛黑的骨骼，有如刀削一般，棱角与层次毕现，富有雕塑感。（《在长江源头各拉丹冬》）

批注：运用比喻的修辞手法，将白雪覆盖下的各拉丹冬雪山比作"身披白色披风的巨人"，它"黛黑"的山色、棱角分明的山势等，都生动形象地展示它的高峻雄伟。同时，阳光下的"变化多端"表现出其神秘的特点。

设计说明：教师要重点引导学生通过品析课文特殊的言语形式，探析背后蕴藏的情思，并掌握语言文字的运用规律，从而形成个体的语言经验，习得在游记这一具体的语言情境中有效表达独特情思的能力。同时，还要引导学生关注景与情背后蕴含的人文情怀与文化内蕴，拓展文化视野，增强文化理解与文化自信。

创意写作视野下的大单元写作教学

任务二：开展游上海活动，撰写游记

[任务目标]

（1）将前面所学内容运用到游记的实践中，掌握游踪写法，学会处理游记组材与主题的关系。

（2）能够选择最富特征或代表性的，或者感受最深的景物，思路清晰、主次分明地记录一次游览经历。

（3）能够在游记中写出独特的体验，点出所得到的教益或受到的启发。

（4）在小组合作头脑风暴中，评价和修改游记，提升文章思维高度，加深文章思想深度，思考个人如何借助游记这种形式传播中国文化，让世界更好地了解中国。

[学习活动]

活动一：小组合作，通过实地考察和视频资料学习，让学生初步了解上海名胜，并选出自己最感兴趣的一处

（1）成立合作小组，拟定游览方案，查阅网上相关资料，参观时，重点从整体和细节上关注景点的布局，环境和亮点以及文化历史价值溯源，参观后观看旅游照片和视频，搜集整理资料等。

（2）参考《各拉丹冬游历记》结构图，并且参考学习课内文章时所采用的游踪图评价量表，完成《精彩的游历》结构图，游记按照标准的格式将所至、所见写具体，设计一条最佳参观路线，并且注意所选之景与表达情感、事理之间的关系，将所感部分写出自我的感悟乃至生命、文化、社会的思考。

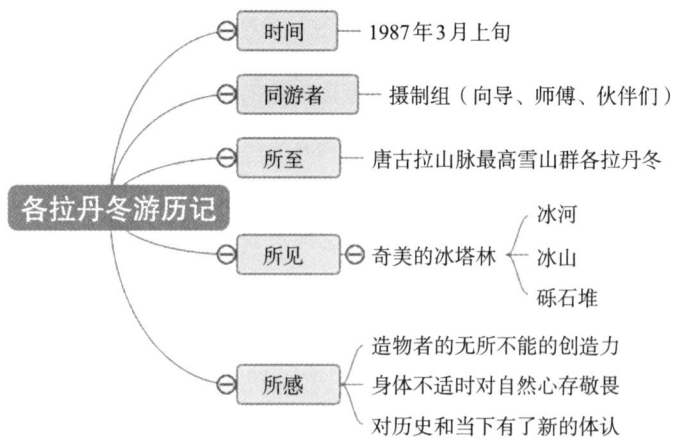

《各拉丹冬游历记》思维导图

284

活动二：就自己最感兴趣的这处景点进行多渠道搜集资料，并依据搜集来的内容进行游记素材整理

根据各自精彩的游历结构图，思考材料取舍及详略安排，用你喜欢的形式，完成写作提纲。可以用红笔标出最佳赏景点。

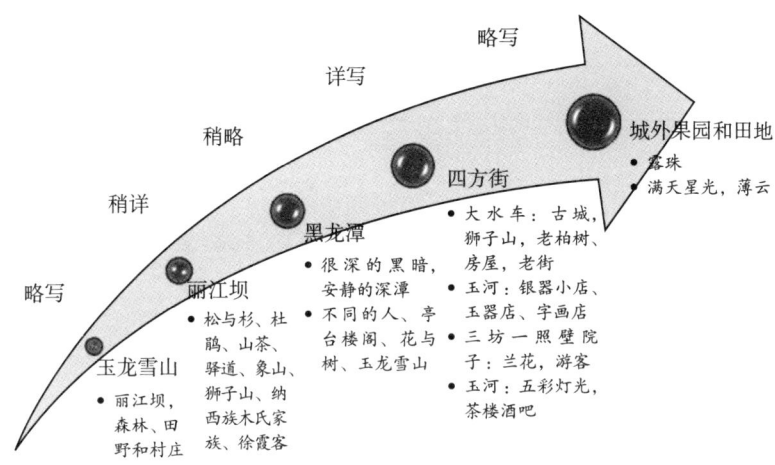

《一滴雨经过丽江》的写作提纲

活动三：撰写游记，要重点关注游记的顺序、写景的角度和方法，并适当融入人文要素和真情实感

（1）根据写作提纲，以"精彩的游历"为题写一篇游记，300～400字。

（2）交流分享：每个小组推选一篇优秀的游记，派代表到台上进行展示交流。然后小组互评，参考评价量表进行。各组组员修改自己文章，将修改好的优秀范文再次展示。最后其他组员提出评价意见。

学生在评价自己和他人的作品时，可参考以下写作评价量表，任选角度，找出游记中情、景与理融通的语句或段落，也可以从言语形式角度把握景物特征，体会作者独特的情思，并派代表发言。当大家学会勾连前后所学内容以及评价量表后，将学习重点再一次深化，每个学生可以反复修改自己的作品，直至优秀。

写作评价量表

维度	评价内容	评价等级	评价说明
所至	景点（有比较明确的游踪，交代清楚）	☆☆☆☆☆	1. 游踪交代不够清楚，得1颗星 2. 游踪交代比较清楚，得2～3颗星 3. 游踪交代清楚，得4～5颗星

续 表

维度	评价内容	评价等级	评 价 说 明
所见	观察方法（定点观察、移步换景、转换视角等）	☆☆☆☆☆	1. 观察方法不够明确，得1颗星 2. 运用一到两种观察方法，得2～3颗星 3. 运用三种以上观察方法，得4～5颗星
	景物特点（具有鲜明的特点）	☆☆☆☆☆	1. 景物特点不够鲜明，得1颗星 2. 景物特点比较鲜明，得2～3颗星 3. 景物特点鲜明，得4～5颗星
	语言表达（用词、句式、修辞、表达方式等）	☆☆☆☆☆	1. 表达比较枯燥，表现力不足，得1颗星 2. 表达较为具体生动，有一定的表现力，得2～3颗星 3. 综合运用多种手法，表现力强，得4～5颗星
所感	表达情感（直接抒情或借景抒情，或通过特殊的言语形式表达情感）	☆☆☆☆☆	1. 客观写景，情感不足，得1颗星 2. 有一定情感，但表现方式单一，得2～3颗星 3. 运用多种形式表达感情，得4～5颗星
	引发联想（加入文化典故、民俗风情、天文地理、名人轶事、诗文传说，或者联想到其他景点、事物）	☆☆☆☆☆	1. 很少人文情怀或者其他联想，得1颗星 2. 有一定人文情怀或其他联想，得2～3颗星 3. 有浓郁的文化气息，信息量丰富，得4～5颗星
	理性思考（引用他人的评价，或生发议论，表明得到的道理或启发）	☆☆☆☆☆	1. 没有或很少理性思考，得1颗星 2. 有一定的理性思考，得2～3颗星 3. 思考深入，观点独到，得4～5颗星
详略	材料取舍（能够依据主题和表达需要取舍材料，详略得当）	☆☆☆☆☆	1. 详略不够得当，得1颗星 2. 详略比较得当，得2～3颗星 3. 详略得当，主次分明，得4～5颗星

游山水，知人文，学写游记

任务三：成果展示与制作

[任务目标]

（1）举办游记分享会，选出内容有特色、表达有意思、情感有共鸣、思考有深度的分享者，作为班级"旅游达人"。

（2）将其游记在班级微信公众号/《梦想笔尖》校刊发表。

将小组游记成果展示，让学生充分感受语文学习的魅力，并在满满的成就感中增强继续探究学习的力量。

[学习活动]

活动一：举办"跟我一起去旅行"游记分享会，选出"旅游达人"

选出内容有特色、表达有意思、情感有共鸣、思考有深度的分享者，作为班级"旅游达人"。

设计说明：在前面的课文学习中，我们分别以《壶口瀑布》《在长江源头各拉丹冬》《登勃朗峰》《一滴水经过丽江》四篇课文为例，就学写游记文章的思路与方法进行了学习与训练。在既有的能力习得基础之上，让学生试着用学过的方法来介绍一处上海的风景名胜，在教学上由扶到放的设计安排，巧妙地让学生在学以致用中实现了知识的巩固、技能的提升，在单元视野中发挥教材价值（关注单元导读中的语文要素），在阅读中构建读一类文本的阅读策略，实现了"阅读学习""口语交际""单元习作"三个板块学习的有效融合、高效融合。

活动二：将"旅游达人"的游记在班级微信公众号/《梦想笔尖》校刊发表

（1）利用前面搜集整理到的资料（照片、文字），制作成微视频，对家乡文化进行宣传。

（2）以小组为单位，组长手机推荐人数最多的游记作品，小组分工，按照内容、结构等分类，排版加工，汇编成文集，在班级微信公众号/《梦想笔尖》校刊发表。

设计说明："以终为始，逆向设计"，学会游记的散文练习，是本单元最终需要达成的任务目标。成果的展示与交流是本单元学习的重要环节。在最后一项任务中，可以在班级、校园内举办活动，为学生搭建交流展示的平台，比如

 **创意写作视野下的大单元写作教学**

举办游记分享会,校园旅游大会发现家乡之美,班刊校刊制作等。这一做法既将单元语文要素落到了实处,又让学生在乐中学、做中学,对文字充满兴趣,教师通过对学习活动的创意设计,在激发学生语文学习兴趣的同时还能够提升学生语文核心素养。

融通古今　学会有创意地表达[*]
——部编版语文教材九年级下册第六单元整体教学设计

徐　琳

一、教材分析

部编版语文教材九年级下册第六单元是古代诗文单元，所选课文从不同角度反映了古人的政治、军事生活，均是历代传诵的名篇。教学课文包括《曹刿论战》《邹忌讽齐王纳谏》《陈涉世家》《出师表》《诗词曲五首》。阅读这类诗文，要求在熟读成诵的过程中，将精彩的语句摘抄下来。同时要注意回顾学过的文言文，积累常见的文言词语，理解古今意义的差异，在此过程中提高文言文阅读能力，感受古人的智慧，体会他们的责任感和担当精神。

本单元写作主题为"有创意地表达"，是指表达时有新意、有个性，不落俗套。一篇有创意的文章，能够让读者眼前一亮。写作时，要做到有创意地表达，除立意新颖外，还要注意选材、结构、写作视角、语言表达和表达形式等方面的新颖性。教材中本单元"写作实践"板块，提出了三个写作要求：

一是选择一篇你觉得有创意的文章，推荐给同学，并写一则简要的推荐语；

二是从曾经写过的话题作文"我的老师（同学、朋友）"中选择一个话题，寻找新的创意点，自拟题目，修改作文；

三是以《春天的色彩》为题，写一篇作文，不少于600字。

在大单元背景下的创意写作教学设计中，本单元的作文教学所要突破的重

---

[*] 本文作者简介：徐琳（1990—　），女，上海，毕业于上海师范大学，管理学专业。现任教于上海大学附属学校。

难点在于融通古文阅读理解和现代文写作。在阅读教学中梳理清楚文言文的思路,把握诗文的写作特色,对作者在材料选择、谋篇布局、表情达意方面的创意之处加以总结归纳,从优秀的作品中获得创新灵感,将其应用到自己的作文当中。

表1罗列了本单元的课文在写作教学中可以借鉴运用的创意角度,引导学生在本单元写作中用以借鉴,并指引学生在今后的古诗文学习中加强关注。

表1 教材中可以借鉴创意角度及内容提要

课 文	写作中可借鉴的创意角度	主要内容提要
《曹刿论战》	选材新颖	文章突出了曹刿战前论述战后释战,凸显"论战"中曹刿的深谋远虑。
《邹忌讽齐王纳谏》	语言表达新颖	文章围绕劝谏设喻说理,邹忌成功劝谏齐威王,让他采纳群言,修明政治。
《陈涉世家》	人物塑造新颖	运用生动简洁的语言,通过富有个性特征的细节来塑造陈涉独特的人物形象,表现人物性格。
《出师表》	情感表达新颖	诸葛亮以奏表劝说后主刘禅继承先帝遗志。晓之以理,动之以情,理至情浓,情理交融,使文章具有极强的感染力。
《诗词曲五首》	表现形式新颖	不同诗歌类型的特点和作者的创作风格在表情达意上具有不同的作用。

二、任务创设

根据本单元的人文主题以及语文要素,指向的都是阅读文的学习,并没有融入写作"有创意地表达"提出读写结合的要求,并且我们以往在进行古诗文教学的过程中,碍于古文和现代文的隔阂,往往和作文教学的联系是不紧密的,和创意作文的关联就更遥远了。在大单元整体设计的理念下,根据对文本内容的分析,我们的任务是要结合创意写作中的头脑风暴法,激发学生多元思维的表达;结合小组合作,激发生生之间学习的互助;创造性结合过程写作法,注重对学生写作前、写作中和写作后三个环节的指导。

本单元的写作任务设计如表2所示。

表2　第六单元的写作任务

主题	任务	子任务群	课时安排	学习活动
融通古今，学会有创意表达	在古诗文阅读中学习创意表达方式，完成各项创意写作实践任务	任务一：提炼古诗文创意点，旧文换新颜	2	活动一：撰写推荐语，以任务单形式，每个小组选择一篇本单元课文，推荐给同学阅读
				活动二：旧文新写，用新的创意点修改旧文作文
		任务二：完成写作《春天的色彩》	4	活动一：（写作前）确立文体、立意、材料、角度，拟好提纲，标记好创新点
				活动二：（写作时）采用多种语言表达方式
				活动三：（修改时）引导学生重新审视自己的作文，反思写作过程，小组合作提出修改意见
				活动四：展示写作成果

三、理念简述

本单元紧紧围绕"融通古今，学会有创意地表达"这个主题来统领本单元学习内容。在学生进入单元学习之前，教师就要向学生阐明本单元的"文言文"和"作文"教学相融合的理念，明确教学目标，并将本单元的学习任务呈现在学生面前。前期要求明确的前提下，学生才能在文言文阅读学习中有目的地关注文言文和写作之间的创意契合点，让学生切实感受到任务与任务之间的层次感和关联性。

在创意写作教学中，我们特别注重对写作的过程性指导，这个过程不仅是写作中的指导，更是涵盖了写作前写作后两个重要过程。

任务一中的第一个活动目的是结合"有创意地表达"写作实践第一题的要求，让学生根据文言文的写作特色总结提炼出课文在选材、语言表达、写作角度等方面的创意点，有意识地对写作教学"有创意地表达"的写作方法提前进行归纳整理；用头脑风暴方法群策群力，在讨论中搜集和整合写作方法以及写作素材。第二个活动目的是引导学生从细微处着手，将学生的真情实感激发

出来，消除学生的写作障碍，让"老套"的话题重新焕发出新的活力。教材中"写作实践"第二题提供了部分参考题，教学中也可以根据学生的实际情况自拟相似的题目。

创意思维具有独创性、关联性、多向性、综合性等特征，创意思维过程是一种超越性的思维方式，在同中求异、异中求同，即"旧元素、新组合"。通过两个引导活动的训练后，学生已经建立起对创意表达的基本认识和写作，但还要帮助学生不断巩固，培养学生的创意思维，提升创新能力。此时可以将难度提升，选择命题作文的形式，如教材中"写作实践"部分的第三题，就属于命题作文。

任务二的四个活动，也是根据"有创意地表达"写作要求，结合过程写作法，确立写作前、写作时和写作后的不同任务驱动，让学生在创意写作中提高思维品质，在小组合作修改中完善作品质量。最后的展示成果环节，可以结合学校实际，选取适合的发表渠道。

四、教学设计

任务一：提炼古诗文创意点，旧文换新颜

[任务目标]

（1）学生组内分工协作，从本单元文言诗文中，提炼总结创意点，每组选择一篇文章撰写推荐语。

（2）学会用提炼出的创意点修改自己写过的旧文。

[学习活动]

活动一：撰写推荐语，以任务单形式，每个小组选择一篇本单元课文，推荐给同学阅读

（1）每个小组认领一篇课文，讨论这篇课文的最突出的创新点在哪里？可以从立意、选材、角度、语言表达等方面进行阐述。

（2）小组讨论这些创新点有什么表达效果？如：在语言表达方面，使用了哪些独特的句式，有什么效果？使用了哪些修辞手法，与普通的修辞手法相比，不同点在哪里？

（3）结合课文内容和文章的思想感情，突出课文的创新点，每个小组合作

完成一篇课文的推荐语。

（4）每个小组派一名代表在班内分享各自的推荐语，教师适时总结点评。

设计说明：有创意地表达不是一蹴而就的，是一个需要长期训练的过程。训练的第一步，可以从学习优秀作品的长处开始。本活动的展开是以"写作实践"的第一题写"推荐语"为突破口，结合本单元新授的文言文，意在打通阅读和写作之间的"任督二脉"，让学生有单元整体意识，从经典作品中汲取创意灵感。

活动二：旧文新写，用新的创意点修改旧文作文

1. 写前准备

（1）以《我的老师》为题目，小组讨论，如何结合创意表达要素（见下图），从细微处着手进行"旧文新写"，互相提出建议。

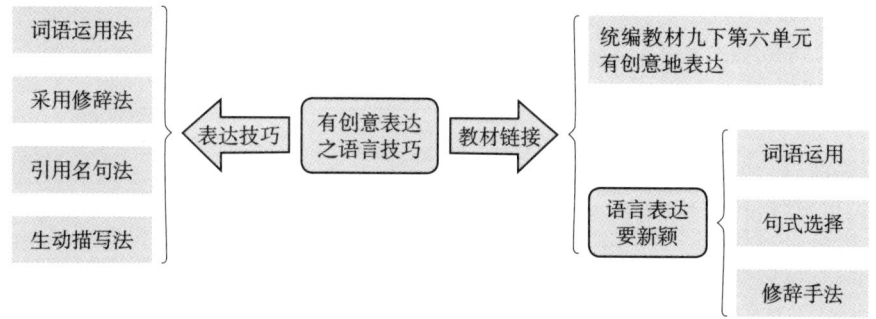

（2）步骤可参考：讨论立意—选材指导—角度切入—创新点设计。

（3）以上构思完成后，以思维导图的方式列出文章的框架结构（如图例）。

```
              我 的 老 师
结构创意：欲扬先抑
选材：
（1）外貌普通（年纪大，打扮落伍）；
（2）在行规上、学习上对学生很严厉；
（3）善解人意：
    ① 我周末作业没做，很怕被老师批评惩罚；
    ② 老师看到我一脸疲惫，问了我原因，了解到我是周末补课
       太多，压力太大，导致了烦躁情绪，才没写作业；
    ③ 老师耐心跟我沟通，并和我家长取得联系，让他们也多关
       心我的内心世界，让我压力不要太大。
```

2. 学生自主写作与交流

学生完成写作活动之后,教师引导学生再次进行交流。

(1)这一题目,以前我是怎么写的?今天我在哪些地方进行了创新?

(2)写作时有没有参考同学提出的建议?是否完全依照思维导图来写?有没有根据实际情况作调整?

(3)针对这些创新点,我是如何切入的?例如:根据我的真情实感,根据优秀文章中习得的技巧。

(4)这篇文章还存在哪些问题?如何进行改进?

《我的老师》创意写作修改评价

(1)写作内容是否根据思维导图和实际情况展开?

(2)能否根据选取的创意点切入文章主题?

(3)文章中还存在什么问题,有什么改进方法?

设计说明:要进行有创意的表达训练,在写作起步阶段,首先要克服的就是写作障碍——不能用文字表达自己的意思。学生可能会出现找不到恰当的词语、无法组织素材、难以开头、拘泥于一种文体、不能流畅地写作等状况。作文是为了自我表达和交流。学生要练习用自己的话来表达自己的所见所闻所感,做到"我口说我心,我心写我口"。文章只有在表达自己真实情感的基础上,才能更好地进行创意表达。在情感的推动下,学生思想将为更为活跃,表达将更为活跃,语言将更为生动。因此,教师可以通过"旧文新写"的活动,引导学生从细微处着手,将学生的真情实感激发出来,消除学生的写作障碍,让"老套"的话题重新焕发新的活力。

任务二:完成写作《春天的色彩》

[任务目标]

(1)通过过程写作法,激发学生写作灵感。

(2)学生根据老师和同学的修改意见修改自己的作文。

(3)根据学情,对文章进行发表。

[学习活动]

活动一：（写作前）确立文体、立意、材料、角度，拟好提纲，标记好创新点

（1）教师下发《春天的色彩》导学案，完成学习任务单：

《春天的色彩》提纲

文体：_____

立意：_____

材料：_____

角度：_____

（2）学生头脑风暴写作素材，并自主完成任务单，标记好创意点。

设计说明：过程写作法的第一阶段是预写作。"预写作"就是做好写作的准备，像运动前的热身，但最容易被忽视。在这一个阶段教师以学生为中心，引导学生充分发挥自身的主观能动性，小组合作有利于学生在观点和观点的碰撞中打开写作思路、集思广益，在头脑风暴中产生写作的创意点。所以这个阶段教师在导学案中设计了一份课堂任务单，从任务一中提炼出的创意点的几个方面，确立《春天的色彩》的创意角度。

从文体的角度，文章的形式好比建筑的外观，有新颖之处才会引人注目，比如，在记叙性文章、议论性文章、说明文章之外，如果能根据内容需要，恰当采用寓言、童话、剧本、小说、书信形式，也会给读者带来新鲜的阅读感受。

确立好文体之后，就要在立意上下功夫。学生在动笔之前就要确立好文章或作品内容所要表现的主题思想，所要揭示的生活真理，立意就是中心思想、主题、主旨，它是文章的"纲"。

根据立意，学生可以选择新颖的材料。从大的方面说，要写社会生活中新事物，特别是具有时代特点的事物，能让人感受到清新的时代气息；从小的方面说，要写属于自己的东西——只有自己经历、体验、感受的那些富有个性特征的东西，才是真切的，才能够感染并打动读者。比如写这篇文章，我们可以把春天的特点化作具体的色彩，巧妙地把春天比作自然的调色盘，赋予春天人的意志和情感。

最后要思考写作的角度。新颖的角度往往能让文章表达出新意，激发读者的阅读兴趣。比如这篇文章可以用拟人的手法，把自己化作一只生活在春天的雀儿妈妈，写自己在春天快到来时的经历、体验和感受，观察细腻，并且巧妙地紧扣"春天的色彩"来谈，选取富有个性的材料。

活动二：（写作时）采用多种语言表达方式

（1）教师指导学生写作时关注导学案中有创意表达语言技巧点。

（2）学生进行当堂写作，完成初稿。

设计说明：学生写作时，导学案中有创意表达之语言技巧板块的梳理，帮助学生归纳整理了语言表达上的技巧，帮助学生在写作时所写内容具有一定的语言表现力。

"词语运用法"是在恰当的基础上增强语言的表现力，要求我们选用恰当精妙的、新鲜传神的、具有形象性的、极具表现力的词语，使所描述的对象给人如闻其声、如见其形、如临其境的感觉，以增强感染力。

"采用修辞法"通过运用比喻、拟人、引用等修辞形成形象生动的语言；通过夸张，引起读者丰富想象和强烈共鸣；通过烘云托月式或对比式的排比形成富有气势的语言。运用修辞可以取得"辞高气势"的效果。

"引用名句法"可使所表达的语言意思简洁凝练，增强感染力，有利于作者表情达意；可为作者的观点和看法提供有力的论据，增强说服力；有利于读者在阅读中产生联想或共鸣，达到推陈出新，增强生动性的效果，或者幽默风趣，增强形象性的效果。

"生动描写法"包括人物的细节描写和环境描写两个方面。生动的人物描写可以更加凸显人物个性，主要运用到人物塑造上。环境描写，可以更好地呈现文章的背景，烘托人物的心情。

活动三：（修改时）引导学生重新审视自己的作文，反思写作过程，小组合作提出修改意见

（1）教师借助投影仪出示一篇范文，根据上海市中考作文评价标准进行评价；教师就评价过程中的问题进行提问，如可以找出文中不切合主题的材料、语言表达方式不得当的地方以及思路中详略不得当的内容。

（2）选定一篇作文，根据学案要求，每个小组合作讨论，提出修改意见，每个学生根据自己整理、自己收到的反馈意见进行修改。

2022年上海市中考作文评分标准

等第	综合评分	中心与材料 (25分)	语言表达 (25分)	思路与结构 (10分)	评分细则
A	60~53分	切合题意 中心突出 选材恰当 有新意 感情真挚 内容充实	语言流畅、简洁、得体，有一定的表现力	思路通畅 层次清晰 结构完整 详略得当	A等基准分56分。基本符合三项条件得基准分；三项中有一项富有特色，其他两项达到B，可评为A
分项得分		25~22分	25~22分	10~9分	
B	52~43分	符合题意 中心明确 选材恰当 感情真实 内容较充实	语言通顺、简洁 用语规范	思路连贯 层次较清楚 结构完整 能注意详略	B等基准分47分。基本符合三项条件得基准分；中心与材料或语言有一项较好的，酌情加分；其中一项有欠缺的，酌情减分
分项得分		21~18分	21~18分	8~7分	
C	42~33分	基本符合题意 中心基本明确 选材基本恰当 内容不够充实	语言基本通顺 用语基本规范	思路基本清楚 层次基本清楚 结构完整，但不够合理详略安排不够恰当	C等基准分36分。基本符合三项条件得基准分；其中两项较好的，酌情加分；有欠缺的，酌情减分
分项得分		17~14分	17~14分	6~5分	
D	32~24分	题意理解偏颇 中心不明确 选材不合理 内容空洞	语言不通顺 用语不恰当 病句比较多	思路不清楚 结构不完整	D等基准分28分。基本符合三项条件得基准分；其中一项在C、D之间，酌情加分
分项得分		13~11分	13~11分	4~2分	
E	23~0分	偏离题意 无中心	词不达意 表达混乱	思路混乱 结构残缺 文不成篇	严重偏离题意或有严重语病或字数不足300字，18分以下
分项得分		10~0分	10~0分	1~0分	

说明：(1) 题目不写扣2分。(2) 字迹不清楚，书写不规范，卷面不整洁扣1~2分（符合任意两项即扣2分）。(3) 错别字总扣1分（满2个即扣）。(4) 一字不差背诵他人习作0分。

设计说明：通过过程写作法在修改作文中的运用，也再次激发学生在修改作文时的创意点。在修改作文中出示"中考作文评价标准"的目的，一是让学生更清晰明确评价的几个方面，在修改时可以做到有抓手；二是让九年级面临中考的学生对标考场作文的要求，审视自己的写作得失。

活动四：展示写作成果

（1）每一组总结整理一篇在学习写作"有创意地表达"中的所思所获，可以以思维导图的形式呈现，也可以写一份学习心得，每组派一位同学进行全班交流。

（2）教师利用微信群报数功能，让每一位学生上传作文电子稿，让每一位微信群中的学生都可以浏览同学们的作文并进行评价。

设计思路：展示写作成果是过程写作法的最后一步，如果每一位学生的作文成果都能进行展示，这能够激励学生尽自己最大能力去完成、完善一篇好的习作。所以教师结合微信群报数和班级微信群的功能，将班级所有学生的作品都展示出来。在成果的展示环节，第一个任务是以小组合作的形式，总结写作过程中的所思所得，这是引导学生不仅要关注写作作品最后的呈现，更关注到完成作品背后的方式方法，在以后的写作中起到举一反三的作用。展示写作成果，可以采用多种形式，比如挑选优秀文章，创建班级刊物，或利用板报、网络平台等进行写作成果展示。具体操作方案可根据班级实际情况而定。

· 高中部分 ·

自然山水　涤荡情怀*
——部编版高中语文必修上册第七单元整体教学设计

李　珍

一、教材分析

第七单元围绕"自然与情怀"这一主题安排了郁达夫的《故都的秋》、朱自清的《荷塘月色》、史铁生的《我与地坛（节选）》、苏轼的《赤壁赋》和姚鼐的《登泰山记》这五篇课文。

通过学习我国不同时期、不同风格的写景抒情散文，感受文人笔下的美景，关注作品中的景物描写和人生思考，可以激发学生对自然的珍爱之心和对生活的热爱之情、进一步体会民族审美心理、增强对民族文化的认识和了解。学习散文作品，要重点关注作者是如何抓住景物的突出特点、表现景物的独特之美的，同时要注意体会文章情景交融、情理结合的特点，读懂作者独特的内心世界。通过反复诵读感受作品的语言之美，品味散文独特的语言美。

这些教学内容的学习都指向了本单元所属的学习任务群——文学阅读与写作。在了解写景抒情散文的特点、把握其写法的基础上，选取自己喜欢的景物，捕捉创作灵感，完成一篇情景交融的散文。

通过对教材的研读，各部分教材内容及教学要点安排如表1所示。

表1　教材内容及教学要点

课题	篇目	教　学　要　点
第14课	《故都的秋》《荷塘月色》	1. 梳理文脉，了解内容，感知散文的写景之美、文辞之美。 2. 品赏美景，体会情景交融的写法。 3. 品读语言，理解作者在景物描写中投射的独特情感和审美体验。

* 本文作者简介：李珍（1978—　），女，毕业于华东师范大学。现任教于上海市第六十中学。

续 表

课 题	篇 目	教 学 要 点
第15课	《我与地坛（节选）》	1. 梳理文脉，了解内容，感知散文的写景之美、文辞之美。 2. 品赏美景，体会情景交融的写法。 3. 品读语言，理解作者在景物描写中投射的独特情感和审美体验。
第16课	《赤壁赋》《登泰山记》	1. 疏通文意，积累重点字词。 2. 理解作者情感变化，并了解情感变化的缘由。 3. 思考文化传统意义。

二、任务创设

这个单元的核心任务是：学习本单元的写景抒情散文，体会民族审美心理，提升文学欣赏品位，培养对自然的热爱之情。人们生活在自然之中，而大自然也深深地融入人类的精神世界，成为人类心灵的寄托，通过文学作品对自然的描写，反观自然可以提升对自然美的感悟，激发学生对自然和生活的热爱之情。在进行大单元的教学设计时，将景、情、理结合起来，创设能让学生游历其间的具体情境，设置活动任务：景的品味，情的体察，美的赏析，言的涵泳，文的创作，等等。在核心任务的带动下，将写景分析、体会情感、品味语言、理解哲理、发展审美都整合起来。基于这样的教学理念，将五篇课文有序地串联起来，从而达到浑然一体的学习效果，引导学生运用有效的方法写好情景交融的写景散文。

在大单元整体教学设计思路的统领下，结合创意写作对写作过程、合作学习、头脑风暴等方法的重视，我们设计了如表2所示的本单元的学习任务。

表2 第七单元的学习任务

主 题	任 务	子任务群	课时	学 习 活 动
走进自然 感悟生活	捕捉创作灵感 完成一篇情景交融的散文	任务一：赏玩自然风景，丰富审美情趣	2	活动一：选择你喜欢的语段，配乐朗诵
				活动二：向"朗读者"推荐一个语段，并说明理由

续 表

主 题	任 务	子任务群	课时	学 习 活 动
走进自然 感悟生活	捕捉创作灵感 完成一篇情景交融的散文	任务二：品味自然环境，读懂人生思考	3	活动一：撰写美文，设计《中华江山美景》系列明信片
				活动二：探究中国山水文化内涵，写一篇研究报告
		任务三：走进自然胜景，探索文化情结	5	活动一：观赏美景，品味语言
				活动二：资料收集，设计展板
		任务四：记录美好自然，抒写大地情诗	2	活动一：盘点学习收获，借鉴写作方法
				活动二：选取恰当的景物，细腻描摹景物特征，运用情景交融的方法写一篇散文

三、理念阐述

本单元紧紧围绕"了解写景抒情散文的特点、把握其写法的基础上，选取自己喜欢的景物，完成一篇情景交融的散文"这个任务来整体安排单元学习内容。在进入单元学习之前，教师就可以进行情境创设，并将本单元的学习任务呈现在学生面前。这样做一方面能够更好地触发学习动机，即通过学习任务的驱动来为后面的学习活动顺利展开奠定基础；另一方面，能够让学生带着明确的目标进入学习过程，让后面的每个学习任务都具有更强的指向性。

在创意写作教学中，"过程写作法"的使用让教师认识到任何一篇文章都不是一蹴而就的，都是需要分阶段、按步骤、有序地完成。同理，本单元主题学习任务的完成也应该分阶段、按步骤开展。在任务一中，学生通过反复吟诵五篇文章，感受作品语言之美，同时疏通文意（包括文言文字词句的解释）、了解课文内容，初步感知写景之美、文辞之美，从中选出最喜欢的语段，配乐朗诵，并阐述喜欢的理由，为后面赏析情景交融的美奠定基础。在任务二中，学生通过鉴赏对自然的描写，探究中国山水对文人的影响，思考山水给中国文人的力量。在任务三中，学生通过品读语言，体会文章中景与情的关系，了解作者的人生经历、写作背景，理清作者或起伏或隐现的情感线索，深层理解作者独特的情感和审美情味。

"过程写作法"最后的一个环节是"发表/出版"，具有非常强的成果意识。因此，在任务四中就通过借鉴五篇散文的写作手法，选择熟悉的景物，运用情景交融的手法写一篇散文。当然，这一活动能够成功、顺利地完成，都是要建立在前面三个任务较好地完成的基础上。任务一设定了情景，带领学生走进散文的天地。任务二让学生体会景之美，情之切的过程中，体会作者的思想。任务三通过了解作者的情感、审美，进一步体会民族审美心理，增强对民族文化的认知和了解。由此激发学生对于自然的珍爱之心和对生活的热爱之情，从而写出文质兼美的散文。

创意写作活动的开展需要团队合作，因此本单元的活动以小组为单位，组员通过分工协作来完成。

四、教学设计

任务一：赏玩自然风景，丰富审美情趣

[任务目标]

（1）通过反复吟诵，整体感知文章内容，初步感受五篇散文的写景之美、文辞之美。

（2）疏通文意，扫清字词障碍，积累文言字词。

[学习活动]

活动一：选择你喜欢的语段，配乐朗诵

（1）圈出文中生疏的字词，标注字音，读清句读，疏通文意。

（2）选择你喜欢的语段，配乐朗诵，小组分享交流，小组第一名在班级朗诵。

朗读评价表（50分）				
姓　名	字音（10分）	情绪（20分）	语速（10分）	配乐（10分）

设计说明:"书读百遍,其义自见"。现在的语文课堂以教师讲为主,缺少了学生的自主阅读。对于文章的理解都是教师或者教参的,缺少学生的主体认知。在散文单元将自主阅读还给学生,让学生在自主阅读中感受文章语言之美、情思之美……虽然还有两篇是文言文,但是相对而言文言知识较为简单,两篇文章更体现"文"之美,因此对于文章的内容把握主要即可,"言"的要求并不高,教师还可以稍加点拨,帮助学生的阅读与理解。通过自读、小组朗读、班级朗读等多种形式的朗读,通过配乐诗朗诵激发学生对语文的热爱,同时后面学习任务的顺利展开做铺垫。

活动二:向"朗读者"推荐一个语段,并说明理由

学校广播台备受好评的节目"朗读者"最近在搞一个专栏是"寻找最美风景"。如果你要参加这个专栏的活动,请从第七单元的五篇文章中选出片段,并说明理由。

要求:给画面命名;交代出处;表达有条理;限时10分钟。

评价表格如下:

姓 名	朗诵 (4分)	画面命名 (1分)	理由 (5分)	总分 (10分)	评议推荐

设计说明:本单元的教学目标之一是感受作品的文辞之美,对于精彩的语段进行品味、赏析,进而体会散文独特的语言美。通过这一活动的设计,让学生不仅从感性角度去体会文辞之美,而且能够从理性的角度初步赏析散文之美,为下一阶段的学习打下基础。

任务二:品味自然环境,读懂人生思考

[任务目标]

(1)关注散文中自然景物描写,鉴赏景物描写的语段。

(2)探究作者景情背后的思想拓展。

创意写作视野下的大单元写作教学

[学习活动]

活动一：撰写美文，设计《中华江山美景》系列明信片

（1）用思维导图画出五篇文章的行文思路。

（2）用自己的语言概括文章中的景物，并且找出各自特点，体会作者蕴含其中的情感，完成下面表格。

篇 目	选取的景物	景物的特点	作者的情感
《故都的秋》			
《荷塘月色》			
《我与地坛（节选）》			
《赤壁赋》			
《登泰山记》			

教师点拨：《故都的秋》中有清晨观景、秋槐落蕊、秋蝉残鸣、秋雨话凉及秋树奇景五福图画。《荷塘月色》中有月色下的荷塘、荷塘上的月色以及荷塘周围的景色。《我与地坛（节选）》中有古殿、园中的动物的描写。《赤壁赋》中有泛舟游赤壁，明月、清风、江水的描写。《登泰山记》中有登上泰山后所见的壮阔的景色。

（3）头脑风暴：哪一幅景最能体现中华江山美景，分组设计明信片系列。

（4）交流分享：每个小组将本组成果在班级内进行展示交流。

设计说明：这部分学习活动是深入文本、感受自然之美。几篇课文的景致都各有特色，而且每篇课文中都有几幅图景可以呈现。

本次学习活动的作业是以绘制系列明信片的方式进行画面的选择、文案内容的设计。这一活动不仅有助于学生对于课文内容的进一步深入理解，同时也培养了学生创意写作能力。首先，要明确本组明信片的画面内容，就需要学生根据课文和场景来判断、选择。其次，在绘制每一张明信片的时候都是对当前场景的一次深入解读和领悟，学生将从不同角度，更加全面、充分的感受每一幅画面的特点。

活动二：探究中国山水文化内涵，写一篇研究报告。

（1）写景抒情的散文如果只囿于景情之间，会显得纤巧单薄。作者唯有将视野扩大，将思维升格，才能写出意蕴深厚、让人回味无穷的名篇佳作。小组讨论课文在情景交融的基础上思维拓展的内容，完成下面表格的填写。

篇　　目	思维的宽度、高度
《故都的秋》	
《荷塘月色》	
《我与地坛（节选）》	
《赤壁赋》	
《登泰山记》	

（2）探究中国山水文化的内涵及其对中国文人的影响，思考中国文人能在对话自然中收获的精神力量，写一篇300字的探究结论。

设计说明：中国山水历来影响着中国文人对于人生的理解，古代文人从山水中获得智慧，获得面对人生起伏的态度，这对于中国文人必定产生深远的影响。本单元就有古人面对山水获得的启示，也有现代作家寄寓的情怀。这个作业的设计不仅是对这五篇文本的解读，更希望引导学生能更加深入地探究中国山水的内涵以及文人从中获得的精神力量。

任务三：走进自然胜景，探索文化情结

［任务目标］

（1）品读语言，体会文章在景物描写方面各自的特点，理解作者在景物描写中的独特感受和审美体验。

（2）品赏美景，体会情景交融的写法。

（3）了解作者的人生经历和创作背景，探究作者寄寓在景物中的深刻思想和情感。

[学习活动]

活动一：观赏美景，品味语言

（1）品味《故都的秋》，体会郁达夫笔下的景中味。

《故都的秋》如何表现北平秋天"清、静、悲凉"的特点？请选择感受最深的一幅秋景，分析情景关系，体会画外之意。

（2）品读《荷塘月色》，体会朱自清笔下的景中情。

朱自清描写荷塘景物时，用了哪些手法？勾勒出怎样的意境？从第4～6段中，选择你喜欢的一段写景文字赏析。

（3）品读《我与地坛（节选）》，体会史铁生笔下的景中悟。

阅读课文第3、5、7自然段三个写景段落，思考作者笔下的地坛有怎样的特点，地坛给了"我"怎样的生命感悟？

（4）诵读《赤壁赋》，探究苏轼心情变化的原因。

苏轼面对着怎样的山水，怎样的赤壁？他因何而乐，为何而悲，又如何转悲为喜？文中的"江""月"有几层含义？

（5）赏读《登泰山记》，体会姚鼐的情感和意趣。

姚鼐描写泰山景象，叙述登山过程，表现出了怎样的情感或情趣？

（6）通过以上分析，总结五篇文章的语言特点，完成下面表格的填写。

篇 目	语 言 特 点				
	修辞手法	表现手法	句式特点	语言运用	语言风格
《故都的秋》					
《荷塘月色》					
《我与地坛（节选）》					
《赤壁赋》					
《登泰山记》					

设计说明：这部分的学习不仅感受景物之美，更需要体会文辞之美——作者通过语言技巧的运用、篇章结构的布局，将所写之景、所感之情、所思之悟都体现出来，"有机切割"了文章的写作，让学生明白情景交融的具体写作。

自然山水　涤荡情怀

活动二：资料收集，设计展板

地铁站内要搞一个中国文人山水文学作品展，供乘客了解作者和作品。请自主查阅资料作者的人生经历和创作背景，以小组合作的方式，选择与文章密切相关的内容，完成展板的制作。

（1）"我"（作者）与自然景物是在什么情况下产生互动的。通读本单元五篇文章，完成下面表格的填写。

篇　　目	作者	人生经历	写作背景	所写之景	彼时的心境	互动的机缘
《故都的秋》						
《荷塘月色》						
《我与地坛（节选）》						
《赤壁赋》						
《登泰山记》						

（2）连读五篇文章，结合相关材料，思考"我"为何可以和景物产生内在机缘？

教师点拨：一是生命状态的相似性。例如《我与地坛》中，地坛与"我"的生命状态相似。史铁生1972年失去双腿，在"最狂妄的年龄上"瘫痪，工作、前途都离他而去，一夜之间成了这个世界的弃儿。地坛原是明清两朝皇帝祭祀地神的场所，1907年光绪皇帝最后一次在此祭地。此后地坛便失去了昔日的辉煌，开始衰落甚至被世人遗忘。当史铁生第一次走进园子里时，他看到的是"荒芜冷落"。地坛与史铁生的命运如此相似，很容易引起史铁生精神上的契合。二是生命追求的理想性。例如《荷塘月色》宁静、优美的荷塘之景，是"我"理想中的"精神家园"。彼时白色恐怖笼罩中国大地，中国处于一片黑暗之中。尤其是在四一二反革命政变之后，作者既做不到投笔从戎、拿起枪来革命，又始终平息不了对黑暗现实产生的不满与憎恶，于是，作者对生活感到惶惑矛盾，内心是抑郁的、无法平静的。而此时的荷塘正是他理想中的"另一个世界"。三是生命价值的启发性。例如《赤壁赋》中赤壁的"水月"和《登泰山记》中"风月"，富有哲理性和象征意味，这些自然景物所反映的普遍

 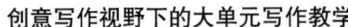

规律或象征意义,能够给予身处人生困境中找不到出路的"我"人生的启迪。

(3)连读五篇文章,结合相关材料,思考"我"为何可以和景物产生外在机缘?完成下面表格的填写。

篇 目	探究角度	探 究 结 果
《故都的秋》	文化传统	
	个性气质	
	审美观念	
	时代特征	

设计说明:《故都的秋》《荷塘月色》《我与地坛(节选)》描写的是同一座城市,都运用了借情抒情、情景交融的手法,但是展现了完全不同的作品风格,体现了作者不同的思考和感悟,这就需要进一步了解作者的生平、文章的写作背景,这样才能准确的理解文章。《赤壁赋》记述作者的一次夜游赤壁的经历。"以江山风月作骨",很有层次地写了赤壁之水月、历史之水月、哲理感悟的水(江)月。《登泰山记》按照时间顺序记写了登泰山的全程。作者着力描写了两幅风景画面:泰山夕照,泰山日出。要了解作者的景物描写之后的情感,需要了解作者的经历和作品写作背景。作品的特点不仅和作者个人有关,还与时代特征、社会氛围、传统文化息息相关,因此还可以从"大环境"来探讨作品。

而展板的大小是有限的,需要学生对于手头的大量资料做筛选,只有对作者的经历、创作背景以及作品了然于胸,才能制作出既简洁扼要、便于乘客阅读,又翔实清晰的内容,使得乘客对作者、作品有深入了解。

任务四:记录美好自然,抒写大地情诗

[任务目标]

(1)亲近自然,感悟自然,培养健康向上的生活情趣和审美情趣。

(2)固化写景散文的阅读经验和成果,选取恰当的景物,细腻描摹景物特征,运用情景交融的手法表达自己的情感。

自然山水　涤荡情怀

[学习活动]

活动一：盘点学习收获，借鉴写作方法

头脑风暴：回顾散文文体知识，借鉴写作手法，讨论写作写景散文有哪些要点？如何谋篇布局？如何体现作者独特的情感？

设计说明：在之前的课文学习的过程中，我们分别梳理了散文的行文思路，赏析了景物描写及其特点，领会作者独特的情感及其变化，欣赏了作者个性化的语言，领会其文学性和美学价值。通过对几篇散文共性的总结，能让琐碎化、片面化的散文知识系统化、完整化。同时锻炼了学生的思维能力和概括能力，为下面写作环节做好铺垫，明确写作中的注意要点，更高效地完成写作。

活动二：选取恰当的景物，细腻描摹景物特征，运用情景交融的方法写一篇散文

对我们的校园（小区、公园等），你也许已经非常熟悉了，但很可能其中还有你未曾留意的一小块天地；同一处风景，你也未必观察到它在不同的时间的变化，写一篇不少于800字的散文，题目自拟。

（1）收集写作的材料，初步确定写作内容。

（2）小组交流，分享经验和思考，充实写作素材。

（3）拟定写作框架，完成写作。

（4）小组互评，完善作文。

结合写作要求，评价主要围绕以下几点展开：对景物的观察与表现是否立体、形象，角度是否多元；能否抓住景物的特征引发联想，写出动人的情怀或深刻的思考；能否借鉴本单元课文中景、情、理交融的手法表情达意；是否在组织材料、运用手法方面体现个人的构思；语言表达是否生动贴切、流畅自然。

设计说明："选取恰当的景物，细腻描摹景物特征，运用情景交融的方法写一篇散文"，是本单元最终需要达成的任务目标。成果的展示和交流是本单元学习的重要环节，可以通过小组和班级交流来展示自己的写作和才华。除此之外，逐步培养学生通过对日常生活的观察，用自己的笔和才思来抒情达意，让学生感到能够学以致用，这是提高激发语文写作兴趣的一个较好的切入口。

以读促写　以写促学*
——部编版高中语文必修下册第一单元整体教学设计

孟　盛

一、教材分析

部编版高中语文必修下册第一单元的人文主题为"中华文明之光",教材篇目为《子路、曾皙、冉有、公西华侍坐》《齐桓晋文之事》《庖丁解牛》《烛之武退秦师》《鸿门宴》,学生需要在理解文意的基础上,整体把握选篇的思想内涵,认识其文化价值。这里需要关注两点,一是线性逻辑,所选篇目是按照文学发展史(先秦散文—史传文学)的角度依次呈现在教材中。二是说理逻辑,所选篇目的论说过程是逐渐呈现出由浅至深的态势。如《子路》篇孔子观点的推敲(可关注"哂""笑"),《齐桓晋文之事》《庖丁解牛》论点的待论证(类比论证的可靠性),《烛之武退秦师》论说思路的质疑,以及《鸿门宴》中司马迁背后的幽微的历史洞见。不难看出,论说的思辨性在所选语篇中层层递进,这契合了本单元的学习任务群为"思辨性阅读与表达",即如何体现"思辨性"、学生如何能在思辨中去进行表达。

本单元写作任务是"如何阐述自己的观点",既是对必修上册第六单元"观点的针对性"的深入,也为本册第三单元"如何清晰地说明事理"提供写作的支架。因此,本单元的写作任务立足于学生论说文的运思过程,重点突出为论说的前提。"如何阐述自己的观点"需要关注两个前提。首先要考虑到论说者的意图如孔子的晚年心境、孟子的治国理念("君为中枢""制民之

---

* 本文作者简介:孟盛(1991—　),上海人,毕业于上海大学,文学硕士。现任教于上海市第五十四中学。

产"等），其次要考虑到论说的对象，如《烛之武退秦师》中烛之武的言说是否成立取决于对象（秦王）的决定，《鸿门宴》刘邦实施的话语策略以项羽为前提。

本单元写作任务的意义旨在希望高一学生能借助这些古典文化经典，通过拓展阅读、交流讨论，形成思辨性认识、批判性思维，更好地立足现实，自主思考，把握当下与未来。

二、任务创设（表1）

表1　第一单元的学习任务

主题	任务	课时	任务	活动
中华文明之光	如何阐述自己的观点	第一课时	以读促写	学习活动一：字词梳理 借助工具表一，自主归纳整理《烛之武退秦师》较难的字词
				学习活动二：讨论与分享 （1）小组为单位，讨论选文第三段该怎么读？ （2）思考：进一步探究晋文公退兵动机（提示：教材第12页的学习提示）
		第二课时	以写促学	学习活动一：巩固与思考 听完烛之武言说。如果秦公"说"有潜台词的话，哪一种更合理？并写明理由
				学习活动二：讨论与分享 小组为单位，思考烛之武言说是否合情合理？
				学习活动三：情境微写作

三、理念简述

本单元所选篇目皆为文言文，本单元的写作任务是"如何阐述自己的观点"。如何打通文言文教学与写作教学的壁垒,唯一之可能便是"教材"。此次的单元写作教学设计,以《烛之武退秦师》为授课篇目,试图搭建起文言与写作的"桥梁"。

首先,以文言文教学的"字""词""句"为授课的起点。通过"因声求气"教学法(语音、语调、语气),使学生在朗诵、诵读、品读的过程中,自主回答课堂的主问题,即烛之武的言说为何能劝退秦师?再从秦穆公、晋文公的立场来分析春秋时代的文化内涵。在教学策略上,是从文字到文言、文言到文化的深度教学。

烛之武的"说"与秦穆公的不说("悦")构成了鲜明的人物张力,这是《左传》的叙事特征,以往的教学设计侧重于烛之武论说的内容,而忽略了秦穆公的不说的内容。其实,学生对秦穆公"说"的内容的忖度,再来反观烛之武"言说"的完备与否,该环节可以衔接课时一与课时二。借助议论文结构工具表检验烛之武论说的完备性是第二课时的学习活动。检验只是起点,关键是要落实本单元的写作任务"如何阐述自己的观点"。教师改编了2015年全国1卷的材料作文,设置情境,使学生有话可说。如何说?怎么说?说的前提是什么?学生会主动借助议论文结构工具表去思考第二课时的主问题——如何让自己的言说言之有理,以情动人?用烛之武的"说"来完善自己的"说"。这便是建构该单元写作的巧思,即以读促写,以写促学。

四、教学设计

第 一 课 时

[任务目标]
(1)品读文本,再现历史场景理清烛之武论说的思路。
(2)理解烛之武"说"的艺术,探究人物行为动机。
[主问题]烛之武的言说为何能劝退秦师?
[学习过程]
活动一:字词梳理
借助工具表一,自主归纳整理《烛之武退秦师》较难的字词。

以读促写 以写促学

工具表一：文言知识卡片			
词　例	本　义	引申义	用　例
示例：鄙	郊野、郊外	边邑、边境（作动词）	越国以鄙远，君知其难也
我发现：			

设计说明："字、词、句"的梳理是文言文教学绕不开的话题。借助知识卡片可以帮助学生强化对实词、虚词做进一步了解。对"字、词、句"了解得越深入，下一环节品读就越投入。

活动二：讨论与分享

小组为单位，讨论选文第三段该怎么读？

工具表二：文言文的品读					
第三段选文	语言的断和连（停顿）	轻读/重读	扬/抑（语调）	我的理解（依据）	
夜缒而出，见秦伯，曰："秦、晋围郑，郑既知亡矣。若亡郑而有益于君，敢以烦执事。越国以鄙远，君知其难也。焉用亡郑以陪邻？邻之厚，君之薄也。若舍郑以为东道主，行李之往来，共其乏困，君亦无所害。且君尝为晋君赐矣，许君焦、瑕，朝济而夕设版焉，君之所知也。夫晋，何厌之有？既东封郑，又欲肆其西封，若不阙秦，将焉取之？阙秦以利晋，唯君图之。"秦伯说，与郑人盟。使杞子、逢孙、杨孙戍之，乃还。					

313

设计说明：通过小组交流，学生或许在某些语段的品读上达成一致性，但也可能无法达成一致性。比如"敢以烦执事"中的"敢"，到底该用何种语气来读？这在学界便有争议。小组的争议是我们乐意看到的。学生可以在课堂上表达自己富有创意的见解，同时也要向大家指出见解背后的依据。这个依据可以是文言朗诵的常规（断句），也可以是特定的史诗，甚至是《左传》叙事的常规。总体而言，烛之武对秦伯说的一段话，既委婉谨慎又有很强的逻辑性，口气不可太强，亦不可软弱无力。"郑既知亡矣"，要用诚恳的语气来打动秦伯。在读"若亡郑……君亦无所害"时，因为这是烛之武站在秦国的角度考虑，所以要读得不卑不亢，可适当高昂。在读晋背弃义时，要读得慷慨一些。在读晋将灭郑"阙秦"时，要有拳拳之情、殷殷之意，要流露出烛之武为秦国利益着想和对秦国的关心。

活动三：进一步探究晋文公退兵动机

辅助材料：

及郑，郑文公亦不礼焉。叔詹谏曰："臣闻天之所启，人弗及也。晋公子有三焉，天其或者将建诸，君其礼焉。男女同姓，其生不蕃。晋公子，姬出也，而至于今，一也。离外之患，而天不靖晋国，殆将启之，二也。有三士足以上人而从之，三也。晋、郑同侪，其过子弟，固将礼焉，况天之所启乎？"弗听。

——《左传·僖公二十三、二十四年》

四十一年，助楚击晋。自晋文公之过无礼，故背晋助楚。……晋于是欲得叔詹为僇。……郑人以詹尸与晋。晋文公曰："必欲一见郑君，辱之而去。"郑人患之，乃使人私于秦曰："破郑益晋，非秦之利也。"秦兵罢。晋文公欲入兰为太子，以告郑。……遂许晋，与盟，而卒立子兰为太子，晋兵乃罢去。

——《史记·郑世家》

设计说明：教材第12页的学习提示有这样一段话："晋文公认为进攻秦军是'不仁''不智''不武'，因而被古人赞为'有礼'。该如何理解这里说的'礼'？秦先与晋国联合围'郑'，后又与'与郑人盟'，秦的行为何乎'礼'吗？"如果不去深究历史的细节，很容易就会有这样的一个误区：全凭烛之武的口才，秦师撤退，郑国得以保全。为学生提供两则辅助材料，是想引导学生思维的深度，培养历史的洞见。言说的背后是春秋文化的内涵。春秋文化的内涵是一个非常宏大的概念体系，本课时的重点并非是详细介绍其核心概念，而是把烛之武的言说放置在特定的时代背景中，学生去感悟烛之武言说的逻辑。

言说方法是注重理性分析还是以情动人？给予我们的写作思考又是什么呢？

第 二 课 时

[任务目标]

（1）自主归纳出烛之武的言说策略。

（2）初步建构论说文写作的结构模型。

[主问题]如何让自己的言说言之有理，以情动人。

[学习过程]

活动一：巩固与思考

（1）题目：听完烛之武言说，如果秦公"说"有潜台词的话，哪一种更合理？并写明理由（工具表一）。

A. 原来如此，差点就上了晋文公的当。　　B. 先生大才，佩服佩服。

C. 虽漏洞百出，但正合我意。　　　　　　D. 其他：_____

工具表一：巩固训练	
我的选择	
我的理由	

（2）学生作业示例：

工具表一：巩固训练	
我的选择	A.
我的理由	由上下文可知，烛之武对秦公的说伺主要是围绕"亡郑"对秦国与郑国的利害关系，通过挑拨离间，说秦伯"阙秦利晋"，又欣然其西封/郑国灭亡邦必是为秦增加国土以示，秦的导向问"网谋"国况，这动之"说我认为是秦伯在听了烛之武的"游说"后会产生.虽然烛之武也晓之以国他才让他没有报复而选择与晋。

工具表一：巩固训练	
我的选择	B
我的理由	烛之武先坦言知郑亡，李丙也不问也郑亡的利息，以史为借鉴指出晋君不信即攻已，指出郑亡对秦的不利，最后这利让秦君改变主意的目的。秦君被说于烛之武所言之与口才，同时晋对秦的不利更让秦君在意。

工具表一：巩固训练	
我的选择	C
我的理由	因为从文中可知烛之武的话确实有他的道理，若秦军帮助晋国灭了郑国，那么晋国的武力值就高了。因为郑国是晋国亲近的小国。这样一来秦国的势力就相对地弱了，晋国有前科之鉴，不秦国一起打宽仗之后，并没有给秦国事先说好的焦池土地，所以秦国佩服烛之武的说的话没有问题。

设计说明，根据学生所选择的潜台词的合理性，反观学生对文本的实际理解程度，比如有学生选择的是A，其实就是认为秦穆公的退兵是完全被烛之武说服了，可以归纳出说服的理由；选择B的学生可以从烛之武个人的胆识角度展开；选择C的学生是有一定思考的，一方面是对烛之武言说是否完备的思考，另一方面是对"利"的思考。这一点恰可以引出接下去的活动，即对烛之武言说逻辑的思考。

活动二：讨论与分享

（1）小组为单位，思考烛之武言说是否合情合理并完成工具表二。

工具表二：论说文结构模型	
对　　象	
前　　提	
限　　定	
依　　据	
结　　论	
我的质疑：	
结论完善：	
方法总结：	

设计意图：论说文的结构模型的搭建，是以议论文的六要素为基石的，同时融入了论辩学中图尔敏模式的"质疑""支援"。此表的价值有两点：

一是理清文本结构，检验所学的常规知识。比如"对象""前提""限定""依据""结论"板块，可以作为自主复习检测之用，以此明确教学的成效和学生掌握的程度。示例如下：

对　　象	秦穆公
前　　提	若亡郑（秦、晋围郑，郑既知亡矣。若亡郑而有益于君，敢以烦执事）
限　　定	春秋时期

 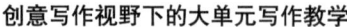

续 表

依 据	（1）越国以鄙远，若舍郑以为东道主，行李之往来，共其乏困，君亦无所害。 （2）君知其难也。焉用亡郑以陪邻？邻之厚，君之薄也。 （3）且君尝为晋君赐矣，许君焦、瑕，朝济而夕设版焉，君之所知也。 （4）既东封郑，又欲肆其西封，若不阙秦，将焉取之？阙秦以利晋，唯君图之。
结 论	亡郑利晋，舍郑利秦

二是融入论说文思辨机制，形成"质疑—完善"的思维，更全面、更理性地认识。示例如下：

我的质疑：
（1）依据的质疑：晋惠公许诺给秦国利益而回国后又反悔，出尔反尔，并不能说明晋文公也是这样的人，除非烛之武能够在类比推理后随即举例证明晋文公也是忘恩负义之人；"既东封郑，又欲肆其西封，若不阙秦，将焉取之？"从统编本教材插图可以看出，晋国南面有蔡，东面有宋、鲁、卫等小国，晋国要扩大版图并不一定要侵略秦国。
（2）前提的质疑：若亡郑，只是一种假设。

结论完善： 亡郑可能利晋、舍郑可能利秦。

方法总结：
（1）言说要有针对性和对象感。（如烛之武就站在秦君的角度，设身处地，从秦君的利益出发，符合人性自利，体现教养和真诚。这是一种合情。）
（2）言说的依据、前提、限定要符合实际情况。（从烛之武的言说逻辑来看，在符合限定的基础之上，进行推测，虽然事例依据不够严谨，但也相对合理。因此，烛之武的言说是合情合理的。）

活动三：以写促学，学习迁移

（1）题目：

因父亲总是在高速路上开车时接电话，家人屡劝不改，女儿大学生小陈迫于无奈，通过微博私信向警方举报了自己的父亲；警方查实后，依法对老陈进行了教育和处罚。此事赢得众多网友点赞，但也有网友说，小陈的做法既不合情又不合理。对此你怎么认识？

以读促写　以写促学

工具表三：微写作	
现　　象	
前　　提	
限　　定	
依　　据	
结　　论	
我的质疑	
结论完善	
片段训练：	

（2）学生作业示例：

工具表三：微写作训练	
现　　象	小陈通过微博私信向警方举报了自己的父亲。
前　　提	父亲经常在高速路上开车时接电话 → 父亲屡次反复血不改
限　　定	伤人虽功不议，发生地点：高速公路。
依　　据	小陈私信向警方举报了自己的父亲。
结　　论	小陈的做法是正确的。
我的质疑	为何网友会有截然不同的看法。

续表

结论完善	小陈的解决方式是最正确、最有效的。
片段训练：	我认为小陈的做法是正确的。高速路上开车时接电话本就是违反交通规则的行为，一不小心就很容易引起交通事故，有很高的危害系数，所以这种行为是要尽力制止的。无论是对他本人会带来不便，还是从他人乃至社会角度去考虑，都应该对此事进行教育与管制。所以当今的法治社会，人们依法行事，以法助人。所以遏制此事最正确的处理方式就是告知专业管理人员，由他们进行判断与管理。小陈将此事告知警方，无疑是最正确最有效的。各情，更在生命面前出发。 虽然此举也会引起父女间情感问题等，但毕竟是高速公路，万一发生意外，后果很严重，并且是公共事件，所以做法有必要。（可能）

	工具表三：微写作训练
现　　象	小陈通过微博私信向警方举报了自己的父亲。
前　　提	父亲老是在高速路上开车时接电话，家人屡劝不改。
限　　定	微信向警方举报，且父亲与小陈具有血缘关系，地点：高速公路
依　　据	家人屡劝不改。 住那法也治理无效
结　　论	微信向警方举报了自己的父亲是一种可取的方法。
我的质疑	①是否会引发小陈与自己父亲间父女关系不和。 ②舆论局继续发酵可能会对小陈造成不好的影响。
合情合理 结论完善	警方在公开地对此事进行通报后应对此其舆论如的导向做相对应控制，同时关注小陈的精神状态。 时刻

续 表

> 片段训练：我认为小薇的做法是正确的。她想在父亲初犯时就向警方举报，前提是她的父亲"屡教不改"，此举是为了她自己、家人及其他民众的生命安全作考虑。在举报时，她并未遵循《类似于《乡土中国》中差序格局所提及的"礼俗"，相反，她更为客观理性地思考父亲犯下的错。这并非是不孝，而是基于对"小我""大我"和社会作出深思熟虑后所得到的结果。（前）
> 现代社会为法治社会，有别于乡土社会，"孝悌"与"礼俗"已不是第一位。帮助父亲改正，借助警方（第三方）的援。

设计说明：这一活动环节的设置，是希望学生在分析烛之武的言说逻辑后，能将议论文写作六要素进行运用，从社会热点的话题为切入点，找出其论说前提、依据、限定，这是学以致用的体现，同时也符合教材中提及学生写作任务的目标："在阐述自己观点，应适当转换看问题的角度，客观分析他人的观点，有合理之处，可考虑加以吸收，并完善自己的观点。"

（本单元第二课时的学习活动设计，经专家指导形成区级公开课。特此鸣谢徐汇区教研员上官树红老师和五十四中学高中语文教研组指导）

以我入书　以书渡我[*]

——部编版高中语文教材选择性必修上册第三单元整体教学设计

付　会

一、教材分析

部编版高中语文教材选择性必修上册第三单元的人文主题为"人生困境的书写与反抗"，教材篇目为《大卫·科波菲尔》（节选）、《复活》（节选）、《老人与海》（节选）和《百年孤独》（节选）。

本单元的写作任务是"学写小小说"。

二、任务创设

阅读、思考、创作、交流，从来都不是泾渭分明的，而是一个系统里面的共生。在这个以创意写作为主要形式的单元学习人物中，我们也力图通过创意写作工坊、写作共同体交流、写作分享会等形式来更好地完成创作。

以下是基本任务设想：

（1）找出本单元各个小说的共同主题以及内在于各个小说之间的主题共性。

（2）通过仿写、假设、重构式写作、同题写作等各个环节，加深学生对好作品的认识。

（3）确立写作主体，进行创意写作。

（4）作品分享与经典回顾。

---

[*] 本文作者简介：付会（1997—　），女，四川成都人，毕业于华东师范大学，文学硕士。现任教于上海大学附属中学。

三、理念简述

在选择性必修上册的教材中，我们可以发现编者将语文素养的写作任务主要放在小说单元的部分，这也是最容易激发学生挑战欲的内容。故而我们将这一册的创意写作任务的体裁确定为小说。同时参考新课标对于这一阶段的学生的能力素养要求进行具体的调整。要完成这样的任务，就需要与学生一起寻找，共建真实、有深度又有普遍性的情境。

高中阶段的学习要求学生"积极探索基于情境问题导向的互动式、启发式、探究式、体验式等课堂教学"——以此为导向的创意写作也不是凭空想象，而是给予学生真实的、充满灵感的、有多种方向、有讨论深度的情境。

学生在语文教材的必修上册和必修下册都已经接触过古今中外的各种经典小说片段，也具有了一定的鉴赏小说的能力。从学生本身的年龄和人生经验来看，他们积累了一些关于社会和人生的思考，但关于融入自己生命体验的一些思考和再创作，却是很难在传统的课堂教学中落实并铺展开来的。基于这样的一种现状和诉求，我们在选择性必修上册的第三单元设置了一个创意写作任务，最大限度地拓展学生的文本解读能力和写作能力。

四、教学设计

活 动 课

前置创作：读者先行，觉察被忽略的"我"

在正式鉴赏小说和小说创作之前，我们希望学习者能够在此之前了解到作为读者的自己，在活动之中展示自己的故事，并进行一次前置创作预热，以便在后面的学习中打磨自己的作品。

（1）根据一个主题，比如童年，向同学分享你的故事，再以他人的故事为小说蓝本，创作一篇微小说并当场交流、演绎。

（2）邀请各位"本色出演"的小演员谈谈自己拿到的剧本是否贴合"自己"这个角色，也可以谈谈这些来自他人视角的小说剧本对于自己的人生启发。

创意写作视野下的大单元写作教学

第 一 课 时

[任务目标]

（1）以我观书，感受《百年孤独》《老人与海》的外在描写中主观世界的外显。

（2）慧心解书，体会《大卫·科波菲尔》幽默风格对主题的深化。

（3）根据所获得的经验进行片段式创作，并在写作工坊中互相交流品鉴。

[学习活动]

活动一：从外貌描写中感受人物形象的复杂性：以《百年孤独》（节选）、《老人与海》（节选）为例

1. 文本回顾·《百年孤独》中丽贝卡的出场

她穿着已显破旧的黑色斜纹布衣裳，脚上是漆皮脱落的短靴。头发拢到耳后，用黑带子束住两个发髻。披肩上的图案沁染汗渍已无法辨认，一颗食肉动物的犬牙配上铜托系在右手腕上当作抵抗"邪眼"的护身符。青绿色的皮肤，圆滚紧绷如一面鼓的肚子，都显示出她体弱多病、忍饥挨饿的历史甚至要比自身的年龄更久远……

2. 鉴赏与交流

本段中丽贝卡出场的时候实际上是一个来历不明的孤儿，一个历经颠沛流离、营养不良的惨兮兮的小孩子，与后来在乌尔苏拉的抚养下出落得明艳照人的少女形象似乎完全沾不到边，但这就是这部小说中随处可见的警示：我们不能脱离南美洲真实的社会情境去了解这本小说，尽管我们陶醉于作者为我们精心构思的魔幻世界之中，但是南美洲那真实世界中不堪的令人痛心的历史是不可抹去的，这就是小说的厚度所在。从这个角度来说，脏兮兮的小孤儿丽贝卡的出现是必要且生动的一笔。

3. 共鸣作家，成为作家

（1）阅读《老人与海》（节选）的选段，说说海明威是如何刻画老人桑地亚哥的形象的？老人在你眼中是一个什么样的人？如果要进行外貌描写，你会怎么写桑地亚哥？

（2）创作交流并填写表格：

创作依据：（包括但不限于）小说原文细节支撑、人物形象总体认知、小说主题关联。

创作理念：(包含但不限于)对一部好小说的标准制定、对桑地亚哥形象的整体认识。

桑地亚哥的形象	创 作 依 据	创 作 理 念
眼神		
皮肤（肤色、平整度等）		
身形（大小、高矮、体态等）		
其他（根据创作需求自行添加）		

（3）对照原文（小说中未选入教材部分）：

桑地亚哥瘦削憔悴，后颈满是皱纹，脸上长着疙瘩，但他的双眼像海水一样湛蓝，毫无沮丧之色。

但是这些伤疤中没有一块是新的。它们像无鱼可打的沙漠中被侵蚀的地方一般古老。他身上的一切都显得古老，除了那双眼睛，它们像海水一般蓝，是愉快而不肯认输的。

这两个肩膀挺怪，人非常老迈了，肩膀却依然很强健，脖子也依然很壮实，而且当老人睡着了，脑袋向前耷拉着的时候，皱纹也不大明显了。

（4）创作再谈：

谈谈自己笔下的桑地亚哥形象和海明威笔下的桑地亚哥形象有何区别？

（5）认知提升：

在误读与误解之中看到自己。王家卫在《一代宗师》中说，人生的三大境界是"见天地、见众生、见自己"，小说阅读和创作也是一个看到广阔天地，看见芸芸众生，最终看见自己的一个明心见性的过程。

活动二：以我观书，共情小说中的"我"：《大卫·科波菲尔》中的对童年苦难的描写

1. 文本回顾·《大卫·科波菲尔》中的取外号

他还告诉我，我们的主要伙伴是另一个男孩，在给我介绍时，我觉得他的名字很古怪，叫粉白·土豆。后来我才发现，因为他面色灰白，像个煮熟的土豆般粉白。粉白的父亲是个运水夫，还兼做消防队员，以此受雇于一家大剧院。

2. 鉴赏与交流

"外号"在我们的日常生活中是十分常见的,如果说大名反映的是一个人的父母对他的期许,那么外号反映的则是他在真实的日常生活中与人交往的时候最引人注目的特征信息。在小说中引入"外号",使得我们能够自然而然地、直观地把握住这个人的特点。

在《大卫·科波菲尔》的这一段描写中,出现了一个叫粉白·土豆的小孩,作者仅仅交代了这个人的外号来源,读者就已经在脑海中为这个人物刻画了一幅栩栩如生的肖像画。同学们在进行小说创作的时候也可以利用这样的一种具有鲜明生活气息的描述来化繁为简、抓住读者的吸引力,塑造更具有魅力的小说人物形象。

3. 表达与分享

文本解读后的表达部分也是从属于写作能力部分。创意写作工坊是一个鼓励表达与交流的地方,"写作脑"的诞生并非只能是默默耕耘的,它也可以让我们在写作的旷野之中看到更多的灯光,用灵感激发灵感。

现在,让我们尝试着抓住生活的灵感,回忆一下你在日常生活中那些与"外号"有关的经验与故事,并将它讲述给自己的伙伴,最后完成下面的表格,形成学习成果。

人物特点:外表(参考上表)、性格、价值观等。

写作意图:可包括使人物形象更鲜明、传达人物所在的环境、隐藏作者对人物的品评观点等。

外 号	人物特点	写作意图

活动三:体会《大卫·科波菲尔》的幽默风格对主题的深化

1. 文本回顾

箱子虽然不大,但以我的力气来说,实在太重了。我又花了六便士吃了一顿午饭,吃的是一个肉饼,喝的则是附近水龙头里的冷水。

米考伯太太也同样能屈能伸。我曾看到,她在3点钟时为缴税的事急得死去活来,可是到了4点钟,她就吃起炸羊排,喝起热麦酒来了(这是典当掉两把银茶匙后买来的)。

不过家具的确给卖掉了,是由一辆货车拉走的,只剩下床、几把椅子和一张厨房用的桌子。带着这几件家具,我们,米考伯太太、她的几个孩子、那个孤儿,还有我,就像露营似的,住在温泽里这座空荡荡的房子的两个小客厅中。……后来,米考伯太太也决定搬进监狱去住,因为这时候米考伯先生搞到了一个单独的房间。

2. 鉴赏与交流

同学们或许已经感受到这两处描写的妙处,那就是用朴素平淡的口吻叙述日常生活中令人心惊肉跳的事件:正餐只能喝水龙头里的水、被上门催债、进监狱,都是在苦难生活中极为心酸的事件,但是作者选择了用平淡的语气去讲述,一方面可以让读者阅读的时候感到好笑又生发出悲悯,另一方面又能够体会到稀松平常的背后是穷人在灰白惨淡的世界长期见不到阳光的麻木心灵。

3. 语段仿写

语言因为反差而有张力,因为张力而强大,现在,让我们创作一个具有反差效果的语言片段并填写表格。

正　写	创作意图	反　写

上表作为反差片段创作的思路参考,意在引导学生明确为什么要在小说创作中塑造反差感,并了解其背后的创作动机,从而提高学生的阅读鉴赏能力。

第 二 课 时

[任务目标]

(1)以我观书,以"我"的现实体验对话《百年孤独》中的魔幻情节。

(2)比较阅读《复活》与《故乡》中的两个久别重逢情节中体现出的"错位",获得对小说中人物关系建构的初步认知。

(3)根据所获得的经验进行片段式创作,并在写作工坊中互相交流品鉴。

创意写作视野下的大单元写作教学

[学习活动]

活动一：以"我"的现实体验对话《百年孤独》中的魔幻情节

1. 文本回顾·《百年孤独》中的失眠与失忆

他们果然染上了失眠症。乌尔苏拉从母亲那里学过各种草药的效用，熬制了乌头汤让所有人服下去，可他们仍然睡不着，整天醒着做梦。在这种清醒的梦幻中，他们不仅能看到自己梦中的形象，还能看到别人梦见的景象，一时间家里仿佛满是访客。

没过几天，他发现自己对实验室里几乎所有器物都叫不出名来。于是他依次注明，这样只需看一下标签就可以辨认。当父亲不安地告诉他自己童年最深刻的记忆都已消失时，奥雷里亚诺向他传授了这一方法。何塞·阿尔卡蒂奥·布恩迪亚先在家中实行，而后推广到全镇。他用小刷子蘸上墨水给每样东西注明名称：桌子，椅子，钟，门，墙，床，平锅。他又到畜栏为动物和植物标上名称：奶牛，山羊，猪，母鸡，木薯，海芋，香蕉。随着对失忆各种可能症状的研究不断深入，他意识到终会有那么一天，人们即使能通过标签认出每样事物，仍会记不起它的功用。于是他又逐一详加解释。奶牛后颈所挂的名牌便是一个极好的例子，体现出马孔多居民与失忆斗争的决心：这是奶牛，每天早晨都应挤奶，可得牛奶。牛奶应煮沸后和咖啡混合，可得牛奶咖啡。就这样，人们继续在捉摸不定的现实中生活，只是一旦标签文字的意义也被遗忘，这般靠词语暂时维系的现实终将一去不返。

2. 鉴赏与交流

记忆，是现代小说通常会谈及的主题，同样也是处于殖民阴影下的南美洲的人们必要要处理的问题。《百年孤独》中，马孔多的居民从原始森林中走出来并建立自己的家园，但一波又一波的外来商队和马戏团的涌入也使得居民们主动或被动地接受外来文化的冲击。然而我们都知道，当大脑所储存的记忆不断增加，但无法有效地处理的时候，失眠和失忆便随之而来，与此同时而来的便是衰老。马尔克斯在小说中将对于哥伦比亚甚至是南美洲社会衰老的担忧隐藏在了马孔多这个小镇的描写之中，其手法之巧妙与隐喻之深刻是十分值得我们学习的。

3. 创作指引

（1）结合具体小说文本，思考所谓"现实"和"魔幻"之间的区别与联系是什么？

（2）根据自己已经确定的小说主题和草稿，为自己的小说增添一个既现实又魔幻的情节。

4. 创作示范

以高一（7）班陈鸿羽同学的创作《李家的树》为例：

说来有些好笑，我被一棵树拴住了脚步。村长喊来三瞎子，在树的周身围了个圈，勒令我白天不许出这圈，只有在夜里和凌晨才能偷摸地溜进来——虽然我也不明白靠近与远离树，为何必须要用"溜"一字作结，可村长总有他自己的理由：只因这树，不是一般的树！这是我们祖上的根，是土地爷暂歇的所！所以，我们本应尊重它、爱护它，甚至不惜一切地顺应它——我与树朝夕相处，如今它有难，又怎能弃之而不顾呢？这回，我倒添了丝灵性，直点头应下，心中蓦然萌发起一丝从未有过的认同与褒奖。头一回，我开始觉着，村长不愧是个统领全村的人物，竟是如此的聪慧，仿佛懂得这世间的万物之理一般。村长见我这般赞同他，咧嘴笑得更开心了，招呼起村里的每家每户都来这树前见证我的友善与无私。我意识到，这是个向村民证实我的"好人"本性的好时机，便更起劲地迎合着了。三瞎子不知从哪掏出了块红布，让我盖在了头上，又念上了几句从没有人听懂过的咒；村民们齐刷刷地拍手叫好，中间又掺上了几声村长的吉祥话，这安慰土地公一事，就这么草草地结了。等周遭都静了个彻底，而树才得以唤来风掀开我的盖头，我才回过神来，将将悟出：这原是场喜事，是我与树的喜事。纵使我此刻再不情，再不愿，再想斥责村长混淆黑白时，目之所及，只剩下了我的丈夫——这棵孤零零的树了。

<u>树是沉默寡言的，可这一结姻亲，又变得长舌起来了。它总爱晃着它那满头的绿叶子，同我细细碎碎的耳语，似乎在这，我能找寻到我那一切未解问题的答案。树是不会多嘴的，也是不会同其他的树交谈的，因而我才能够一个劲地说，将满肚子的牢骚、满肚子的不满，甚至还带有一点的不甘，都悉数讲给我这笔挺伟岸的丈夫。</u>我几近分不清，树同赵平、树同李大民的区别，仿佛树只是冠以了"树"的名字，而其余的，只是世人从未想我这般同树打过交道而自加妄断罢了。而自我嫁于树之后，村里的各种倒霉事离奇地渐渐消失了，树的供桌前又出现了各式各样的贡品。

奇特的是，从不养鹅的村长家，传来了大鹅"咕咕咕"的叫声；即便村里没有一户人家是养着鹅的，方圆十里，也只有李大民家养了三只大白鹅。甚至其中的一只，还在那天被他作了向土地爷祈福的贡品。我还曾在猪圈里问过

他,你不是声称从不信神灵的么;可李大民只说,求个心安罢了,如果真有土地公的话。

"树"的低语,从不养鹅的村长家中突然"从天而降"的鹅,都是既魔幻又具有现实讽刺性的情节,同时让读者感受到深深的悲哀和怜悯。

活动二:阅读比较《复活》与《故乡》中久别重逢之人的情感错位片段、学习在小说创作中构建真实的人物关系

越是深刻的主题,其实越是需要生活之火的淬炼,真理和深刻的真相就蕴藏于一言一语之中,我们现在要做的事情第一是解密,然后剖析作者加密的方法,习得一套写作的"程序",再尝试着自己"编程",融入自己的人生体验,创造自己的作品。

1. 语段欣赏·玛丝洛娃与聂赫留朵夫的对话

"我知道您饶恕我很困难。"聂赫留朵夫开口说,但又停住,觉得喉咙哽住了,"过去的事既已无法挽回,那么现在我愿尽最大的努力去做。您说说……"

"您是怎么找到我的?"她不理他的话,径自问。她那双斜睨的眼睛又像在瞧他,又像不在瞧他。

2. 对比阅读·长大后的"我"与闰土之间的对话

我这时很兴奋,但不知道怎么说才好,只是说:"阿!闰土哥,——你来了?……"

我接着便有许多话,想要连珠一般涌出:角鸡,跳鱼儿,贝壳,猹,……但又总觉得被什么挡着似的,单在脑里面回旋,吐不出口外去。

他站住了,脸上现出欢喜和凄凉的神情;动着嘴唇,却没有作声。他的态度终于恭敬起来了,分明的叫道:

"老爷!……"

我似乎打了一个寒噤;我就知道,我们之间已经隔了一层可悲的厚障壁了。我也说不出话。

他回过头去说,"水生,给老爷磕头。"便拖出躲在背后的孩子来,这正是一个廿年前的闰土,只是黄瘦些,颈子上没有银圈罢了。"这是第五个孩子,没有见过世面,躲躲闪闪……"

3. 鉴赏与交流

当矛盾产生的时候,读者便会随着作者一同观看世界的沟壑,小说的深刻主题便由此诞生了。小说所呈现的两个语段,展示的都是不同角色之间的错位，我们在阅读的时候不得不去追问：这种错位的背后到底发生了什么？人与人从心心相印到产生隔膜，背后具有非常复杂综合的因素：时间、经历、地位、教养都有可能，这就是所谓的冰山下的庞大世界。

4. 创作指引

如果是久别重逢，那么给人物性格观念带来改变的则是时间。在小说主题的统摄下，人物在过去曾有怎样的共鸣，在现在又有怎样的分歧呢？请为自己的小说增添一处时空身份"错位"的对话。

时 态	人 物	人物心理观念特点	我的对话创作
过 去	人物A		
	人物B		
现 在	人物A		
	人物B		

第 三 课 时

创意写作作品分享会

（1）作品分享。

（2）对创意写作的认识分享。

（3）对第四单元的小说的认识分享。

以社会视野品读外国诗歌与戏剧*
——部编版高中语文教材选择性必修中册第四单元整体教学设计

施宇妹

一、教材分析

部编版高中语文选择性必修中册第四单元的学习任务群为"外国作家作品研习",教材篇目为《玩偶之家》《迷娘(之一)》《自己之歌》《树与天空》。对于学生语文素养的要求中提道:"理解作品的内涵,领会多样的文化观念,尝试探讨作品所反映的社会文化差异""思考'文化走出去'的话题,学写申论,针对具体问题阐发观点,提出解决办法"。笔者认为,这两步的核心都指向了学生的社会意识与思考,要求学生在诗歌、小说阅读与赏析的基础上,将文学作品放之于社会大背景下进行深入的分析,合理地想象与展开,甚至要超越作品本身对我们的社会进行个性化思考。

二、任务创设(表1)

表1 第四单元的学习任务

任务设计目标	任 务	任 务 名 称
基本内容与把握(第一课时)	任务一	梳理:作品与作品之外
基于作品背景的展开与想象(第二课时)	任务二	片段写作《娜拉出走之后》

---

* 本文作者简介:施宇妹(1999—),女,上海人,毕业于华东师范大学,文学学士。现任教于上海大学附属中学。

续　表

任务设计目标	任务	任务名称
基于作品背景的展开与想象（第二课时）	任务三	片段写作《〈树与天空〉之我见》
基于现实背景的申论写作（第三课时）	任务四	观察社会现象：学写申论

三、理念阐述

高中语文教材中有关议论文写作的能力要求如表2所示。

表2　高中语文教材中有关议论文写作的能力要求

议论文写作序列	议论文写作能力要求	教材单元
议论要有现实针对性	从具体到普遍的提炼能力、读者意识	必修上册（6）
如何阐述自己的观点	确立明确观点、阐释核心概念、运用论证方法、设置虚拟论敌	必修下册（1）
讲究议论文的布局	灵活运用并列式、层进式的议论结构，学会议论文的谋篇布局	必修下册（1）
如何论证	确定论点，选择论据，展开论证（类比、对比、演绎、归纳、因果）	必修下册（8）
审题与立意	弄清题旨，立意具体明确、立意独特	选必上册（2）
尝试写驳论文	发现潜藏逻辑谬误、运用有效推理形式、采用合理论证方法	选必上册（4）
深化理性思考	透过表象探真相，敢于质疑巧追问，突破思维定式，辩证看待问题	选必中册（1）
学写申论	关注社会生活、抓住主要矛盾，分析成因后果，提出对策方案，观点中肯、以理服人	选必中册（4）

本单元的写作任务是学习申论：申论写作是高中学习中最高层级的写作任务，它包括三个能力层级：抓住社会生活的主要矛盾，分析成因后果，最

后提出对策方案①。

以最终的申论写作（任务四）为目标，以终为始，在设计任务一至任务三时，侧重在培养学生的知人论世能力（任务一）、片段性的写作能力（任务二、任务三）、结合时代分析文学作品的能力（任务二、任务三）。在最终的申论写作环节，辅之以申论写作的格式与方法，让学生在较为陌生的学习任务中有迹可循、有法可依。

申论选题五花八门，教师尽量避免了从理论著作中选材，而是贴合教学要求中提到的"观察社会现象"这一点，将眼光放置到电视节目《典籍里的中国》、春晚节目《唐宫夜宴》《只此青绿》以及社会热点话题三星堆"上新"到北京冬奥会开幕式二十四节气倒计时。这样的话题选择，可以有效地提高学生的"期待"②。

四、教学过程

第一课时　梳理：作品与作品之外

1. 单元整体预习作业《作品与作品之外》

（1）学生自查与梳理。

（2）分享预习成果，交流背景资料。

课　文	创　作　背　景
《玩偶之家》	
《迷娘（之一）》	
《自己之歌》	
《树与天空》	

参考样例：

---

① 张强.把握写作任务　提升复习效度——"双新"背景下的高三写作任务实施［J］.中文自修，2023（1）.
② 钟启泉.核心素养十讲［J］.人民教育，2018（23）.

课 文	创 作 背 景
《玩偶之家》	19世纪70年代至20世纪初，工业革命进入了一个新的发展时期，即第二次工业革命时期。同时，作者易卜生所处的国家挪威也面临着外国长期的奴役和控制。易卜生的创作生涯，是在各地风起云涌的革命浪潮影响下开始的。作者经历了家庭破产，同时他在药店学徒受人歧视。《玩偶之家》充满了易卜生与19世纪挪威的缩影。
《迷娘（之一）》	《迷娘》这首诗歌是在1783年11月前创作的，它后来被收录进小说中，成为了小说中迷娘角色的唱词。19世纪中叶，德国经历了工业革命的兴起，社会经济得到了快速发展。然而，社会矛盾也日益凸显，工人失业、贫困加剧、疾病流行等问题困扰着人们的生活。歌德通过迷娘这个角色表达了他对人性、爱情和社会阶级的深刻理解。
《自己之歌》	19世纪上半叶，美国在经济上虽然发展很快，但仍基本上处于欧洲殖民地的地位。至于文化，特别是文学方面，则主要从属于英国，还没有建立起本民族的与合众国相适应的民主主义文学。当时以爱默生为首的美国超验主义者提倡个性解放，鼓吹打破神学和外国教条主义的束缚，在美国来一次文艺复兴。解放个性，就是要发现自己，从一个国家来说就是要确立本民族自己的独立人格在这样的历史要求下，惠特曼树立自己的雄心，要通过他自己来表现他的"特殊时代、环境和美国"，于是他的"我自己"便与他们民族的"我自己"合而为一了。惠特曼的诗体现了美国的民主理想，反映了美国独立战争和内战的重大史实。他站在进步的、正义的立场上，热情呼唤资产阶级的民主和自由，衷心赞美劳动和劳动者，强烈谴责反动的农奴制度，猛力抨击封建宗教的禁欲主义，热切向往光明和未来，憧憬着一个"世界乐园"的出现。
《树与天空》	《树和天空》出自诗集《完成一半的天堂》。诗集《完成一半的天堂》发表于1962年。在1960年到1966年期间，特朗斯特罗姆的事业被分为鲜明的两部分：一面是心理医生，另一面则是年轻而富有名气的诗人。特朗斯特罗姆所处的时代，虽然发生了许多惊天动地的事情，但瑞典是一个中立国家，长期以来政治稳定，社会经济发展平稳，人们过着悠闲的"福利生活"。他有足够的时间面对大自然——波罗的海的岛屿、落日、船帆，瑞典的车站、村庄、树林、雪橇等——沉思，因而他的诗歌有着某种东方式的顿悟色彩，而意象的新奇，来自他的写作理念和在艺术上不懈的努力。

注：参考样例并不作为这一任务的标准答案形成课堂展示，而作为学生分享时教师的即兴补充与拓展。

创意写作视野下的大单元写作教学

第二课时 片段写作《娜拉出走之后》《〈树与天空〉之我见》

1. 快速翻阅课本内容，梳理课本注释信息并回忆：之前学过的同体裁作品有哪些？相关的文体知识又有哪些？

课文	作者	国籍	译者	文体	学过的同体裁作品	相关文体知识
《迷娘(之一)》	歌德	德国	杨武能	现代诗	《红烛》《立在地球边上放号》	语气词、形式与内容的统一、意象的组合
《致大海》	普希金	俄国	查良铮			
《自己之歌》	惠特曼	美国	楚图南			
《树与天空》	特朗斯特罗姆	瑞典	李笠			

2. 诗歌的意象分析

以《树和天空》《自己之歌》为范本，思考意象如何形成意境并传达情感？

作品	意象	意象特征	表达情感
《自己之歌》（节选）	罗列自然事物（蚂蚁、沙、母牛、小鼠等等）	生命力顽强	对宏大自我的肯定和对未来的憧憬
《树和天空》	树	挺拔向上 朦胧隐晦	自然地生生不息 对崇高目标的不懈追求

3. 基于第一课时的背景认知与第二课时的内容赏析，在以下片段任务中，任选一题完成写作

（1）《娜拉出走之后》

（2）《〈树与天空〉之我见》

4. 次日进行生生互评

（1）学生习作展示与学生互评展示：

336

在写作之前，谢同学能从"外面的世界"入手，绘制了一个大致的思维导图。社会、法律、宗教的大背景下，一个女性的出走到底是走向新生还是死亡。我想，我们所有人都希望娜拉有美好的结局。但是谢同学痛苦地发现，这并不能办到。于是娜拉"不留姓名地被外面的世界吞没了"。

树是树，人是人，但是顾同学能看到"树"这一意象上人的影子，并思考了外部环境的变化对于人类的督促与改变作用。这也提示我们如何从更大的环境角度思考人的存在。

（2）教师点评：

在这一部分的片段写作中，同学们将时代背景与诗歌理解相结合，完成得很好。"文学即政治"的言论尽管过于片面，但是也提示我们时代背景对于作品内容的影响与改变。

人无法揪着自己头发离开地球，文学不是直接或者传声筒般地宣扬政治。而通过自己的形式表现一定政治和社会条件下的人和事物。因此，文学是有阶级性、有政治色彩或倾向性的。文学家同样不能脱离生活，亦不可能脱离政治进行创作。

人无法揪着自己的头发脱离地球。地球上的政治无处不在，政治是一种统治制度和思想意识，日常生活总是在一定的社会制度与政治意识下进行的。想躲也躲不开。因此，无论什么人，特别是作家，就不可能脱离政治。他可以没有充分意识某种政治思想对自己的影响和推动，但凡提出或拥护某种主张，符合某一类人群的意愿和需求，那么，它就是一种政治驱动和表现。政治既可以直接表白，也可以不使用政治语言而通过生活形式或者形态表达出来。这也是文学所以表现政治或者说不能离开政治的逻辑所在。这方面的例证不胜枚举。无论是中国古典文学《红楼梦》中的宝玉、宝钗和黛玉等角色，还是外国著名文学作品，如巴尔扎克的人间喜剧、列夫·托尔斯泰的伟大创作。即使主张完全自然主义写作的福楼拜，其作品《包法利夫人》仍然打着阶级的烙印。包法利夫人作为小城里小资产阶级特定人物，其狭隘与肤浅，受压迫和被愚弄，都是当时社会条件下，是其所处政治环境下自然产生的人物畸形。他笔下并没有真正的超脱，通过其自喻为纯自然的描写，让读者感受到深深的政治色彩和意味。

接下来，同学们将会以自己的政治视野与文化观念来执笔，学写申论，期待大家的真知灼见。

第三课时　观察社会现象：学写申论

[方法指导]

1. 申论文章写作技巧

（1）标题：标题就是文章的题眼，一定要体现文章的内容。

（2）正文一律采用三段式：提出问题—分析问题—解决问题。

提出问题要简明扼要，开门见山，一般都选用资料中提供的事实材料和理论材料来进行。

分析问题要紧密结合材料，不能东拉西扯，要集中力量论述主要问题。论述时有详有略，重点内容详写，次要内容略写，但要兼顾好全局和局部的关系，既要看到正面情况又要注意到次要问题。分析问题还要按照由此及彼、由表象到本质、由微观到宏观、由特殊到一般的方式进行。

解决问题的方案要有条理、有层次，涉及相关部门时方案要体现各司其职、各尽所能、互相合作的精神；解决方案要紧承分析问题的步骤，最好是前后对应。

解决方案既要有总体上的思路，也要列举切实可行的手段或措施，使之既照顾到全局，又照顾到特殊情况，既解决主要问题，又控制次要问题，特别是杜绝新问题滋生。

在分析问题和提出解决方案时，建议采用分条列项的方式，一目了然，或者使用段旨句，每一段的第一句话都概括表明本段的大意，这种简洁快速的作文方式都是值得提倡的。

在解决问题时，我们还应考虑到政府对这些问题应该怎样做，法律对这些问题应该怎样制裁。

2. 申论文章写作的一般模式：

（1）题目：立论法——确定资料主题，表述中心论点。例如：

提高劳动者能力拓展就业渠道、让可持续发展思想深入人心、建立节约型社会应先打造节约型政府、加强反腐倡廉构建和谐社会、诚信不仅仅是私事、加强安全生产建设推进经济健康发展等这些言辞，都可以用上。

（2）第一段：开篇语。开篇点题，要陈述现象和相应的政策。例如：

随着我国经济持续快速发展，××问题日渐凸显出来，在社会经济和国家安全中的位置越来越突出。在这样的形势下，目前产生的××问题逐渐进入人们的视野，已引起人们的高度关注，成为社会的热点问题，引起强烈反响……这些话，在写作时能提高文章的水平，给人不一样的感觉。

（3）第二段：原因分析。原因一定要写清楚，所以要分出条理。例如：

现阶段我国的××形势，表现为总体稳定、趋于好转的发展趋势与依然严峻的现状并存。严峻的形势有浅层次的因素，也有深层次的矛盾；既

有历史的沉淀，也有新形势下产生的新问题，主要可以归结为：×××××××××。

再如：改革开放以来，随着社会主义市场经济体制的建立，在党和政府的正确领导下，我国经济突飞猛进。同时，社会组织结构、就业结构、社会结构的变革加快，正面临着并将长期面临着一些亟待解决的突出矛盾和问题。首先××；其次××；再次××；最后××。

（4）第三段：提出对策。例如：

在贯彻落实科学发展观、构建和谐社会的背景下，××具有强烈的现实紧迫性。因此，我们必须立足当前、着眼长远，下大力气抓好××的工作。

（5）结束段：总括。例如：

综上所述/总而言之，有效解决××问题/建立××社会，对推动我国经济社会发展转入科学发展轨道、走上社会和谐之路，推进全面建设社会主义现代化国家意义重大而深远。

[写作训练]

阅读下面的材料，提炼观点，围绕"文化走出去"的话题，联系社会生活，任选一个角度，写一篇800～1 000字的申论。要求立意明确，有思想性；在70分钟之内完成。

从《典籍里的中国》热播到《唐宫夜宴》《只此青绿》"破圈"，从三星堆"上新"到北京冬奥会开幕式二十四节气倒计时……近年来，中华优秀传统文化屡屡以惊艳的形式进入大众视野，受到人们的喜爱。对此，你怎么看？

[习作展示]

论文化走出去

自古以来，有一句话广为流传："欲灭一国，先灭其文化。"由此可见，文化是一个国家的关键要素。而让文化走出去，也是让中华文化影响力提升的有效途径。

中华优秀传统文化是中华民族的根和魂，这些中华优秀传统文化能乘着新时代的春风，在正本清源、守正创新的文化环境中迎风复苏，我想这是每一位中国人都想看到的画面。接下来我来谈谈我的几点看法。

第一，传统文化热彰显的是我国传统文化自身的强大力量及其带来的情感认同和文化自信。无论是《典籍里的中国》《唐宫夜宴》还是《只此青绿》抑或位卑未敢忘忧国的家国情怀、威武不能屈的浩然正气，我认为，当这些优秀的传统文化融入时代元素、走进大众的视野时，其中蕴含的思想观念、人文精神都将成为我们的精神养分，这其实正是我们心中泛起的历史自信和文化自信和情感认同。

第二，传统文化出圈绝非偶然，其背后得益于创新的理念、表达方式和手法。一方面，传统文化成为新的流量密码，得益于我们在深挖优秀传统文化的精髓内涵基础上，找到了传统文化与现代生活的结合点，赋予了文化新的内涵。另一方面，更得益于其创新的表达和手段。比如《唐宫夜宴》让一群彩绘陶俑幻化成鲜活生动的唐宫少女，还原活化历史场景，瞬间唤醒了人们的历史记忆和文化认同，让文物真正"活"起来。更有科技赋能的助力，新技术为沉浸式体验提供了发展空间，让厚重的历史文化能够穿越时空，让古今对话变得真实可感；新媒体又让文化精品以更快的速度、更强的力度传播出去，让文物真正"动"起来。

第三，传统文化强起来要坚持守正创新。一方面，要守正。在传统文化的保护和发扬方面要下力气，尤其是对非遗、文物加大保护力度，统筹好抢救性保护和预防性保护工作。另一方面，要创新。文化传承要以更开放、积极的姿态，从传统中发掘与时代接轨的内容与方法，紧随时代，贴近公众，走进生活，赋予传统文化的时代价值。比如：借助互联网的力量，运用市场化手段，搭乘数字经济快车，通过文学、动漫、影视、音乐、游戏等多元创意形态，让优秀传统文化走进现代生活，润物无声地融入寻常百姓家，被公众特别是青年群体接受和传播。除此之外，我们作为新时代青年，更要自觉担起弘扬优秀传统文化的时代重任。当优秀传统文化惠泽更多青年，被越来越多的青年热爱并自觉传播，中华文化血脉就会生生不息、代代传续。

附申论题目选材标准：能动学习中，突出了"参与"与"外化"。所谓"参与"，就是要求学习者能够能动地参与学习过程。因此，认知动机头等重要，必须满足"期待"（该课题是自己想解决的）与"价值"（该课题是否有价值）两个侧面[①]。

---

① 钟启泉.核心素养十讲[J].人民教育，2018（23）.

说真话　抒真情*

——部编版高中语文选择性必修下册
第三单元整体教学设计

陈　园

一、教材分析

部编版高中语文选择性必修下册第三单元是古代散文单元。本单元选取魏晋到明代的六篇经典散文，分别是《陈情表》《项脊轩志》《兰亭集序》《归去来兮辞（并序）》《种树郭橐驼传》和《石钟山记》。这些作品体裁不一，风格各异，有的以情见长，至情至性，感人肺腑；有的以理取胜，理趣盎然，发人深思，呈现了我国古代散文的多样面貌。学生在学习本单元时，要反复诵读，涵泳品味，把握文意；要理解作者如何通过特有的语言形式去抒发情志，形成独特的美感；还要做些梳理和评点，领会章法之妙和细节之美。更重要的是通过学习这些经典佳作，把握课文的思想情感及其承载的文化观念，领会不同作者在审美上的独特追求，以此触摸民族文化血脉，增进对中华优秀传统文化的理解。

本单元的写作任务是"说真话，抒真情"，从写作的要求看，就是指语言表达既要有文采，更应当求"真"，有真诚的态度和情感，文章的技巧才有价值。古人云"修辞立其诚"说的就是这个道理，写作的"真"与"诚"一是体现在端正自身的写作态度。随便应付，敷衍了事，为了写而写的文章，是难以出好文的，同时在另一维度上，它指向我们的写作教学的"真"与"诚"，要求我们创造性地、真实地有获得地开展教学；写作的"真"与"诚"二是要

---

* 本文作者简介：陈园（1990—　），女，江苏南京人，毕业于上海大学，中国现当代文学。现任教于南京市江宁高级中学。

求学生在写作中坦诚地吐露自己的心声，真实地表达自己的所思所感；三是在写作中我们学生也要借助于多样的写作方法说真话、抒真情，这也是真诚写作的一部分。

本单元写作教学基于学生掌握了高中所学作文技法的基础上，希望学生借助本单元的名篇佳作重新领会写作的意义，通过拓展练习，强化对"真"的思考和理解，并把它落实到写作中。

二、任务创设（表1）

表1 第三单元的学习任务

主题	任务	课时	任务	活动
古代散文之美	说真话，抒真情	第一课时	挖掘真实的"自我"	活动一：品读文本，赏析《陈情表》中谦辞和敬辞的使用，把握真实人物形象
				活动二：通过对具体情境中不得体的表达进行讨论修改，掌握谦辞和敬辞的用法，感受真实的表达
				活动三：通过微情境设置，训练学生对"自我"身份的掌握，训练他们写出符合身份的处境及言说内容
		第二课时	探究真情的写作	1. 品读文本，通过点评的方式，探究《项脊轩志》的真情流露之处，把握其动情点
				2. 通过讨论，修改病文，明确议论文写作中真诚的重要性
				3. 通过讨论，完成写作的审题，把握身份，展现真情，完成关于书信的任务驱动写作

三、理念简述

本单元所选的六篇文章风格不一，题材多样，结合本单元的写作任务即

"说真话，抒真情"，笔者在设计写作课时，选用了本单元中《陈情表》和《项脊轩志》两篇文章，勾连起单元课文教学与写作教学，引导学生加深对课文的认识的同时，也能有效开展本单元的写作教学。

《陈情表》是西晋李密写给晋武帝的奏疏，文中陈述了祖母抚养自己、自己奉养祖母的人生经历，强调自己不能远离的事实，祈请皇帝以孝道为重，允许自己先孝后忠。文章写得恳切真挚，感人至深，千载而下，读之仍令人动容。《项脊轩志》在描述项脊轩景物变迁的同时，记述自己与亲人朝夕相处"多可喜，亦多可悲"的往事，表达了自己对祖母、母亲和妻子的深深怀念，全文以平淡的词句、平静的笔调描述平凡的往事，令读者感怀想象，偶尔一两句抒情点染，就会令人深受感动。这两篇文章的共同点都是写身边的真事，抒发自己的真情，以这两篇经典文章为抓手，从真实和真情出发，然后生发其他，成为这次写作课设计的主要思路。

四、教学设计

第一课时：挖掘真实的"自我"

[任务目标]

（1）品读文本，通过学习谦辞和敬辞的使用，深入把握李密的形象并与之感同身受。

（2）在具体情境中掌握谦辞和敬辞的使用，强化真实的表达。

（3）通过微情境设置，训练学生对"自我"身份、处境以及言说内容的把握。

[学习过程]

活动一：品读文本，赏析《陈情表》中谦辞和敬辞的使用，把握真实人物形象

作为亡国之臣的李密深恐晋武帝怀疑自己怀念旧朝以矜名节，招致大逆不道的罪名，引来杀身之祸，于是，他以祖母年老多病无人奉养而辞不赴命，并饱含血泪地向晋武帝呈上了这篇《陈情表》，而文中谦辞和敬辞的表达，更能够凸显李密谨慎小心、恭敬又谦卑的形象，请画出选文中的谦辞和敬辞，把握李密的形象，与之感同身受，并且在小组内朗诵选文。

说真话 抒真情

陈情表（节选）

李 密

逮奉圣朝，沐浴清化。前太守臣逵察臣孝廉；后刺史臣荣，举臣秀才。臣以供养无主，辞不赴命。诏书特下，拜臣郎中，寻蒙国恩，除臣洗马。猥以微贱，当侍东宫，非臣陨首所能上报。臣具以表闻，辞不就职。诏书切峻，责臣逋慢；郡县逼迫，催臣上道；州司临门，急于星火。臣欲奉诏奔驰，则刘病日笃，欲苟顺私情，则告诉不许。臣之进退，实为狼狈。

伏惟圣朝以孝治天下，凡在故老，犹蒙矜育，况臣孤苦，特为尤甚。且臣少仕伪朝，历职郎署，本图宦达，不矜名节。今臣亡国贱俘，至微至陋，过蒙拔擢，宠命优渥，岂敢盘桓，有所希冀。但以刘日薄西山，气息奄奄，人命危浅，朝不虑夕。臣无祖母，无以至今日；祖母无臣，无以终余年。母、孙二人，更相为命，是以区区不能废远。

设计说明：此活动照应文后的"学习提示"，紧扣"表"的这种文体，帮助学生熟悉这种文体表达是自下而上的，表达时要切合臣子身份，恭敬而得体。而在文章中，作者恰当地使用一些表达自谦和敬意的词语，例如："伏惟"，意思是伏在地上想，下对上陈述时的表敬之辞。这种谦辞和敬辞的使用值得学生品味，利于更加全面把握李密这一亡国旧臣，婉言拒官的谨慎卑微的形象，通过品味词句和朗读文段，学生更能体会他的真诚与艰辛，由此深化对文本的理解，引导学生挖掘形象的贴切与真实。

活动二：通过对具体情境中不得体的表述进行讨论修改，掌握谦辞和敬辞的用法，感受真实的表达

（1）题目：下列各句中的表达哪里不太得体？请修改。

① 我带着十分的真诚来参加贵公司的招聘，希望我的到来能带给您惊喜，也希望您给予我磨炼自己的机会，让我能屈就于贵公司。

② 教师节来临之际，为了表达对班主任的感激之情，同学们选了一个寓意吉祥、做工精美的玻璃摆件点鼎作为礼物，聊表寸心。

③ 谷教授是我国著名经济学家和教育家，也是我的博士生导师。恰值谷老师90寿辰，作为他的高足，谨以此文表达我对老师深深的敬意。

④ 您百忙中斧正我的大作，我不胜感激，以后我会时常向您叨教，以求增长学识。

⑤一家手机经销店正在让利促销，我垂询了几款智能手机的价格，发现并没便宜多少。

⑥本人贵体近年来颇呈衰弱之象，经常失眠以至精神倦怠，记忆减退，医生力劝休养。

⑦面对网友对某主播因紧张而导致口误的调侃，该主播在受访时回应：主播出错纯属正常，大家不要苛责。

⑧家长应该把"感恩"的权利还给孩子，要知道，哪怕是孩子一张手写的贺卡，我们老师也会欣然笑纳的。

⑨一位毕业生在自荐信中："虽然我只有本科学历，但绝对名副其实，恳请学校领导唯才是用。"

（2）参考答案：

①屈就：降低身份任职，用作请人担任职务的客套话。

②聊表寸心：略微表示一下心意。用于自谦。

③高足：敬辞，称呼别人的学生。

④大作，为敬辞，不符合语境。

⑤垂询，敬辞，称别人向自己的询问。

⑥贵体，用作对他人身体的敬称，不能称自己的身体。

⑦"苛责"运用不得体，未考虑到说话人的身份、场合及受众的期待。应改说"主播难免出错，望大家多多包涵"或"主播难免出错，但我们会尽量追求完美"。

⑧笑纳：馈赠礼物时，请人接受的客气话。用于表示自己所赠之物不像样子或者微不足道，不成敬意，让对方笑话了，请对方以讥嘲的心态和神态接受。

⑨自荐信应自信、谦虚。"绝对名副其实，恳请学校领导唯才是用"显得自高自大，有悖谦虚。

设计说明：此活动的设置生发于上一个活动，学生通过具体的情境，发现语言中谦辞和敬辞的使用失当并完成修改，从而深化对知识点的掌握，感受恰当的符合身份的表达应该如何呈现。

活动三：通过微情境设置，训练学生对"自我"身份的掌握，训练他们写出符合身份的处境及言说内容

（1）题目：假如你是《南方周末》的记者，请完成一段对莫言的采访。

南方周末：您说过您深受中国古典文学的影响，①_____

莫言：因为我和蒲松龄同乡，《聊斋志异》里的很多故事，我小时候听村里老人讲过，《聊斋志异》那精美典雅的文言文，让我很着迷。相对于其他作品，它对我的创作影响更大。

南方周末：法新社认为，您的长篇小说《蛙》是最勇敢的作品。②_____

莫言：没有，"最勇敢"这个评价是不准确的。《蛙》是以我姑为原型创作的，她从中华人民共和国成立初开始做妇科医生，一直做到退休。写这样一个人，自然要涉及从1980年延续至今的计划生育政策。③_____，和创作其他作品一样，并不需要更大的勇气。这个小说是文学作品，挑战性并非在于题材本身，而在于小说的形式和塑造人物的难度。

（2）参考答案：

① 为什么尤其推崇《聊斋志异》？

② 写作的时候，您付出了比其他作品更大的勇气吗？

③ 写这个问题是文学创作的必然需要。

设计说明：此活动是本节课的最后一个活动，在前两个活动的基础上，呈现梯度，具有稍高难度，在创设的微情境中，学生明确自己的身份，并且在贯通整个情境，把握全局的基础上，填写出恰当的内容。

第二课时：探究真情的写作

[任务目标]

（1）品读文本，通过点评的方式，把握《项脊轩志》的动情点。

（2）引导学生探究，修改病文，明确议论文写作中真诚的重要性。

（3）通过讨论，完成写作的审题，把握身份，展现真情，完成关于书信的任务驱动写作。

[学习过程]

活动一：品读文本，通过点评的方式，探究《项脊轩志》的真情流露之处，把握其动情点

设计说明：此活动的设计来源于"单元研习任务"，"评点"是故人品析诗文常用的方法，学习评点，既能培养细度文章的能力，又能提高概括表达的水平，将"评点"与写作结合起来，挖掘《项脊轩志》中的真情流露的点，精

心赏读，有助于学生在深化文章认识的同时，把握真情表达、真情写作的技巧，例如细节入情、人物描写传情、融情于景等。

活动二：通过讨论，修改病文，明确议论文写作中真诚的重要性

（1）题目：王同学在读完《五代史伶官传序》后有感而发，写了一篇议论文，但语文老师陈老师点评这篇习作时写道："堆砌论据，忽视论点，甚至风马牛不相及，论述欠缺真情，不能使人信服。"请你帮助王同学找出具体的毛病并修改。

（2）病文展示：

古人云，"祸患常积于忽微。"意思是说，灾难、祸患往往是从微小的事情开始，日积月累所酿成的。的确如此，古往今来，许多事实都证明了这一点。

战国时期，六国相继破灭，究其原因是赂秦后国力日亏，致使被秦所灭。相反，唐太宗能听从魏征等人的劝谏，避免谬误，改正错误，使政治清明，国力强盛，所以出现了"贞观之治"的太平盛世，避免了亡国之祸。再如邹忌用自己的切身感受，讽谏齐威王广开言路。齐威王听从邹忌的劝谏，纳谏除蔽，修明政治，使齐国逐步强盛起来。又如周厉王以能止谤而沾沾自喜，天下之人道路以目。三年以后，土壅川决，这个暴君被流放于彘。

由此可见，要想避免祸患，必须多听逆耳之言，改正微小的错误，才能国富民强。我们必须谨记"祸患常积于忽微"，将错误和缺点消除于萌芽状态。

（3）病文分析：

一篇议论文，当中心论点确定以后，就必须用道理和事实去论证，其中最主要的是要紧紧扣住中心论点选取材料。但这篇习作犯了"论据与中心论点游离"的错误。这篇议论文的中心论点，由开篇可知是"祸患常积于忽微"，此语见于欧阳修《伶官传序》，这是作者论述盛衰成败是由于人事时，根据李存勖由盛而衰、身亡国灭的史实而提出的警句。习作围绕这一警句，必须铺陈论证，使其更具真理性。但本文在选取论据时，引述的四则史实，都没有紧扣中心论点。

第一例证，没有深入分析，使论证显得无力。作者意以六国赂秦为祸患，长年累月地割地求和而国力日益亏损，但秦国暴欲无厌，六国终至最后破灭。割一地可为"忽微"，"今日割五城，明日割十城"，累积而成祸患，本可作为有力论据，但因为作者没有深入剖析，让人觉得扣题不紧。第二、第三例证，偏离中心。唐太宗、齐威王纳谏，除去不少弊病，避免了祸患，这是杜绝祸患的方法之一，而不能直接论证"祸患常积于忽微"。第四例证，说明不纳谏会导致政治黑暗，意在与第二、第三例对比，证明必须通过纳谏的方法，使政治清明，亡国之"忽微"之祸也就可以消除在萌芽状态。如果将这一例从周厉王不改"忽微"之错，方面分析，也可作为论据，但作者没有从这一角度深入分析，使读者觉得材料脱离了中心。

总之，本文没有抓住要阐述的观点来选取最能证明观点的事实论据，因而显得苍白无力。

设计说明：本单元的写作主题是"说真话，抒真情"，如果把真话和真情局限于记叙文的书写，那么就狭隘了。对于高中生而言，议论文书写中的"真"与"诚"应该体现为论证结构的完整、论据的真实与贴切等，所以在这一活动中，学生需要端正"真诚"写文的态度，认真分析此文中的不真和不诚的部分，并且有针对性地修改，从而为之后的议论文抒写摆正态度和规范。

活动三：通过讨论，完成写作的审题，把握身份，展现真情，完成关于书信的任务驱动写作

（1）题目：请在给定的情景内，讨论作文的审题立意，并且完成这篇习作。

高三学生李行每天把身患肌无力的好友背上教学楼。同学们认为大家可以轮流背，不能辛苦了他一个人；父母劝他做好事应该有度，因为毕竟高三了。李行说："我们是好朋友，背得动，就我来背吧。"后来，媒体来了，荣誉来了，赞美堆成了山，他不敢请假不敢犯错，不再感到快乐，同学们也觉得他不再可亲。他陷入了纠结之中。

请以高三学生赵乐之的身份，给李行写一封信，帮助他走出困境。要求：自选角度，明确文体，自拟标题；不要套作，不得抄袭；不得泄露个人信息；不少于800字。

【思考路径】

（1）明确文本（书信）

（2）写作目的（帮助他解决困境）

（3）如何达到目的（分析困境是什么，为什么有这个困境，如何摆脱困境）

（4）写作身份（高三学生赵乐之，与收信人是同辈，需要考虑语气）

（2）立意参考：

【参考范文】

（1）认知与境界，如"永怀赤子之心，休虑纷扰之事""心底'无私'，天地自宽"等。

（2）自我与他人，如"坚持正确选择，不被他人左右""坚持德行，终获认同"等。

（3）动机与行为，如"无功利心，坦荡助人""本为'自然人'，不做囚笼奴"等。

（4）被缚与解脱，如"真诚助人，无可束缚""与其自缚，不如松绑"等。

（3）范文展示：

善行有度，善心无边

南京市江宁高级中学　高三（20）班　高贵璐

亲爱的李行同学：

你好！

近来听闻你不顾高三学业繁重帮助同学，感动不已。又听说你因此被荣誉加身，深受困扰。尼古拉·弗拉梅尔曾说过："伟大之人在于舍己为人，善良之人在于量力而行。"你不必成为媒体口中的那个你。你要审视自身，量力而行，不要被道德束缚。

首先，行善事最好与集体一同完成。意大利社会学家弗雷德·弗尼契曾在他的《弗尼契手稿》中向我们展示了这样一个社会实验。他发现对于一个人的最好的援助便是由一个组织或群体向一个个个体发出，这便衍生出了现代的救助组织。这样做不仅令个人得到了最大程度上的帮助，同时令成员们共同分享了帮助他人的喜悦。这是由于个人能量有限而群体力量无限。有时个人的逞强或所谓的坚持反倒成了不自量力的表现，产生了负面影响。由此观之，李行同学，帮助同学这件事何不交给大家一同完成呢？

行善事不要让善事成了你的束缚。孔子曾说过，君子不器。意指君子不要像器物一般只具有一种作用。你自然也不会是为了做好事而生。做善事是你的权力而非你的义务，是一种社会责任与自身的良知，本身不是社会强制力。在身心上感到身不由己时应当与其沟通，选择离开，这样对施善者与受惠者都有好处。如果你此时仍然坚持，那么便产生了"霉面包效应"。即施惠者将施惠看作是一种义务，不敢犯错。而受惠者处于一种心理上的脆弱期。这样对双方都产生了弊处。

　　面对荣誉与赞美，应当做到坚持真我。王阳明在龙场悟道时曾经说过："外秽如流而卒莫从一，箴言于心而自持德行。"王阳明告诉我们面对无论是外界的褒奖还是诋毁，都应该如同水流过山间的青苔石一般丝滑而不留一点痕迹，只有自己心中的道才是应当在汩汩流水中留下的。这也告诉我们应当坚持自己的本心。即使外界的赞美再好听，不是我也没有必要去坚持那样的人设。我们要做的只是将自己最真实的一面表现出来。

　　李行，善心有度，善心无边，你要坚持真我，做好自己，审视己身，量力而行。善事你已做尽，可你的行善之心依旧会长存。

　　此致

敬礼

赵乐之
2023 年 3 月 23 日

　　设计说明：本单元的写作任务是给友人写一封信，要求说真话、抒真情，所以这一活动的设计其实是一个任务驱动的作文，旨在让学生通过讨论明确身份、情境和任务，在学习两节课的基础上，融入真情，开展写作。

后记

《创意写作视野下的大单元写作教学》是于2023年年初确立的写作项目。书籍在内容的编写上涵盖了小学、初中、高中和大学这四大板块，在做好框架设计工作后便开始了编写小组的组建工作。在理论研究部分，我们的约稿均来自高校知名的专家学者，他们在创意写作领域深耕多年，一直关心创意写作的发展、中小学写作的教育教学工作。在教学设计案例编写成员的选择上，我们也是经过慎重考虑的，编委会成员均为一线教师，不仅对大单元教学有着较为深入的研究与实践，同时还要对创意写作有一定的了解。本书于2023年7月完成初稿，在随后的几个月中，经过反复的修改与校订，才将这部作品呈现在各位读者面前。

本书的实际主编应该是孔屏、邹文荟、孟盛三位老师，或者说是孔屏老师带领两位年轻学者执行了主编工作。他们在案例收集、联系作者、反馈修改、书稿整理等方面做了细致而扎实的工作，在此向他们表示感谢。同时感谢上海大学基础教育处李志芳老师对本书编撰的鼎力支持和持续性跟进，还要向各高校的专家学者、各位一线教师的不吝赐稿表达深深的谢意。正是大家心怀教育理想、齐心协力，才让我们一起走到今天，更希望未来能够一起携手走下去。

2023 年 12 月 1 日